军事地质信息丛书

军事地质信息管理技术

刘　刚　张志庭　张军强　何珍文　王力哲　编著

科学出版社

北　京

内容简介

本书借鉴国内外军事地质信息管理方面的研究成果，融入作者在本领域的最新研究进展，并结合技术应用实践对核心思想进行有针对性的分析说明。本书介绍军事地质信息管理的基本理论与技术框架，并结合目前信息化战场环境建设中对地质空间和属性信息的应用需求和技术发展趋势，重点论述军事地质信息管理系统的技术体系架构、数据库模型设计及其数据服务体系的原理方法与实现技术，其中包括军事地质数据的特征、信息管理技术体系架构、军事地质数据库模型、专题数据采集与处理技术、数据存储与组织管理技术、多源空间数据的集成方案、数据服务体系等。

本书可作为军事地质信息技术及其应用领域相关的科技人员、教师的参考书，也可作为军事地质信息学相关交叉领域的研究生和本科生的教学参考书。

图书在版编目（CIP）数据

军事地质信息管理技术/刘刚等编著.—北京:科学出版社，2021.2
（军事地质信息丛书）
ISBN 978-7-03-060148-3

Ⅰ.①军… Ⅱ.①刘… Ⅲ.①军事-地质-信息管理 Ⅳ.①E99

中国版本图书馆 CIP 数据核字（2018）第 290949 号

责任编辑：杨光华/责任校对：高 嵘
责任印制：张 伟/封面设计：苏 波

科学出版社 出版
北京东黄城根北街 16 号
邮政编码：100717
http://www.sciencep.com
北京凌奇印刷有限责任公司 印刷
科学出版社发行 各地新华书店经销
*
开本：787×1092 1/16
2021 年 2 月第 一 版 印张：13 3/4
2022 年11月第三次印刷 字数：330 000
定价：88.00 元
（如有印装质量问题，我社负责调换）

“军事地质信息丛书”

编　委　会

主　编　王力哲　秦绪文　徐勇军

副主编　吴冲龙　胡祥云　牟　林

编　委（按姓氏拼音排序）

陈　波　陈　刚　陈伟涛　陈占龙
戴光明　丁雨琳　董玉森　杜　博
方志祥　冯如意　何珍文　姜　三
李　晖　李显巨　刘　刚　刘　鹏
欧阳桂崇　邱　强　王茂才　王明威
吴春明　杨必胜　张军强　张志庭
朱　军　左博新

“军事地质信息丛书”序

进入 21 世纪，高新技术的迅猛发展和广泛应用，推动了武器装备的发展和作战方式的演变。战场环境信息的采集、存储、挖掘和分析能力，是打赢现代化战争的基本保障。近年来，随着全球军事大数据信息技术和应用的兴起，数据已经成为军事信息化的重要资源，以“数据”为核心的信息系统是赢得战争主动权的基础设施能力之一。随着世界各国的军队信息化建设的进行，信息保障工作逐渐贯穿了现代战争的全业务流程，“信息赋能”也日益成为军队信息化的重大标志之一。

自古以来，军事地质信息在战争中的重要地位已经得到国内外的高度认同。从第一次世界大战开始，地质学家就在地表水和地下水的管控与利用、军事作战计划制定等方面发挥着非常重要的作用。到第二次世界大战时，随着各种探测手段的提高，军事地质信息的作用更加受到重视。德国、美国和日本相继建立了自己的军事地质信息保障部队。海湾战争期间，军事地质信息在打赢现代化战争中的作用更加显著。美军借助可见光和红外卫星遥感感知平台，获取大量有关敌情的地质态势信息，利用信息基础设施加以传输、存储和处理。

与军事地理信息一样，军事地质信息是战场环境、战争态势存在和动态变化的重要场景。随着新型传感器和高分辨率遥感技术和地球物理探测技术的飞速发展，针对典型军事地质信息，从不同探测维度开展军事地质信息探测、管理与分析研究，对提升战场环境地质态势感知能力，推动现代战争信息化发展，具有非常重要的作用。目前，国内外尚没有一套专门研究军事地质信息的丛书。因此，为让国内从事军事科学研究和地球科学研究的本科生和研究生及相关工作者系统了解军事地质信息探测现状与能力，受科学出版社委托，我们组织中国地质大学（武汉）从事军事地质信息领域研究的人员，在系统梳理军事地质信息需求的基础上，开展了军事地质信息探测与分析研究，并编著了“军事地质信息丛书”。

本套丛书涵盖了从可见光高空间分辨率遥感、雷达遥感、激光雷达遥感、无人机遥感到地球物理勘察技术等不同的探测手段及数据管理技术。本套丛书内容全面、条理清晰、针对性强、实例丰富，是国内第一套系统总结军事地质信息的专业丛书。本套丛书可作为开展地质信息、遥感信息工程、军事地质等研究的工程技术人员的参考书和指导书，也可作为地质信息、空间信息与数字技术、军事地质、遥感信息工程等专业本科生、研究生的教材和参考书。

军事地质信息是一门年轻的学科，其发展是无止境的。我们期待广大读者对本套丛书进行批评与指正，协力为我国军事信息现代化发展贡献一份力量。

王力哲　秦绪文　徐勇军

2019 年 7 月 1 日于南望山麓

前　言

在现代战争和国家安全策略中，军事斗争和战场环境因素越来越倾向于系统化，即将整个空-天-地-海领域的诸多因素作为一个相互作用的系统来进行考量。地质环境被看作与地理环境、气象环境、电磁环境和核化环境并列的战场环境五大要素之一，也是制约其他四个要素的基本要素。军事地质学属于地质科学在军事应用层面扩展出的一个新领域，军事地质类数据属于地质调查和地质战场环境应用形成的数据集合，除具有地质数据基本特征外，还承载了军事应用的综合属性。若想在现代战争中立于不败之地，首先需要海量的军事地质数据支撑，然后在其上构建相应的技术分析体系，提供军事地质信息综合管理与决策支持服务，才能适应现代战争的特点。“玻璃战场”是军事地质大数据的有效载体，可以实现军事地质时空大数据与模型的一体化存储和分析，是一种军事地质信息基础设施。而其中军事地质数据库和信息管理系统是其核心和基本组成部分。

本书由刘刚主编和统稿。各章执笔人：第 1 章，刘刚、王力哲、吴冲龙；第 2 章，刘刚、张志庭；第 3 章，张志庭、何珍文；第 4 章，张军强、张志庭、何珍文；第 5 章，刘刚、张志庭；第 6 章，何珍文、张志庭；第 7 章，张志庭、刘刚、王力哲；第 8 章，张军强、张志庭、刘刚。

感谢吴冲龙教授的悉心指导和帮助！感谢中国地质大学（武汉）计算机学院、地质信息科技研究所和中国地质大学（武汉）地质调查研究院有关老师的帮助。感谢原武警黄金部队黄金地质研究所的领导和同事在军事地质应用模型上的帮扶和指导。感谢参加本书编写的研究生，包括阙翔、田善君、彭诗杰、何忆、李旸、王红玲、刘玉婷、龙威、刘成、黄挺、陶坤燏、吴雪超等。感谢所有支持和关心本团队研究的领导和同仁。

军事地质信息学和军事地质信息技术是迅猛发展的新兴交叉学科领域，加之作者水平有限，书中难免存在不足之处，恳请各位专家和读者批评指正。

刘　刚

2020 年 8 月

目　　录

第 1 章　军事地质信息管理概述……1

1.1　军事地质学的发展……1

1.2　现代战争中地质要素的作用与军事地质信息……3

1.3　军事地质信息管理的发展现状……4

1.3.1　军事地质信息化的发展历程……4

1.3.2　军事地质信息化国内外现状……5

1.4　军事地质信息技术体系……10

1.4.1　野外军事地质要素采集技术……11

1.4.2　空间-属性一体化管理技术……11

1.4.3　军事地质图件计算机辅助编绘技术……12

1.4.4　军事地质信息集成与数据服务技术……13

1.4.5　三维可视化建模技术……14

1.4.6　地质特征空间分析技术……15

1.5　战场地质环境与“玻璃战场”建设……16

第 2 章　军事地质信息管理技术体系……18

2.1　军事地质信息管理系统总体设计方案与建设思路……18

2.1.1　总体设计方案……18

2.1.2　建设思路……18

2.2　军事地质数据特征与体系……20

2.2.1　军事地质涉及的数据来源与特征……20

2.2.2　军事地质涉及的数据体系……22

2.3　军事地质信息管理业务流程与数据流……23

2.4　军事地质信息管理技术体系架构……24

2.4.1　总体结构……24

2.4.2　网络结构……26

2.4.3　军事地质数据库结构……27

2.4.4　数据库设计总体要求……27

2.4.5　数据分类……28

2.4.6　数据处理流程……30

2.4.7　数据交换……30

2.4.8 数据维护 31

第 3 章 军事地质数据库设计 32

3.1 军事地质数据库概述 32
3.2 数据库设计规范 33
3.2.1 术语定义 33
3.2.2 数据库内容 34
3.2.3 数据库管理 34
3.2.4 编码、命名与约定 35
3.3 军事地质数据库设计内容 43
3.3.1 原始数据库设计 43
3.3.2 基础数据库设计 44
3.3.3 成果数据库设计 55
3.3.4 遥感数据库设计 56
3.3.5 三维模型数据库设计 58
3.3.6 元数据库设计 61

第 4 章 军事地质数据库管理模块 62

4.1 军事地质数据管理子系统概述 62
4.2 原始数据录入与管理模块 62
4.2.1 原始资料录入 62
4.2.2 数据查询统计 63
4.2.3 数据表管理 65
4.2.4 数据导出 65
4.3 基础数据录入与管理模块 65
4.3.1 军事地质调查要素录入 66
4.3.2 军事地质要素数据汇总 67
4.4 成果数据录入与管理模块 70

第 5 章 军事地质专题数据采集与处理技术 72

5.1 野外数据采集技术 72
5.1.1 传统野外地质调查数据采集技术 72
5.1.2 野外地质调查数据采集技术发展趋势 73
5.2 基于移动端军事地质要素采集流程 74
5.2.1 数据准备 75
5.2.2 数据采集 76
5.2.3 数据导出 78

5.3　军事地质要素野外调查采集技术……78
5.3.1　基于自包含元数据多平台异构数据交互技术……80
5.3.2　基于语义的事务合并同步技术……85
5.3.3　基于 Android 的 ORM 与 DatabaseHelper 共用技术……93
5.3.4　通过 DatabaseHelper 的方式进行数据库的操作……93
5.3.5　基于 Handler 的后台线程与主线程的消息交互技术……93
5.3.6　PC 端 GIS 平台二次开发技术……94
5.3.7　PC 端数据转换传输通道……94
5.4　军事地质野外数据采集实例……94
5.4.1　移动端数据库设计……95
5.4.2　功能模块设计……98

第 6 章　军事地质数据组织与管理……107

6.1　多源军事地质数据管理模式……107
6.1.1　军事地质数据组织与管理模式现状分析……107
6.1.2　军事地质数据组织与管理的体系结构……109
6.2　军事地质数据组织与管理关键技术……113
6.2.1　顾及细节层次的多维空间索引技术……113
6.2.2　军事地质数据的传输与调度管理技术……115
6.2.3　并行军事地质数据管理引擎技术……117
6.3　军事地质大数据组织与管理模型……119
6.3.1　大数据管理的系统结构……119
6.3.2　数据服务协议与架构……121
6.3.3　监测数据的管理……122
6.3.4　非结构化原始数据的管理……123
6.4　军事地质时空数据管理模型……125
6.4.1　地质时空大数据表达的概念模型……125
6.4.2　大规模地质时空数据存储管理的逻辑模型……128
6.4.3　地质时空数据模型设计……130

第 7 章　军事地质数据服务技术体系……144

7.1　地质云平台建设概述……144
7.2　军事地质云平台结构……146
7.3　军事地质主题的微服务体系结构……148
7.3.1　微服务体系结构概述……148
7.3.2　面向地质主题的微服务体系结构……149
7.3.3　地质主题微服务契约构建方法……150

7.3.4　数据服务平台接口网关 …… 154
7.3.5　军事地质主题微服务 …… 155
7.4　军事地质数据服务平台体系结构 …… 156
7.4.1　数据服务平台体系结构 …… 157
7.4.2　基于微服务架构的服务单元划分 …… 158
7.4.3　基础业务实体横向扩展机制 …… 159
7.4.4　地质主题纵向扩展机制 …… 160
7.4.5　多终端数据服务平台应用 …… 162
第 8 章　军事地质信息管理系统建设与应用 …… 163
8.1　军事地质信息管理系统总结架构 …… 163
8.1.1　军事地质信息管理系统功能结构 …… 164
8.1.2　军事地质信息管理系统软件架构 …… 164
8.2　军事地质数据中心建设 …… 165
8.2.1　数据中心总体设计 …… 166
8.2.2　军事地质元数据 …… 166
8.2.3　数据中心的数据库管理与维护 …… 171
8.2.4　数据仓库及管理 …… 172
8.2.5　数据交换系统 …… 172
8.3　军事地质信息管理系统应用实例 …… 172
8.3.1　军事地质大范围场景地上-地下一体化管理及分析 …… 172
8.3.2　军事地质云平台微服务 …… 178
8.3.3　地学异构数据的多维关键字索引方法 …… 186
参考文献 …… 200

第 1 章　军事地质信息管理概述

1.1　军事地质学的发展

军事地质学是研究与军事活动有关的地质问题的学科，包括矿产资源、地形地势、军事工程、军事信息等。现代军事地质学是一门新兴的交叉学科，是地质学和军事学紧密结合的产物（刘晓煌 等，2018）。

早在 2000 多年前，中国古代的军事家孙武在其著作《孙子兵法》中提到“善守者，藏于九地之下，善攻者，动于九天之上”“夫地形者，兵之助也”，并依据用兵原则将战争之地细分为 9 种类型（散地、轻地、争地、交地、衢地、重地、圮地、围地、死地），其核心是探究“地之利”，论述地理条件对战争的影响。随着科技的发展与进步，战争形态不断演变，对于战场环境中探究“地之利”的内涵和外延不断拓展，特别是随着信息化时代的到来，现代战争呈现出新的特点和规律，从而导致人们对地质因素对于军事的影响投入了越来越多的关注。

地质学应用于军事领域，已有悠久的历史。中国古代王朝在构筑城池、长城等军事防御工程时，都十分注意研究和利用当地地质条件和天然建筑材料。如秦始皇三十三年（公元前 214 年），监御史禄集数十万军工民夫，在湘江上游的广西兴安县海洋河和漓江之间的低矮分水岭处，开凿了一条中国最早的越岭运河——灵渠，沟通长江和珠江两大水系，解决了 50 万秦军进军岭南的粮草运输问题。灵渠的开凿充分考虑了岩溶地区的地质特点。1798 年拿破仑率军远征埃及时，曾经使用过军内地质学家绘制的地质图。第一次世界大战期间，美国、英国、德国、俄国等国都征召地质学家到军队服务，担负提供构筑军事工程所需的工程地质、水文地质资料和咨询意见，寻找地下水和建筑材料等勤务保障工作。仅 1917 年在德军西线工作的就有 27 个地质小组，总计约 200 名地质学家。特别是在第二次世界大战中，美国、苏联和德国都大力研究，把工程地质学和水文地质学应用于进攻路线选择、军事工程建设和水资源查找等工作中。第二次世界大战期间，随着军事技术的发展和新武器的出现，防御阵地体系和筑城工事的结构都发生了变化。对军事工程地质和军事水文地质调查的要求也相应地提高了，当时许多参战国军队都设有地质勤务部门。德国军队还使用了特种地质图，上面标有地区岩土分布及评定各季节坦克、摩托化部队通行的可能性等情况。苏联在苏德战争中，地质学家提供了构筑水工建筑物和军用道路的工程地质与水文地质资料，并为作战部队提供了地形的可通行性、土壤性质及其他自然条件的资料。在盟军制订诺曼底登陆作战计划时，前期专门派人考察了登陆区域的海底地质情况，以制订相应的作战行动路线，提前制作人员及武器在海滩行进时的辅助装备。另一典型案例是美军攻占硫磺岛战役，被称为“惨痛的胜利”（钱锋，2019）。美军的战前评估报告对硫磺岛复杂的地质地形只字未提，忽视了大量难以攻克的坚固工事的存在，联合情报中心在战前评估报告中断言，硫磺岛上只有39个碉堡、13个火炮隐蔽点、4个地下工事和140个步兵掩体。实际上岛上工事远不止这些，战斗用坑道1 km、地道间交通壕3 km多、10 m深屯兵坑1 000余条，炮兵阵地大都建成半地下式，生存能力极强。核心阵地折钵山，日军从里挖空，构筑6 km长、9层之多的蜂窝式坑道。由于日军“以纵深防御为主、岸滩防御为辅”，美军上陆之初，几乎没有遇到抵抗，第一波次 68 辆水陆坦克按预定计划顺利上陆，随即引导并掩护登陆部队攻击前进。但由于美军在战前评估报告中没有强调硫磺岛地质情况，当坦克进至未加水硬化的火山灰地段时，除少数行动蹒跚外，大部淤陷动弹不得，本该发挥重大作用的首波水陆坦克，不仅成为日军反坦克炮的靶子被全部击毁，也阻挡了后续登陆艇波的抢滩上陆。从这个战例中可以看到军事地质信息的重要性。第二次世界大战以后，由于导弹、核武器的出现和军队机动能力的提高，防护性的筑城工事更加深入地下，军事工程构筑速度加快，野战给水任务繁重，因而增大了地质勤务保障的艰巨性和复杂性，对军事工程地质学提出了新的更高的要求。伊拉克战争中钻地弹的广泛应用充分反映了现代战争中地质环境信息的重要作用和作战样式的新发展。一些国家军队将新的科学技术与地质学理论运用于军事工程地质学，取得了一定的成果。如美军研制的工兵圆锥仪和空投圆锥仪，可以快速测定土壤的通行能力；中国研制的工兵圆锥仪和重塑仪，能对松软土的可通行性进行判定；德国研究利用卫星测定无路地区车辆的可通行性。一些国家还根据地下水的形成理论，运用各种先进的技术和探测手段，为大兵团作战的给水保障提供可靠的水文地质资料。

早期的军事地质学是工程地质学和水文地质学与军事学相结合的产物，基本上属于军事工程地质学的范畴。中国陈继承、朱熙人在1937年出版的《军事地质学》，苏联的A.M.奥夫基尼科娃在1945年出版的《军事地质学》，B.B.波波夫在1947年和1958年先后出版了《军事工程地质学及水文地质学》和《军事工程地质学》，代表了早期阶段的认识。中华人民共和国成立后，中国人民解放军工程兵领导机关和部队也编入了第一批专业地质人员。这些专业地质人员在大规模国防工程建设中发挥了积极作用。中国人民解放军军事工程学院王仁权等也于1954年出版了编译的《军事工程地质学》。此后“军事工程地质学”成为中国人民解放军工程技术院校的课程之一。随着工程地质学、水文地质学的理论与技术的广泛应用和深入研究，军事地质学逐步成为一个独立的学科。

20 世纪 60 年代以来，随着各种类型的导弹和核武器的发展，特别是近年来随着地球物理探测技术、航天航空遥感技术和空间信息技术的广泛应用，以及电子战、信息战等现代化战争方式和战争手段的快速发展，军事地质学迎来了新的发展机遇。军事地质学的学科体系因此而逐步完善，研究内容也逐步拓展，正向着数字化、信息化、定量化和平时战时结合的方向发展。现代军事地质学的主要任务是研究与军事活动相关的地质问题，主要内容包括：军事工程地质、军事水文地质、军事矿产地质、军事地质信息等。

1.2　现代战争中地质要素的作用与军事地质信息

根据近期的伊拉克战争、科索沃战争、阿富汗战争、利比亚战争和叙利亚战争的情况看，这些战争拉开了现代化、高科技局部战争的序幕。这些战争中显示出非线性、非接触性、非对称性的特点；战场环境向深空、深海、深地拓展；战争速度向机动快、转换快、打击转变快方向发展。以上因素导致现代战争具有了高科技、高消耗、高危害、高精准、高感知的“五高”特点。现代战争所表现出来的新特点表明，在现代战争中，战场环境因素越来越倾向于系统化，即将整个空-天-地-海领域的诸多因素作为一个系统进行考量。在该系统中地质因素作为一个重要环节，都直接或间接地与其他要素或环节产生作用与反馈。现代战争胜败的重要因素，都与地质密切相关（刘晓煌 等，2018）。

电子战与信息战作为作战指挥的首要前提，电子战和信息战的作战指挥总是以地下网络中心战的形式进行的，各种类型的导弹和钻地弹是军队使用的主要武器。为了支持打赢未来的战争，既需要有充足的油气、矿产和水源，也需要有用于导航定位的光学遥感技术和用于重磁场校正的地球物理探测技术，以及用于战场生态环境评估的地球化学技术，用于指导钻地弹研制和防御工事构筑的地质力学知识。特别是从美国所发动的科索沃战争、阿富汗战争和伊拉克战争中开始使用钻地弹以来，地质环境也就被看作与地理环境、气象环境、电磁环境和核化环境并列的战场环境五大要素之一，甚至是制约其他四个要素的基本要素。

现代战争相较于古代和近代战争而言，对地质要素在军事活动中的应用提出了更高层次的要求。这主要表现在三个方面。

（1）在空间上向纵深方向发展。随着卫星、通信和网络技术的快速发展，在浅表战场环境（地表—浅地表、海面—浅海）中的对敌侦查与识别、精确跟踪与定位打击能力有了迅猛发展，从而铸就了 1999 年的科索沃战争、2001 年的阿富汗战争等。同时随着“发现即摧毁”能力的出现，重要的战略战术基地（电力、通信、物资储备、指挥控制中心等）的安全防护面临极大的考验。常规战场的高度透明化使得具有极大隐蔽性和较高生存能力的深空、深海、深地成为未来战争的主要争夺空间与理想战场，为达到在未来战争中对深地层次空间进行有效主导的目的，需要有效地掌握相关地质信息。

（2）在空间上向全球化方向发展。随着超声速、大威力和高精准的洲际及太空武器装备的出现与应用，现代战争具有全天候、全纵深、高机动、发现即摧毁的特点，致使战争中的作战区域与后方没有了明显的界线，作战环境甚至可以波及全球的任何一个角落，战场地点与环境瞬息转换，因此需要在平时做好各类战场环境数据的储备与分析应用工作。

（3）在时间上向无阶段化方向发展。在战争中，拥有高科技武器与战场准确信息的一方，可以在视距范围外乃至全球、全领空范围内，随时实施精确判别和精准打击。精确制导武器的大量使用，可以对敌方实施全天候、全纵深的打击，战略、战役、战斗之间的界线已经模糊不清。现代战争中，从发现目标到摧毁目标的时间越来越短，从海湾战争中的 1 天，到科索沃战争中的 1 小时，而在阿富汗战争中仅需 10 分钟。

从现代战争的特点及发展方向来看，精确定位、精准导航、全息透明化战场环境是电子战、信息战的基础，同时也决定了战争胜败的关键。作为其中一个要素的地质因素也越来越得到各国的重视。随着现代高技术性、高毁伤性武器装备的不断发展，军事地质在现代战争中的地位和作用日益凸显，无论是在战略层面上的整体谋划，还是在进攻打击及防御防卫方面，都需要利用地质要素提供的信息进行谋划。于是，军事地质学的学科体系随之逐步完善，研究内容也逐步向基础地质学、能源地质学、矿产地质学、环境地质学、地球物理学、地球化学和遥感地质学领域拓展，并且朝着综合化、数字化、信息化、定量化、智能化，以及平时与战时结合、战略与战术结合的方向发展。

目前，现代军事地质学的主要研究任务，已经转变为与军事活动相关的一切地质问题，包括军事工程地质、军事水文地质、军事矿产地质、军事环境地质、军事地球物理、军事地球化学、军事地质遥感和军事地质信息等。

军事地质信息学是空间信息学、地质信息学与军事学相结合的产物。其研究内容包括：①战场地质信息系统设计和建设，以及地质数据的采集、整理、存储、管理、处理和应用的理论、方法和技术；②战场地质空间对象三维建模、地质数据三维可视化、三维空间分析和决策支持的理论、方法和技术；③战场天基、空基和地基信息的集成、同化、融合和挖掘的理论、方法和技术；④战场地质环境三维静态模拟和战场地质环境四维动态模拟，以及巡航导弹寻的过程的地磁场、重力场校正和钻地弹打击过程的弹岩相互作用过程模拟。研究军事地质信息学的目的，是应用空间信息技术，快速、高效地为指战员提供预定战区或战场的地质信息；为战场工程选址、选线、建设，为涉及地质环境的武器装备研制与仿真，以及开展工程地质条件和战略矿产资源等的分析、预测、评价、决策，提供必要的数据支持、信息技术支持和操作工具。

1.3 军事地质信息管理的发展现状

1.3.1 军事地质信息化的发展历程

军事地质信息化建设是随着军事地质的发展，以及地质要素在战场环境保障中的需求而被提上发展历程的。就军事地质发展历程看：①古代军事地质的作战保障主要集中在收集和了解资源状况、道路桥梁通行情况，以及利用地形、地貌开展军事行动，地质要素在自觉或不自觉地发挥其作用；②近代军事地质主要发展的是军事工程地质，主要是对地质资源、进攻防御的工事建筑、武器装备的通行状况开展相应的地质研究工作；③现代军事地质是综合各个学科，构建空-天-地-海一体化的立体结构，形成战场环境透明化的结构体系，并利用该结构体系中承载的各类信息，进行综合分析，对战略全局进行谋划，对战术提供指导。军事地质工作的邻域也在不断扩展，会逐渐向深空、深地、深海，甚至是宇宙空间发展。事实上，国外军事地质工作早已关注宇宙空间，

1963 年美国成立了行星地质学项目。目前，美国的 Flagstaff 科学中心已经开始与美国国家航空航天局合作进行地质研究（孙兴丽 等，2017；唐金荣 等，2016）。在此发展趋势下，对军事地质信息的有效管理与综合分析利用，就需要利用信息化技术实施多类、多专题的数据融合、分析、综合。在此背景下，军事地质信息化的需求也是在现代军事地质需求的基础上提出并发展起来的。

我国的军事地质研究主要倾向于分析战场环境保障中的地质要素应用层次。军事地质研究的目的在于解决国防建设和作战中的问题，对具体的地质要素综合分析评估后，得出一种结论性的建议报告，即地质研究人员为作战指挥人员提供地质方面的建议与意见，属于应用范畴，对于军事地质理论及体系结构方面缺乏总体的认知。

国外军事地质研究主要集中在军事工程地质、军事水文地质、军事矿产地质、军事海洋地质、军事地球物理和军事地质遥感 6 个学科领域（宋丙剑 等，2017；于德浩 等，2017；王康 等，2017；唐金荣 等，2016；殷宏 等，2011）。但一些对现代战争研究较多的国家，都在部队设立有专门的研究机构，从事军事地质调查与研究工作。例如，美国地质调查局设有军事地质工作小组，为军方提供专门的地质咨询；同时，也建立了相应的兵种体系。

在全时、全域的战场环境中，若想在现代战争中立于不败之地，首先需要海量的军事地质数据支撑，然后在其上构建相应的技术分析体系，提供军事地质信息综合管理与决策支持服务，才能适应现代战争的特点。

1.3.2　军事地质信息化国内外现状

1. 数据库建设

多信息、多学科综合是实现地质信息与其他信息融合的重要途径，数据库建设则是信息融合的基础和关键所在。在地质数据库建设方面，国外起步较早，目前已经建立了许多成熟的地质数据库系统，如 2012 年 3 月，美国政府发布了《大数据研究和发展倡议》后，美国地质调查局组织不同领域的专家，包括地质学、测绘学、地球物理学、遥感学、计算机科学与技术等方面的专家，综合多个学科，建设军事地质数据库体系。从各国所建设的数据库形式上看，主要包括三类：在地质调查计划中建立的项目数据库，如 ILP Database（国际岩石圈计划数据库）；以专题研究性质建立的专题数据库，如 Earth Impact Database（地球冲击数据库），National Geochemical Database（美国国家地球化学数据库）；各组织机构建立的涵盖本机构研究主题的数据库，如美国各州地质调查所数据库、芬兰地质调查局的 Database of Finland Geological Survey（芬兰地质调查局数据库）。美国等西方国家已经构建了全球的军事地质数据库，能够满足实施全球打击的需要。

国内地质数据库建设起步较晚，但发展迅速，得益于我国的地质调查工作组织、管理模式，目前国内已建立了许多主题式专业地质数据库，如中国地质调查局建立的城市地质数据库。2000 年以后，数据仓库技术在商业领域得到广泛应用并取得良好效果，为了解决地质数据多源异构的问题，在地质数据库建设方面引入了数据仓库技术，并取得了良好效果。自中国地质调查局在全国范围开展城市地质调查以来，目前全国有多个城市相继建立了与城市地质环境相关的数据库体系。特别是近几年来，随着计算机硬件的发展与大数据技术的兴起，关于地学大数据在地质领域各方面的应用，成为当前的研究热点之一。中国地质调查局设计了国家地质大数据与信息服务工程技术框架，设计的数据库体系如图 1.1 所示。并在此基础上开展相应的数据采集、整合、处理与信息服务。其目的是在地质调查的各个领域和工作环节，实现地质大数据的互联互通、融合利用与协同服务（谭永杰，2016；赵鹏大，2015；张洪涛，2009）。对于军事地质数据库建设而言，我国在此方面的建设相对薄弱，对军事地质所涵盖的要素体系、数据内容、技术体系还未形成相应的完整概念、理论与技术体系，还没有形成一套系统的、完整的军事地质数据库，而这将是未来能否打赢信息化战争面临的重大挑战。

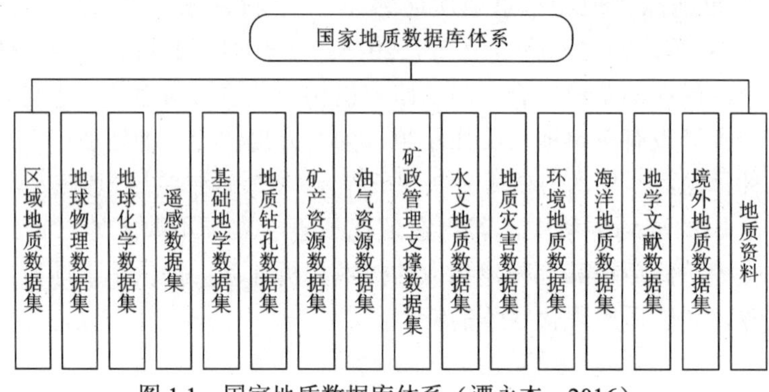

图 1.1　国家地质数据库体系（谭永杰，2016）

2. 信息管理与应用

就军事地质信息管理与应用层面而言，国外，特别是一些发达国家，利用已经建立的军事地质数据库体系，开展了针对不同专题的信息管理与信息服务体系技术研究。通过对国内外军事地质相关文献的分析，除军事地理领域外，主要集中在军事工程地质、军事水文地质、军事矿产地质、军事地球物理、军事海洋地质和军事地质遥感六大领域（唐金荣 等，2016）。其中，前三个领域为军事地质的传统领域，后三个领域为新兴的军事地质领域。信息管理与信息服务体系较为完善的领域为军事地理领域，利用已建立的地表的陆地-海洋与浅表地质数据集和地理信息系统（geographical information system，GIS）技术，开展相应的信息管理与服务，如已发布的论文专辑 *GIS in the Defense and Intelligence Communities*，论述了军事地理领域利用 GIS 开展的各项信息管理与信息服务的技术方法。在军事地质涉及的六大领域中，各领域的发展均结合军事应用需求，发展自身的信息管理与信息服务体系技术。其基本思路为首先建立该领域专题的数据库体系，存储和管理地质调查相关专题的数据；其次是在数据库的基础上构建相应的信息管理系统，实施数据的采集、录入和管理；然后开展信息化服务工作，如编制各类军事地质图件，建立目标战场的三维地质模型，或采用 VR（virtual reality，虚拟现实）、AR（augmented reality，增强现实）技术实现战场环境的可视化与虚拟化；最后结合军事需求，开展相应的分析模拟工作，如驻屯集结地的边坡稳定性分析，道路通行情况分析，利用地震监测核爆等（唐金荣 等，2016；李远华 等，2012；殷宏 等，2011；Bacon et al.，2010；王敏芳，2005；刘光鼎和刘代志，2003）。

现代战场由传统意义上的单一作战区域向空-天-地-海多维空间扩展，在军事地质工作手段方面，多信息、多学科综合是实现军事地质信息与其他信息融合的重要途径。目前就军事地质涉及的六大领域发展来看，主要是基于军事需求，结合自身地质专题特点，开展相应的信息管理与应用工作，还未真正实现多学科的一体化融合，难以应对多学科综合、多信息综合应用的需求。需要打破学科间的数据与信息壁垒，实现多学科间的信息互联互通。

3. 数据集成与服务

从技术与方法方面来看，数据集成主要针对特定领域或特定用户的需求，以数据资源为对象，数据共享为目标，数据集成技术为手段，把分布在不同单位，或实体分散存储和管理的各类数据资源进行有机融合，并使之发挥更大效能，是一个数据资源的体系重构、效能优化的过程。目前常用的集成方法主要有：基于模式的数据集成技术（韩燕波 等，2010）、基于可扩展标记语言（extensible markup language，XML）的信息集成技术（陆建江 等，2007）和基于本体的信息集成技术（Wache et al.，2001；Mena et al.，2000；Decker et al.，1999 ；Gruber，1993）等方法，这些技术在不同的着重点和应用上解决数据共享，并为企业和单位提供决策支持。然而，地质相关行业业务并不是一成不变，而是动态增长，伴随的是各类应用系统的不断涌现，势必导致数据量呈现几何级数的增长，给数据集成带来极大的挑战。在传统集成方法中，由于应用系统和数据紧耦合，一旦应用系统或数据发生任何的变动，整个系统也将随之变动，而且每一次细小的修改都将牵一发而动全身，从而造成集成平台的改造或重构。

地质数据集成与服务经历了数据库—数据银行—数据仓库—面向服务架构—数据云服务中心建设的过程（Wikipedia，2010），反映了地质勘查领域数据资源管理技术进步及数据集成与共享水平提升的过程。从技术上的整体发展来看，从基于结构化数据表管理的数据库系统转变到基于分布式存储网络上的数据中心（数据银行），到具有联机事务处理和数据挖掘能力的数据仓库，再到独立于硬件平台、操作系统和编程语言的具有中立的接口定义的面向服务架构，最后到面向海量异构数据以云计算技术（虚拟化）为基础的数据云服务中心。其中每一步技术的进步都是迭代更新的结果，都是随着地质勘查开发工作对信息化提出更高的要求。本质上来说，地质信息管理工作是数据研究与处理的学科，数据的真实、可靠、完整、全面是地质工作的基础，数据就是价值财富和创新的资源，从海量地质数据的存储管理到地质知识发现，并通过智能化平台提供服务（黄少芳和刘晓鸿，2015；诸云强，2013）。

从 20 世纪 80 年代中期开始，地质勘探领域的信息化工作就已起步。当时的煤炭工业部地质局对煤田勘查信息化进行了规划，并且与中国地质大学（武汉）合作，研发出了以点源数据库为核心，可实现野外数据采集、室内综合整理、勘探图件编绘和勘探报告编写的全流程计算机辅助化的煤田地质勘探点源信息系统。原化学工业部化学矿产地质研究院利用Oracle关系数据库系统对地质勘探原始资料进行管理，并提出用工程类、分析类和剖面类的实体-关系（entity-relationship，E-R）模型建立原始数据模型，并详细阐述了钻孔数据的模型，为当时地质信息化工作建立了数据基础（王庆龙 等，1996）。然而随着地质信息化工作进一步的发展，各地质勘探管理部门、大型矿业公司和科学研究机构，对数据的集成、共享和决策分析提出了更高的要求。其决策分析服务与地质过程模拟需要多样化、多维度的数据支持，而传统勘探数据库以单一的数据资料为中心无法满足数据处理的要求。以油气勘探开发企业为代表，率先在数据库技术的基础上引入了数据银行技术（熊华平 等，2002；马有志，2001；Algan，1998；刘翔飞和辛伟强，1998），解决了地质数据在分布式网络中的存储与访问问题。相对而言，数据仓库比数据银行在联机数据分析、挖掘应用和信息提取能力上拥有显著的优势。它将来自异地、异构数据源或其他数据库中的数据，经加工后在数据仓库中存储、提取和维护，形成一系列面向主题的、集成的、稳定的不同时间序列集合，为用户提供一个综合的、面向分析和决策的应用环境。为解决地质勘探领域中的有效数据提取与挖掘问题，地质信息的共享与互操作、分析与综合提供了有效的途径和方法（王永志，2008；李学峰，2005；厉青 等，2002）。

随着地质信息化进一步发展，初期缺乏整体统筹规划实施，各行业各单位各部门建立各自的应用系统，造成大量异构系统问题，形成部门间的“信息孤岛”，数据和信息难以共享的问题开始显露出来（吴冲龙，1998）。顾及地质学本身属于数据密集型科学，地质数据天然具有多源、异构特点，为了消除“信息孤岛”的阻隔，应对多源、异构的地学数据跨系统、跨平台及跨语言集成与共享问题（高振记 等，2016；王永志，2008；吴建国，2007），人们引进了面向服务的体系架构，以及基于XML的Web Service（网络服务）技术。面向服务架构（service oriented architecture，SOA）及网络服务技术虽然在一定程度上缓解了多源、异构系统的集成与共享问题，但并非从本质上解决此问题的方法。随着系统之间的复杂性提高，各系统的接口数也会相应呈指数增长，极大增加各系统的维护成本，后期可能限制地质信息化的进一步发展。因此，近几年随着大数据云计算等新技术及概念的引入，地质大数据平台被广泛应用在整体行业层面、学科层面乃至国家层面，用来解决地质数据集成与共享问题，以实现地质数据的互联共享和社会服务，以及学科之间的数据融合（Evangelidis et al.，2014；涂振发，2012；Morozov et al.，2006）。于是，中国地质调查局发展研究中心提出了地质大数据体系建设的总体框架（谭永杰，2016；朱月琴 等，2015），其内容包括地质数据采集体系、地质大数据汇聚体系、地质数据与信息服务产品体系、地质数据与信息服务体系、地质大数据支撑平台（地质云）。一些学者分析了当前地质大数据技术及其应用，提出了对地质大数据整合集成，对多来源、多模态、多时态数据的相关性分析、数据挖掘与关联建模等思路和方法，还探讨了地质大数据支持下的地质云平台构建、地质大数据应用服务系统和标准化建设的三要素（黄少芳 等，2016）。通过初步研究，明确了如何利用云计算技术为地质调查信息化建设服务，同时也对地质调查信息化“云”建设进行了实践性的探索，为地质调查信息化建设中云服务积累了经验（康承旭和汪新庆，2014；刘威，2013）。

从行业应用方面看，现阶段地质数据集成服务主要集中在地质调查、地质环境、石油勘探与开发及各固体矿产地质信息等方面。李超岭等（2015）提出把 Hadoop 生态体系应用于中国地质调查云平台架构，基于 Hadoop HDFS 和 HBase 存储架构，建立非结构化地质数据基础内容存储组织模式，以及采用 Lucene 构建快速随机访问的索引文件机制，改变多样化、碎片化的复杂地质调查非结构化数据的存储、阅读、搜索和应用模式。在地质环境方面，诸云强 等（2013）提出建设“分布式集成、统一管理、集中服务”模式的地质环境信息服务平台，实现分散、多源、异构地质环境数据的整合集成，以及地质环境信息多维表征与一张图展示，对于充分规划、配置、发挥地质环境资源，辅助地质灾害应急决策等具有重要意义。张鸣之等（2013）提出建立国家级地质环境数据仓库系统，来实现全国地质环境信息的大综合、大协作和大集成。吴自兴等（2008）提出以 3 层客户/服务器（client/server，C/S）模式为主，浏览器/服务器（browser/server，B/S）模式为辅的城市地质领域信息管理与服务系统的体系结构设计，较好地完成了多源异构数据源集成管理、空间数据可视化、数据共享和服务，除此之外，该系统结构设计使划分的功能构件具有较好的可复用性。在石油勘探与开发方面，相关文献从数据银行到数据仓库再到云服务架构，从技术发展角度较全面地对石油地质数据的集成与服务进行了阐述和总结。例如，朱正平提出了面向数字油田的云数据服务架构的研究对实现数字油田高效运行、资源共享及多学科协同研究具有极其重要的意义（朱正平，2015；朱正平 等，2013）。在固体矿产方面，吴建国（2007）根据煤矿信息集成管理的需求，重点研究了煤矿地质信息集成的相关理论、方法和关键技术。李学东(2009)将本体匹配、元数据集成理论、框架集成理论和开源技术相结合，实现了 Web Service 架构下的地质信息集成平台。

在地学信息云计算方面，GIS 厂商 ESRI 公司目前已租用并部署在 Amazon 的 EC2 和 S3 上 100 GB 空间内，已开始通过 Web Service 进行空间数据云计算支持。近年来，多个发达国家已建成了地学数据共享平台，并有效地为国家、省、地方政府、企业、学术团队与大众提供方便的查询、访问和获取地理空间信息，从而有助于共享和获取信息，做出更明智的决策。例如，美国的“地理空间一站式”（Geospatial One-Stop）、加拿大的 GeoConnections（Folger，2009；NSDI，2005），并将地质数据集成与深度应用作为国家未来规划中的工作重点（British Geological Survey，2009；U.S.Geological Survery，2007）。美国、英国、加拿大、日本等发达国家早已将 SOA、分布式计算、虚拟化等技术融入地质调查信息化建设中，并建立了在线编图等采用“一站式”工作模式服务的应用系统。英国地质调查局提出的“OneGeology 计划”，其目的是建立一个包含多个国际组织和国家的地质调查机构参与的全球数字地质图共享系统，为公众提供地质信息服务。系统采用 B/S 结构和分布式模式实现多数据源的集成，由各个参与国家的地质调查机构以网络服务的形式提供动态的地质数据，并在门户网站上提供网络服务的访问接口（刘凤山，2008）。

近年来，我国的地质大数据，特别是“国家地质云”建设成为现阶段地质信息化工作的重要内容。2016年以来，在国土资源部《关于促进国土资源大数据应用发展的实施意见》要求下，中国地质调查局着手进行地质大数据、地质云的建设。“地质大数据与信息服务工程”列入中国地质调查局近期组织实施的地质调查“九大计划”的“地质数据更新与应用服务”计划中，其核心内容就是建设地质大数据，实现地质数据的稳定汇聚和共享服务（谭永杰，2016）。

为了应对地质信息化面临的激烈挑战，地质信息集成平台的建设，一方面需要满足不断发展变化的业务需求；另一方面需要在集约化经营的驱动下，寻求更加高效、廉价的解决方案，以有效应对不断扩展的系统规模。

为了适应现代化战争的需要，保障我国的国防安全、战略资源安全和信息安全，必须大力开展军事地质信息综合管理服务系统建设和应用。首先要加快军事地质工作的组织建设，推进民口与军口数据融合，搭建军民协同体系；其次是建立军用、民用数据和技术的互通与扩展体系，实现地质数据的共享机制。其目的是利用地质信息科学的理论、方法和技术体系，对来自天基、空基和地基的多源多维异构异质的军事地质数据，进行一体化存储、管理、处理和应用，为未来的各种军事活动和军事决策提供高效的、高可靠性的数据和技术服务支持，同时支撑重大军事工程项目的立项论证、规划设计、方案遴选、组织实施和目标评价。

1.4 军事地质信息技术体系

为实现军用民用地质数据的互联互通、信息共享，有两种途径：其一是搭建民口地质数据库（如地质调查局的数据库体系）与军口地质数据库的互联互通网络体系，由所联通的数据库提供相应的数据服务体系，为上层信息应用层提供数据支撑；其二是在军口搭建一体化的数据平台，即将民口所用数据在军口的数据平台上进行存储和管理。从实现的难易程度及所投入的工作周期来看，第一种途径实现时，需要在民口数据库体系和军口数据库体系中，分别搭建数据服务体系；同时应在物理层面搭建专用网络实施数据的传输。其弊端在于搭建的数据服务体系，是否能够满足军用、民用的数据需求，需要进行反复沟通，甚至在后期可能存在数据服务体系重建、数据保密等方面的诸多问题。第二种途径实现时，需要在双方的数据中心搭建数据存储与管理体系，由使用方在数据库的基础上搭建数据服务体系，该数据服务体系相对独立，易于维护和扩展。其弊端是数据更新时难以实现同步更新。就军事地质信息化建设而言，采用第二种途径具有较好的可行性。

军事地质信息化的技术体系，是一种以军事地质数据库为核心，以多S(GIS、GPS、RS、DBS、DWS、OLAPS、CADS、DSS、ES）[①]技术、多S系统集成及计算机网络为

① GIS（geographical information system，地理信息系统）；GPS（global positioning system，全球定位系统）；RS（remote sensing，遥感）；DBS（database system，数据库系统）；DWS（data warehouse system，数据仓库系统）；OLAPS（online analytical processing system，联机分析处理系统）；CADS（computer-aided design system，计算机辅助设计系统）；DSS（decision support system，决策支持系统）；ES（expert system，专家系统）。

支撑的，能够实现地质-地理的空间-属性数据一体化存储、管理、处理和应用的技术体系。其主要构成包括野外军事地质要素数据采集技术、空间-属性数据一体化管理技术、军事地质图件机助编绘技术、“玻璃战场”中三维地质模型的建模技术、基于服务体系架构的专题数据服务技术、地质特征空间分析技术和基于网络的数据传输技术。此外，还有基于这些技术的相关专题分析及报告编写技术等。

1.4.1　野外军事地质要素采集技术

野外地质观测和数据采集，是进行地质调查（填图）的主要工作任务和工作方式之一。其具体做法是按照一定的比例尺和军事地质工作规范，开展野外地质点观测描述、实测地质剖面、地质路线观测和地质现象追索，以及采集岩石、土壤、水体、矿物、地球物理（重磁）、地球化学和古生物化石样品，并进行分析测试。传统的野外数据采集是采用罗盘、铁锤和放大镜（俗称老三件）来实现的，随着信息技术的发展，现在增加了计算机（掌上机、平板机或便携机）、手机和数码相机（俗称新三件）。目前，用于地质调查的计算机辅助野外数据采集系统，主要有两类。一类是基于掌上机或手机研发的简易系统，另一类是基于便携机或平板机研发的高性能系统。掌上机或手机具有体积小、重量轻、电池寿命长、携带方便的特点，可以使用 Android 等语言工具开发的专用软件来采集野外属性数据，也能接受全球定位系统或北斗提供的空间数据。轻型便携机或平板机能够装载完整的数据库和地质信息系统平台，能够支持多 S 结合与集成应用，在野外直接以修编草图和规范化描述的方式进行工作，并能与室内综合整理系统和编图系统实现无缝连接，实现一次性的无纸填图。随着便携机和平板机的不断微型化，基于这两种硬件平台所研发的野外数据采集系统的优越性显著，自 2005 年以来逐步成为国际上的主流技术系统。

1.4.2　空间-属性一体化管理技术

军事地质属于地质在军事应用层面扩展出的一个新领域，军事地质类数据属于地质调查形成的数据集合的子集，是针对军事应用专题进行军事地质调查，依据军事用途进行分析与综合，形成各种类型的军事地质成果，包括各类军事地质图件、“玻璃战场”三维模型等。地质调查形成的数据资料，包括野外调查、室内综合整理过程所产生的各类、各专题数据资料，具有反复使用、长期使用的价值，以及长期保存和充分共享的必要性。这些数据包含露头地质观测数据、物探数据、化探数据、遥感数据和钻探数据，不仅有来自地表的，而且有来自地下的；不仅有地质类数据，而且有地理类数据；不仅有海量的空间数据，而且有海量的属性数据；不仅有海量的结构化数据，也有海量的半结构化和非结构化数据。概而言之，这些数据，具有多源、多类、多维、多量、多尺度、多时态和多主题特征，其存储、管理、处理和应用，是各类地质信息系统建设的核心问题。

野外地质观察获取的数据，是地质调查的宝贵成果。为了满足对这些数据充分共享的需求，以及开展多维建模、空间分析、时空数据挖掘和知识发现等处理需求，应当采用主题式点源数据库的设计思路与方法进行数据库构建。为此，需要以数据管理为核心、以图幅为单元，采用对象-关系数据库的设计思路与方法，统一概念模型和数据模型，实行术语、代码标准化。在进行数据库设计时，要兼顾当前与未来需求，通过系统分析和模型设计来形成与各种业务主题相关联的数据模式，建立以主题式点源对象关系数据库为核心的共用数据平台；建立基于网络的分布式分级存储、管理和数据服务体制。为此，需要研发适合于实际需要的数据仓库和数据共享服务平台的支撑软件，包括采用云平台、云存储和云服务技术（陈建平 等，2015）。其中，实现地质大数据的存储、管理、集成、同化、融合和快速动态调度，是地质调查（填图）数据计算机管理领域面临的挑战。

1.4.3 军事地质图件计算机辅助编绘技术

军事地质图就是把与地质相关的信息转化为军事信息，或与军事行动相关的信息，与军事目标、军事地形图结合，用军事人员能够识别的图形表达出来。长期以来，地质领域常用的数据与信息表达方式是以二维图件的形式进行表达，该类图件专业性强，需要人员具有较强的地质背景知识来阅读图件。军事领域也常用军事图件与各类标注进行信息的表达。在这两者结合过程中，如何将地质信息以军事应用需求的模式进行表达，弱化其地质知识背景，将地质信息用“军事语言”进行表达，让军事人员简易地判读图面信息，需要进行深入研究。

传统的纸质地质图件的最大缺点是生产周期长、缺乏灵活性、难以及时修编及更新，因而往往出现原有图件已经严重老化而新一代图件无法及时提供的状况。另外，以固定不变的版式出版的纸印制图件很难照顾到各方面对地质信息的不同需求，因而使花费很大力气获得的地质信息难以充分发挥其应有的应用效益。为了解决这个问题，唯一的办法就是推行数字式地质图生产新模式，建立和精心维护国家地质图数据库，并且研发与之配套的计算机化数字成图系统，使反映新认识、新成果的新数据得以及时入库，与原有的数据资源融为一体。这样做，既能以常规纸印制产品的形式，也能以数字产品的形式输出标准的地质图，还可以根据不同领域的需要补充必要的专业数据，并且可以进行实时修编、综合和简化，以国家军事标准或者行业标准或非标准的专用产品形式输出。

最初的计算机化数字成图系统是在计算机辅助设计（computer aided design，CAD）技术的基础上研发出来的。这种成图系统缺乏有效的数据库支持，数据的采集、组织和更新较为麻烦，并且成图后的存储和修改也不是很方便。随着GIS的逐步发展和成熟，基于GIS的数字成图系统逐渐成为各国广泛应用的技术系统。基于GIS的数字成图系统是空间数据库与CAD技术的集成，不但能使地质图编制与成图自动化和高速化，还能一体化地存储和管理原始空间数据和属性数据，以及成果空间数据与属性数据，有效地保证各类地质图件之间的数据一致性。同时，还能够根据需要，对图件上的空间信息和属性信息进行任意查询、检索、统计、分析和专题应用。

然而，由于GIS难以管理大量的属性数据，来自野外的原始数据中包含大量的属性描述数据，其存储和管理问题需要进一步解决。通常的做法是将数据库系统与地理信息系统集成起来，建立组合式的地质数据库。例如，澳大利亚地质调查局的早期做法便是如此（陈应军和严加永，2014；姜义 等，1998；姜作勤，1997）：在野外利用掌上机和GPS相结合的方式采集空间数据，详细的野外属性描述仍在野外记录簿和手图上进行，然后在室内存储于Oracle关系数据库中。在编图时，再用GIS软件对空间数据和属性数据进行综合叠加编图和交互式编辑修改。由于Oracle关系数据库与GIS各自具有独特的数据结构与术语代码体系，缺乏统一的信息标准，难以交换和共享，更谈不上进行统一管理与综合处理。对象-关系数据库的出现，提供了合理的解决途径。此外，直接基于三维地质模型进行任意位置和任意方向的剖面图切制，也是一个重要的制图方式。

1.4.4 军事地质信息集成与数据服务技术

目前军事地质研究中所涉及的地质主题主要有六大领域，牵涉的数据类型众多、数据描述方式不一、表达方式多样，地质数据集成与服务是一个非常复杂的信息集成问题。随着所涉及的地质主题类型和规模的不断扩大，以及应用层面业务需求的不断扩张，对地质数据服务体系也会不断提出新的、更高的要求，因此系统会变得越来越庞大和复杂。结合军事地质发展历程和趋势，未来军事地质所涉及的领域会逐步扩大，并最终会将多个地质主题合并为一个大的系统体系来看待，即以“地质一体化”（one geology）的系统体系看待。同时，结合军事地质应用需求的不断增长，其数据服务、信息服务能力需要进一步提升。考虑现今及未来可能的数据服务需求，以及为了应对大数据时代的挑战，军事地质信息化建设一方面需要满足军事地质业务的不断变化与扩展，另一方面涉及地质主题不断扩展、数据规模不断扩大的需求。为了应对这种变化，需要设计一种数据与信息服务体系，该体系能够在数据主题或更加底层的数据内容层次上进行横向的动态扩展，以支持地质主题的扩展；同时在纵向上，即在数据服务应对需求层次上能够进行纵向扩展，使其能够在服务层次对数据进行业务上的逻辑重组、整合及综合，以应对动态变化的应用需求。

云计算技术和 Web Service 技术作为计算机技术在互联网、电子商务、金融、物流、医疗、通信等行业领域应用并取得成功的示范，同时也促进了信息技术在地质相关学科与行业中的应用。云计算技术和 Web Service 技术的引进和发展，为目前正在全世界范围内兴起和发展的“玻璃地球”（吴冲龙和刘刚，2015）建设带来了新的思路，极大地推动了地质信息系统的发展。

由云计算技术作为支撑的地质大数据平台建设，对于地质信息化发展有着重要的研究意义与应用价值。云计算技术和地质大数据平台与传统的信息化方式相比较，在以下方面存在显著的优势（Almonaies et al.，2010）：

（1）加强地质数据采集与汇聚云端化；

（2）推进地质数据综合共享，提升数据应用能力；

（3）提高硬件基础设施使用效率，减少重复投资；

（4）促进地质软件功能的共享和利用，减少重复购买和开发。

云计算作为一种全新的服务模式，为地质数据服务系统建设提供了一个新的思路和机遇。数据贯穿地学研究领域，地质信息化建设在一定程度上就是数据的建设。因此，通过先进的云计算技术，构建一个面向多地质主题的一体化数据集成平台，提供统一的数据服务，已成为地质信息化发展的主流方向之一。

建立以云计算为依托的数据服务体系，是地质信息化的未来发展趋势。其目的是实现多学科协同工作、信息共享和交流、知识挖掘、发现与决策支持等。地质信息科学（吴冲龙 等，2005）的一个重要发展方向，就是地质数据的建设。这一理念在地矿行业和领域已达成共识，对于军事地质亦是如此，如果没有数据，军事地质信息管理与服务便无从谈起。国内外资料表明，油气勘探开发过程中，60%～70%的时间是在采集、加工相关的数据，20%～30%的时间用来进行分析研究，10%左右的时间是领导层决策。除油气勘探开发之外，其他相关地质行业也具有类似的规律。因此，通过集成、融合现今的云计算技术，构建一个面向多主题的军事地质数据集成平台，提供统一的数据服务以提升军事地质信息化水平，是军事地质信息管理研究的重要组成部分，也是提高工作效率的必然选择。

1.4.5 三维可视化建模技术

世界各国开展的三维地质填图、三维地质体模型构建、“玻璃地球”计划等，是通过对多源数据的集成，将不同学科、不同尺度的数据在三维空间进行分析和对比，展示、分析、研究地质体、地质构造之间的空间、成因和演化关系，有助于帮助研究人员理解不可直见性的地下三维结构和构造情况，然后进行各种模拟、预测和决策。

地质数据具有真实的三维分布特征和空间不可直见性，通过各类勘查手段获取的数据属于样本空间，因此，地质体、地质现象和地质作用都不同程度地存在着参数信息不完全、结构信息不完全、关系信息不完全和演化信息不完全的情况。开展多源数据采集和融合，建立完整的三维地质信息系统，并且采用可视化技术进行全信息三维数字化建模，可以提高人类的洞察力和分析判断力，有助于直观地感知和理解地质体、地质现象和地质过程，进而让人们能够方便地进行各种可视化的空间分析、数字挖掘和知识发现，甚至进行地质演化过程的三维可视化的动态模拟，有助于觉察和发现大型或超大型的隐伏矿床、地灾隐患和地基稳定性问题。换言之，就是实现地质数据的三维可视化表达、三维可视化建模、三维可视化分析、三维可视化模拟、三维可视化设计和三维可视化决策。显然，这是传统的地质工作方式难以实现的。

其中：表达可视化泛指原始数据和计算成果以图形或图像的形式在屏幕或其他介质上的显示，是空间决策支持认知过程可视化的基础，贯穿于其他各类可视化之中；分析可视化泛指在可视化环境中进行的各种地质空间决策分析，是空间决策支持认知过程可视化的核心；过程可视化是指在体三维环境中开展各种地质过程的可视化动态模拟，以及地质作用的可视化虚拟仿真，因而是使三维静态地质模型转变为四维动态地质模型的关键步骤；设计可视化是指在体三维环境中进行各种地质工程设计，是使地质工程设计从二维方式转变为三维方式的基础；决策可视化是指在体三维乃至四维可视化环境中，进行矿产资源潜力或工程地质条件评价、矿产资源开发和地质工程设计的多方案比较选优，以及地质灾害和污染事件的预警、防治决策和应急预案的制定，等等。显然，必须同时实现这五个可视化，那些只能看而不能用的三维地质模型，是没有多大实用价值的。

国外在三维地质建模及其分析方面的研究从20世纪80年代开始，至90年代中后期形成热潮。其发展大致经历了线框建模、表面建模、体三维建模和集成建模等阶段。目前，国外已经有多个较为成熟的三维地质建模软件，其中最具代表性的大型专业化三维地质建模软件是法国的 GOCAD。国内的三维地质建模技术的研发开始于 20 世纪 90 年代中期，迄今为止，也已经有多套较为成熟的软件问世。这些软件最初多应用于矿山开采、油藏模拟和水电工程等领域，近年来随着“玻璃地球”建设的兴起，逐渐被应用于与地质行业相关的各个领域内。

在现在军事地质建设过程中，具有统一标准体系的地上-地下一体化的三维模型，在军事地质涉及的六大地质领域（军事工程地质、军事水文地质、军事矿产地质、军事地球物理、军事海洋地质和军事地质遥感）中，能够以该模型为信息载体，将各类信息进行有效加载和处理，如军事地球物理中的三维重磁场的信息表达，军事工程地质中道路通行状况信息表达，军事水文地质中水中污染物扩散等，实现信息的表达可视化、分析可视化以至决策可视化，是实现战场环境地质信息的可视化综合应用的必然需求（王鸿玲和糜玉林，2008）。

1.4.6　地质特征空间分析技术

地质研究对象是一种典型的空间对象。因此，地质特征的空间分析是地质数据处理的一项重要内容，其基本过程是从地质数据库中查询并提取待处理数据，进行拓扑运算、属性分析和拓扑、属性联合分析。地质特征空间分析的结果，主要用于阐述地质体、地质结构、地质现象及矿产资源的空间分布状况和演化规律，为矿产资源和工程地质条件预测、评价、开发、利用，以及地质环境监测、评估和预警提供依据和决策支持。

地质特征空间分析的理论基础，是地质空间实体都可用点、线、面、体四类图素的空间特征来抽象表示，其位置和拓扑关系反映实体间的相互关系。四类图素可产生多种组合关系，表达相互间的邻接性、闭合性、包含性、一致性等。由于地质特征空间分布的特殊性，需要使用专用的空间分析软件。这些空间分析软件，是地矿勘查和开发人员分析问题和解决问题的有效手段。在实际的地质特征空间分析过程中，空间运算、查询和分析通常是同时进行的，相互之间没有严格的界线。不同的空间分析方法，采用不同的数学模型和空间实体模型，用于解决不同的地质问题。地质专业领域所涉及的空间分析按一般分类方法已多达百种以上，其中除在地理、测绘领域常用的叠加分析、地形分析、网络分析、邻域分析和缓冲区分析之外，还有数学地质领域常用的回归分析、趋势分析、变差分析、判别分析、聚类分析、演化分析、序列分析、主因子分析、证据权分析、矢量剪切分析和多重分形分析等。能否支持上述常用的空间分析法，是鉴别所建立的三维地质模型可用性的基本依据（吴冲龙和刘刚，2019；吴冲龙 等，2016）。

1.5　战场地质环境与“玻璃战场”建设

随着现代战争武器装备和作战样式的转变，地质环境被看作与地理环境、气象环境、电磁环境和核化环境并列的战场环境五大要素之一，也是制约其他四个要素的基本要素，五大要素具有紧密的关联影响关系，如图 1.2 所示。地质结构的差异，决定了地下工程地质条件、水文地质条件、环境地质条件、灾害地质条件的差异，或者说是整个军事地质条件的差异，进而影响了抗打击性能、交通线和地下工程选址、地下空间利用、后备水源地查找和打击效果的发挥，以及战场地球物理场和地球化学场的差异。

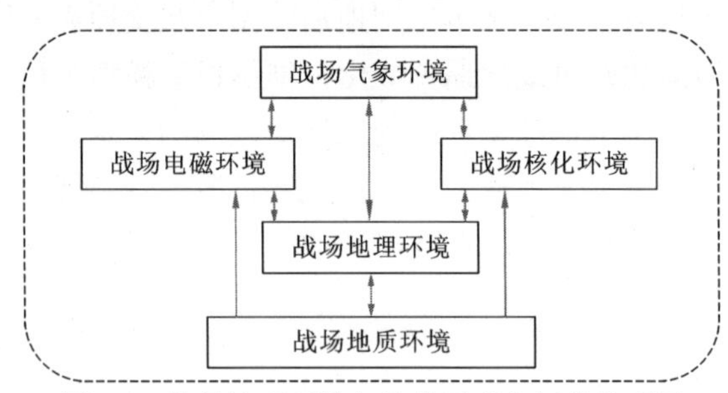

图 1.2　战场地质环境与其他要素之间的关系图

地上-地下一体三维可视化的数字化战场模拟，即“玻璃战场”构建，在战略矿产资源勘查和管理、地下工程设计施工和监测、新型武器装备研制和过程仿真实验，以及典型阵地（战场）地质环境与弹体相互作用过程的仿真实验等方面，将发挥越来越大的作用。

广义“玻璃战场”是“玻璃地球”在军事地质领域的体现，而“玻璃地球”是“数字地球”向地下的延伸，是地质信息和地理信息相结合并存储于计算机网络上的、可供多用户访问和开展地质、资源和环境决策分析的三维可视化虚拟浅层地壳。“玻璃战场”是军事地质大数据的有效载体，可以实现其军事地质时空大数据与模型的一体化存储，可以实现其三维可视化乃至动态可视化，可以用虚拟现实的方式，整合、集成并利用长期积累的各类海量地质-地理和遥感数据，直观、形象地展示战场、战略要地和战略矿产地的地质结构、成分及其空间关系，还能提供各种数据分析、数据挖掘、数据服务和决策支持等服务，有助于提升对地下军事设施、战备水源地、战备石油储存地和战略矿产地的地质特征和地质条件的认知，以便加以合理利用和有效保护。因此，“玻璃战场”本身就是一个较为完备的军事地质信息系统，能够实现地质信息资源的最优配置和充分共享。开展“玻璃战场”建设的目的，是综合利用大数据技术和空间信息技术，开展快速、动态、精细和全息的三维可视化地质建模，使战场及其相关地区一定深度的地下地质体数字化和透明化，为开展战场地质结构分析、场地稳定性评价、战场综合模拟、战略矿产地勘查与保护、战备水源地分析评估、战场地球物理场分析、战场地球化学场分析、地下军事工程选址和设计，以及地上地下一体化三维战场模拟等，提供系统、完整的地质信息服务和软件技术支持。结合“玻璃战场”建设，可以进一步开展全域“数字孪生”战场的建设，在新一代信息技术的支持下的动态战场环境信息可以支持大规模动态战场仿真、推演、预测和决策支持。

多尺度“玻璃地球”建设是一项庞大而复杂的重大工程，需要逐步建立高效率、高可靠性的军事地质信息综合服务保障中心和云平台，并自主研发大规模、专业化、自动化和智能化的国产地质数据的功能处理软件系统。其中军事地质数据库和信息管理系统是核心和基础组成部分。

第 2 章　军事地质信息管理技术体系

目前，军事地质主要涉及六大地质领域（军事工程地质、军事水文地质、军事矿产地质、军事地球物理、军事海洋地质、军事地质遥感），并且依据军事应用需求将不断扩展。军事地质信息管理系统的建设是一项系统工程，不是地质信息技术在军事领域的简单应用。它涉及与军事地质领域有关所有主题信息化的各个方面，目标是在现有的经济技术条件下提高所涉及资料的数字化、信息化和可视化水平，为地质时空大数据在军事领域统合应用奠定基础。

2.1　军事地质信息管理系统总体设计方案与建设思路

2.1.1　总体设计方案

由于大量高新武器装备的运用，现代战争呈现出新的特点，全球范围内战争瞬间爆发的可能性大大增加，目标发现即摧毁，战场前后方瞬时转换，战场与后方的界线变得十分模糊。这些战略战术的实施，都需要海量军事地质数据的支撑才能实现。而军事地质数据的获取需要投入大量的时间和财力。因此，美国等西方国家已经在构建自己的全球军事地质数据库，满足实施全球打击的需要。我国在这方面的准备相对薄弱，还没有形成一套完备的军事地质数据库体系，而这将是未来能否打赢信息化战争的重大挑战。

建立军事地质数据库，需要整合地质工作中长期积累的多源多维异构异质地学（遥感、地质、地理、测绘、地球物理、地球化学）时空大数据，构建多主题数据库。在此基础上，按照标准化准则（系统建设严格按照现有标准进行）、一体化准则（系统建设在一个完整的空间定位基准和空间信息系统框架下）、科学化准则、内部共享准则和安全准则，开展高水准和高可靠性的军事地质数据库和军事地质信息管理系统设计和建设。在整个军事地质信息综合管理和服务系统中，军事地质数据库处于底层和核心部位。

在军事地质数据库的基础上，开展信息服务平台建设，为支撑地质数据在军事应用中的实际需求，构建具有“玻璃地球”性质的“玻璃战场”环境，是军事地质信息管理与服务的最终目标。军事地质信息管理系统的总体架构如图 2.1 所示。

2.1.2　建设思路

军事地质信息管理系统建设思路是利用当代先进的数据库技术、网络技术、三维地质建模与可视化技术等关键技术，在综合分析军用、民用地质要素的前提下，进行军

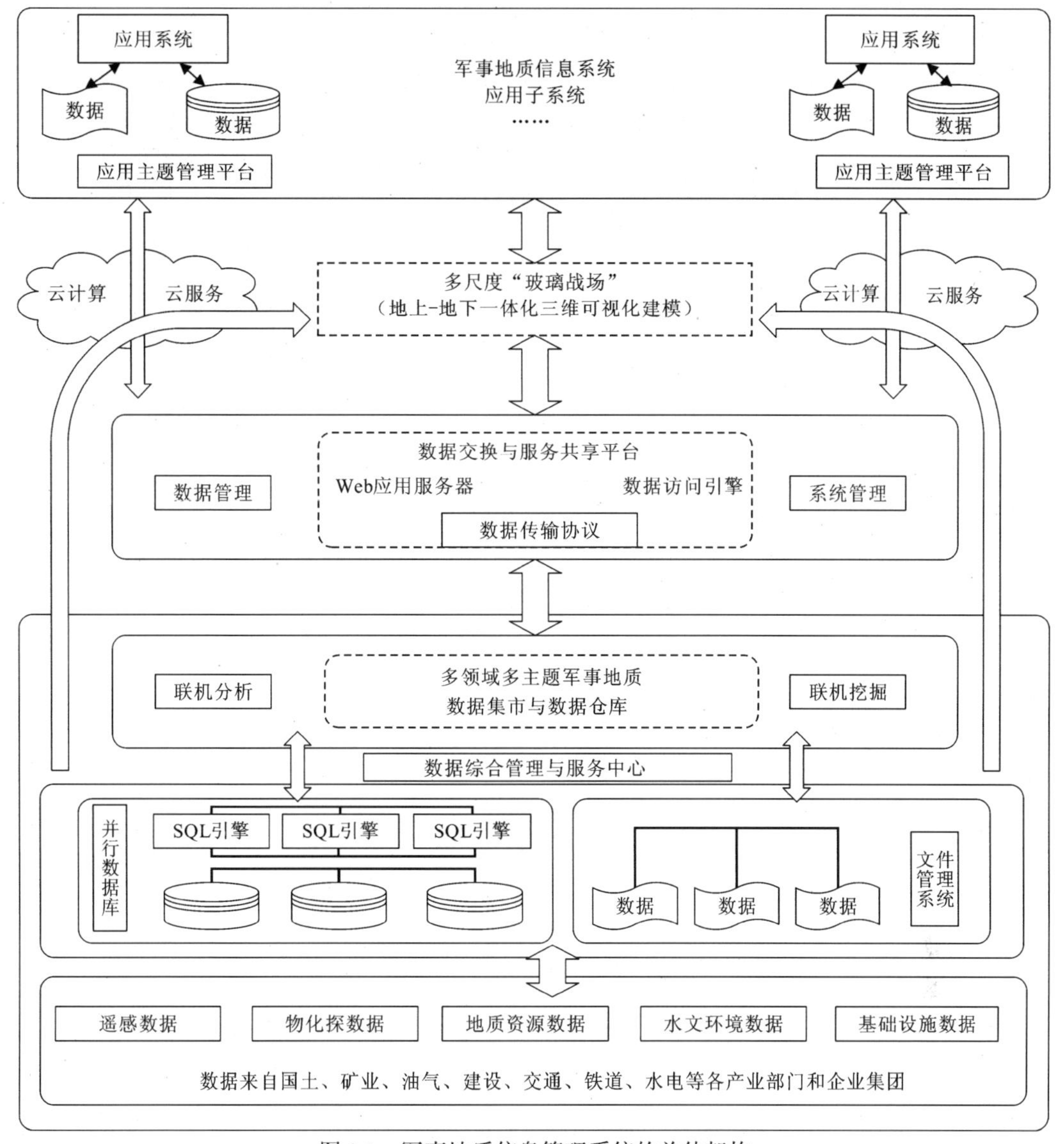

图 2.1 军事地质信息管理系统的总体架构

事地质数据库设计；在多源、异构、海量的地质数据库的基础上提供数据管理、数据分析应用、三维建模及可视化的地质专业信息平台。设计开发以数据库技术、网络技术和地质信息系统技术为支撑，以空间数据和属性数据为基础，通过对空间数据和各类数据(结构化数据、非结构化数据)的存储、管理和更新，建立集数据管理、分析和显示为一体的军事地质数据管理与三维建模系统原型。系统既要具备数据接收、数据整理和整编能力，又要提供面向上层应用的数据服务；并且具备科学的分类管理、快速检索和联机查询的功能。军事地质信息管理系统建设的基本思路如图 2.2 所示。

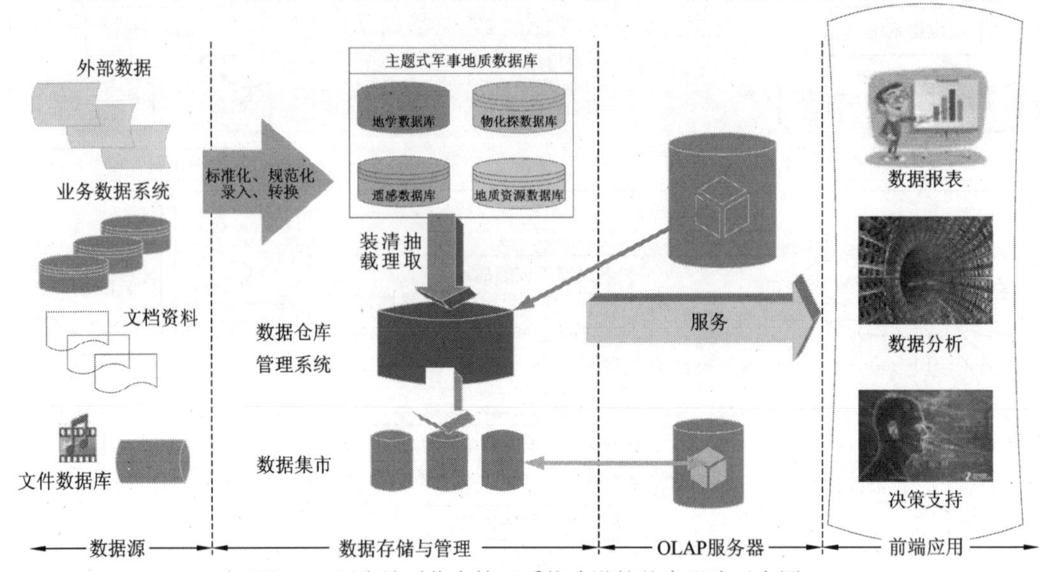

图 2.2　军事地质信息管理系统建设的基本思路示意图

OLAP：on-line analytical processing，联机分析处理

2.2　军事地质数据特征与体系

2.2.1　军事地质涉及的数据来源与特征

现代战争的新特点使得构建“玻璃地球”、“玻璃战场”，透视“深蓝战场”、掌控“地磁空间”的需求日益迫切，这些都给军事地质工作提出了新的更高的要求。现代军事地质的产生与发展，以及所涉及的地质领域是随着军事应用对地质的需求提出的。纵观国内外军事地质涉及的领域，主要集中在军事工程地质、军事水文地质、军事矿产地质、军事海洋地质、军事地球物理和军事地质遥感六大领域，而我国军事地质学的发展一直重视应用，轻视学科体系，研究力量在各专题中自成体系，信息无法充分共享。而对于民用的地质领域而言，我国自 1949 年以来已经进行了大量的地质调查工作，形成了相对完整的学科体系。近年来，随着大数据、云计算等新兴技术的运用，中国地质调查局“国家地质云”的提出，为我国军事地质信息体系建设提供了很好的借鉴思路。同时，地质数据的获取难度较大，需要投入大量的时间和人力，数据生产的周期通常较长。在军事地质信息化建设过程中，无须也没有必要重新针对军事地质工作开展所有专题数据的调查工作，而是需要从传统地质专题的数据中将军事地质所需数据进行抽提、标准化后建立军事地质数据库；针对军事地质要素所需数据无法在民用地质数据中抽提的问题，需要开展相应的补充性地质调查工作，然后将数据存入军事地质数据库中。这样可以有针对性地开展军事地质调查工作，快速地建立军事地质专题数据库。

自 20 世纪 50 年代以来，我国地矿、建设、水利、农业、环保等部门在其领域内开展了一系列不同目的、不同比例尺的基础地质、工程地质、水文地质、环境地质和灾害地质调查或勘查工作，积累了十分丰富的地质研究成果和基础数据。特别是改革开放以来，随着我国经济发展、城镇化建设加速，水文地质和工程地质勘查工作量急剧增大。

按照专业工作内容，这些工作可归纳为基础地理、基础地质、工程地质、水文地质、环境地质、灾害地质、地球物理、地球化学、地质资源和地形测绘等专题，对应于目前军事地质所涉及的六大专题领域，其对应关系如表 2.1 所示。可以看出，目前军事地质所涉及的六大专题领域其本质上与传统地质领域的专题有着对应关系，是传统地质专题与军事应用目标相结合而发展起来的。

表 2.1　军事地质专题与传统地质专题的对应关系

军事地质专题	传统地质专题
军事工程地质	基础地质、工程地质、灾害地质
军事水文地质	水文地质、环境地质、地球化学
军事矿产资源	基础地质、地质资源
军事海洋地质	地形测绘、水文地质
军事地球物理	地球物理
军事遥感地质	遥感地质

按照数据的更新频率，所获取的数据可划分为历史数据和实时数据两大类。前者包括上述地质专业勘查资料和测绘控制成果，需长期保存以供后期对比分析和处理应用，但会随着新的调查或勘查工作的展开而逐步补充和积累；后者包括地下水位、环境和地质灾害等的动态监测数据，其观测是实时且连续的，更新频率为数天、数小时或更短。

按照数据的存储结构，这些地质数据可划分为关系数据、矢量数据和栅格数据三类。其中，关系数据是按关系型数据库的表结构格式存储的属性数据，如钻孔基本信息和描述数据、测试数据；矢量数据是指以矢量格式储存的各种地质图件数据，如各种平面地质图、等值线图、勘探剖面图、地下水位图数据等；栅格数据是指以栅格形式储存的各种图像数据，如遥感图像、摄影照片，以及一些通过扫描获取但未经矢量化处理的前期工作成果图件或分析图件数据等。矢量数据和栅格数据都属于空间数据。

这些数据来源复杂、类型繁多、数据量庞大、内容极为丰富，在一定程度上贴合一般大数据的体量大且完整、类型多且关联、聚集快且杂乱、价值大但稀疏等特征，但也存在着许多独特之处。例如，反映地质体和地质结构静态特征的地质调查数据，是阶段性、间断性、爆发性积累和聚集的，其历史数据十分宝贵不能更改，但又可随着调查工作的深入而局部更新。而地下水、地质环境和地质灾害的动态监测，则与一般大数据有许多相似之处（吴冲龙 等，2016）。数据涉及面广、参与采集与整理的单位多，长期分散在不同部门，且多存储在纸介质上，数字化程度极低。近年来虽然有不少部门进行了清理、整理、数字化和建库，但各部门、各单位的工作目的与所执行的标准和规范不统一，数据整合工作没有系统进行，异质异构情况十分严重，不少已经成为“信息孤岛”。此外，各部门、各单位分散建设的各类地质信息系统，也存在三维可视化功能不强，难以直观、形象地表达区域地质结构和各类地质体的时空特征，以及空间分析能力、过程模拟能力与决策支持能力和面向公众的服务功能不足等问题。

综上所述，为了满足地质信息充分共享的需求，以及“数字战场”或“玻璃战场”建设的需要，应当借鉴并采用最新的地质科学时空大数据技术，并采用“多 S”结合与集成策略，进行采集、存储、管理、处理和应用。

2.2.2 军事地质涉及的数据体系

军事地质研究所面对的数据源，主要有三种类型：第一类是全球性和大区域性(洲、国家、地区)的中小比例尺的成果数据，包括基础地质、水文环境、地形地貌和物化探数据；第二类是局部性的大比例尺的成果数据，包括战略矿产地、战略油气田的矿床地质或油田地质数据，以及预定战场(大中型城市、重大工程、重大军事基础设施等)的水文地质、环境地质、灾害地质和物化探成果数据；第三类是兼容历史和现势的遥感数据，其中，现势遥感数据包括国内卫星应用服务中心定期推送的全国和全球多光谱、高光谱遥感数据。

系统数据体系建设最终产生各类标准化数据产品，为地质数据共享和服务提供数据源，其主要任务是整理和整合各类军事地质相关的原始数据、基础数据、成果数据，形成标准格式的数据库或数据集，并对这些标准的数据库或数据集进行加工处理，形成数据产品（元数据、标准数据集、报表、数据集合、专题图件等）。

涉及的专题数据主要包括基础地理、基础地质、水文地质、工程地质、环境地质、灾害地质、地质资源、地球物理、地球化学和遥感地质等专题。形成的成果数据主要包括各类专题图件、三维模型、地质文档数据、元数据和其他相关数据等。

根据军事地质涉及的数据特点，从逻辑上可将数据内容进行纵向和横向上的划分。在纵向上，可将这些数据依次划分为原始数据层、基础数据层、成果数据层（形成的专题图件、三维模型等），其层次由低到高。一般情况下上层数据依赖于下层数据构建，在查询上一层数据时，可通过关联关系进一步查询到下层数据，反向查询亦然。在横向上，即在每一个数据层上的水平方向上，则参照专业分类和数据类型将本层数据再进行细分，同时也建立起不同专业数据之间的关联关系。

（1）原始数据：是搜集或采集到的第一手资料的数字化形式，是数据库建设的基础，其他层次的数据应基于原始数据而建立，除非数据输入错误，原则上不能对这类数据进行修改。

（2）基础数据：是系统进行数据查询检索、分析应用、专业分析评价、三维建模、决策支持所使用的基础数据的集合，是进一步工作的基础。系统的运行直接依赖于基础数据层数据。其基于原始数据层的数据经标准化处理或重新解释后得到。

（3）成果数据：指存储在系统中的各类成果资料的数据集合，包括二维分析评价成果、地质体模型和三维分析评价成果。此外，数据库运行还需要一些辅助信息，如元数据、数据字典、系统日志、系统配置信息等，也应进行统一管理。

2.3　军事地质信息管理业务流程与数据流

军事地质信息管理系统的建设，是在计算机硬软件的支持下，能够高效地采集、管理并综合利用各主题地质数据进行道路通行、驻屯集结、空间重磁、战略资源、军事设施等分析、评价和管控的综合性技术系统。其业务工作过程，总体上可分为 6 个大的阶段：①数据准备；②数据录入；③数据管理；④数据检索；⑤信息输出；⑥发送应用。但实际工作过程可能是反复的，如图 2.3 所示。

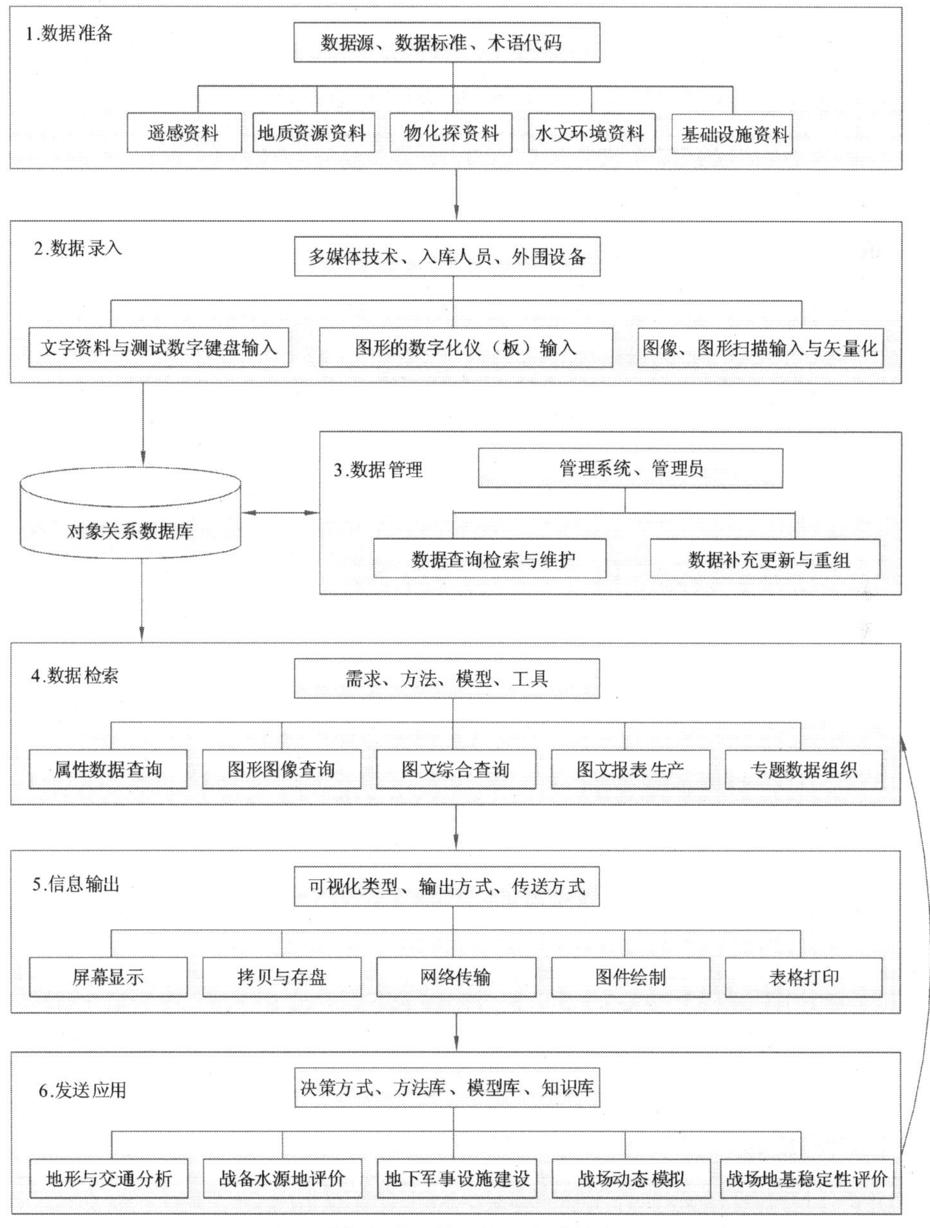

图 2.3　军事地质信息综合管理与服务系统建设的业务流程图

军事地质信息管理系统的数据流向图与业务流程图相对应，反映业务工作过程中各类地质数据的来龙去脉、处理方式和处理方法。数据流向的分析，贯穿于数据收集、存储、管理、维护、查询、检索、统计、融合、分析、挖掘、综合、显示和输出、应用过程中。从目前的情况看，该系统的数据流向如图 2.4 所示。

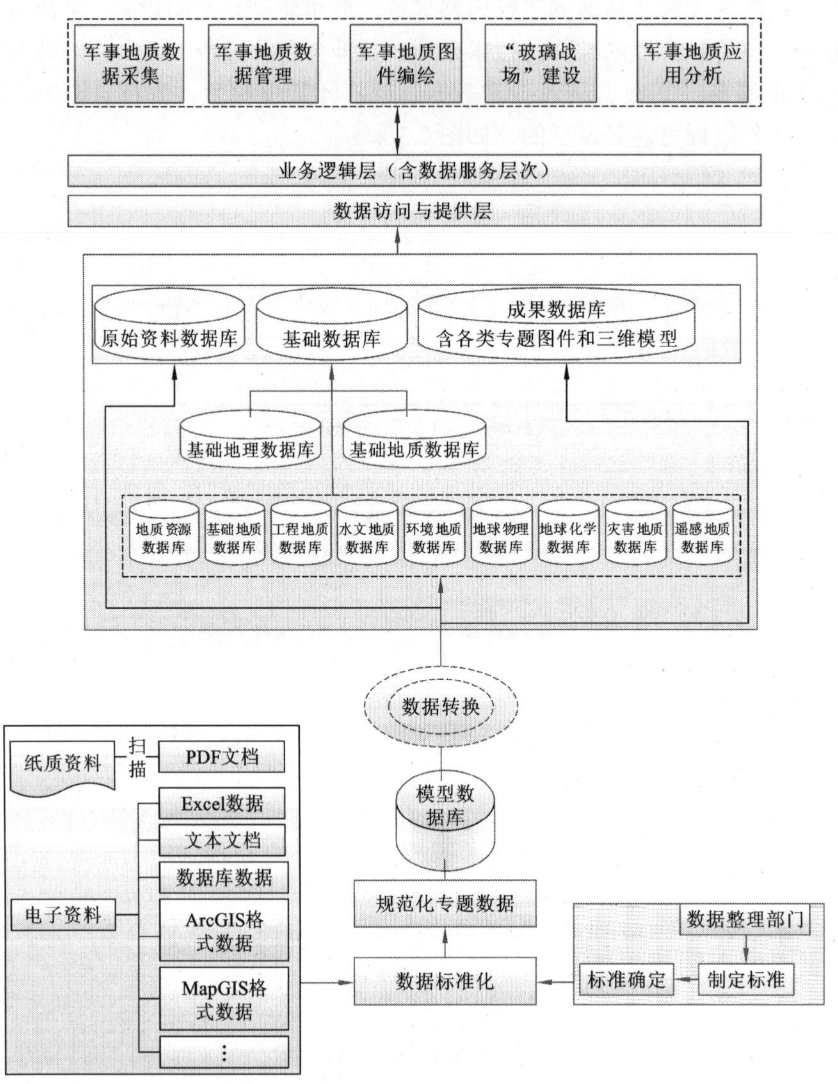

图 2.4 军事地质信息综合管理与服务系统建设的数据流向图

2.4 军事地质信息管理技术体系架构

2.4.1 总体结构

建设重点为基础数据库、成果数据库建设，并在此基础上进行三维地质建模与空间分析，为上层服务提供数据支持与技术支撑。从整体上看，所建立的军事地质信息管理系统为涵盖底层空间数据库、中间层 GIS 空间分析功能、上层展示功能的三层式系统。

为了整合已有的多源异构数据，以便于各类各级用户的综合查询检索，军事地质数据库与三维建模分析系统总体上使用以多层 C/S 结构为基础，C/S 与 B/S 相结合的设计方式。系统自下而上分为 4 个层次，分别为数据存储层、数据管理层、数据应用层和数据服务层，各层拥有自己不同的模块以支撑上层的应用。另外数据标准规范及安全保障体系从平台的各个层次对平台进行支持，如图 2.5 所示。

图 2.5　军事地质信息管理功能层次划分结构图

2.4.2　网络结构

综合考虑系统建设主要目标，所依托的现有软硬件条件及未来使用该系统的实际需要，并考虑系统数据采集成本高、来源广、类型多、数据量大，并且需要进行复杂的二维、三维图形处理和操作的特点，系统拟采用一种 C/S 结构与 B/S 结构并存的多层体系结构。信息发布和检索采用 B/S 三层结构，灵活性强、界面友好、适用范围广、易于使用和维护；数据输入及管理、系统管理及维护、二维空间信息处理、三维建模及分析等采用 C/S 结构，安全性强、速度快。系统网络结构如图 2.6 所示。

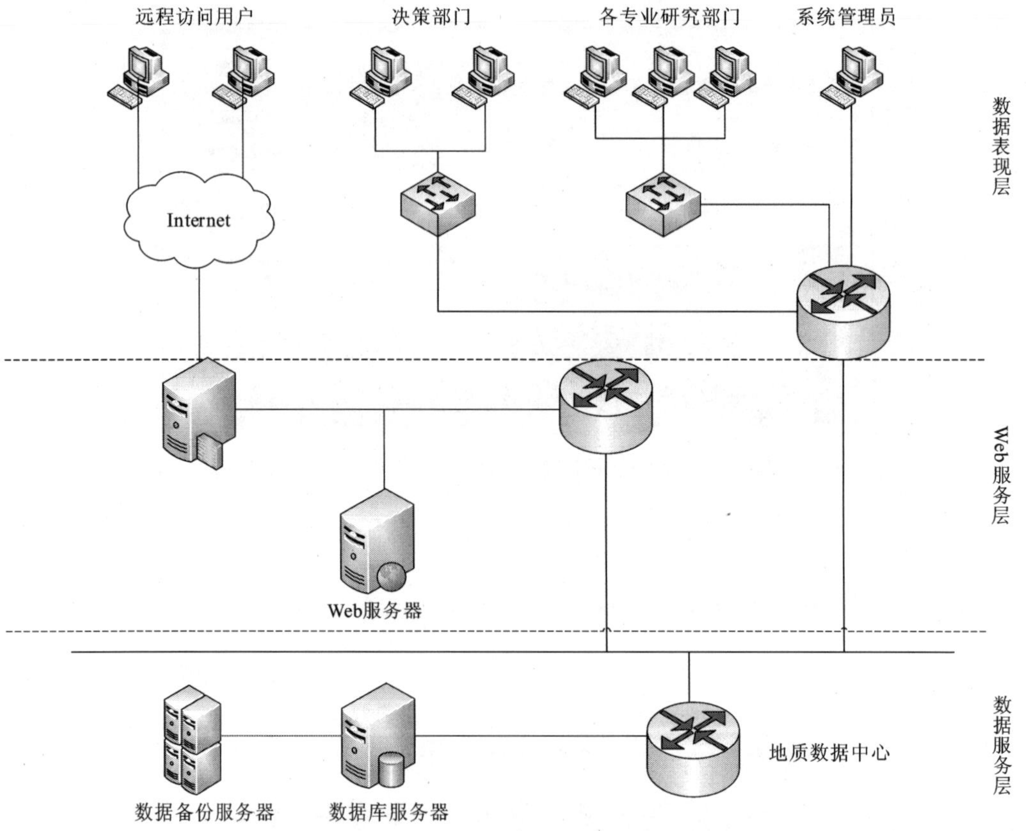

图 2.6　系统网络结构示意图

地质数据中心服务端采用分布式系统体系，在地质数据库服务器的基础之上，使用各个虚拟机作为节点服务器构建服务端系统。该服务端总体结构上划分为三层（图 2.7）：表现层、业务逻辑层、数据源层。表现层完成用户请求数据视图展现；业务逻辑层实现系统的核心逻辑；数据源层负责数据存储、交换。除此之外，系统还包含两个独立的服务器，负载均衡服务器和消息队列服务器，前者处于表现层与业务逻辑层之间，负责将用户的数据请求均衡导向至业务逻辑层的各个应用服务器节点，后者独立于分布式系统各个层次结构之外，负责各个节点之间的通信与信息传输。

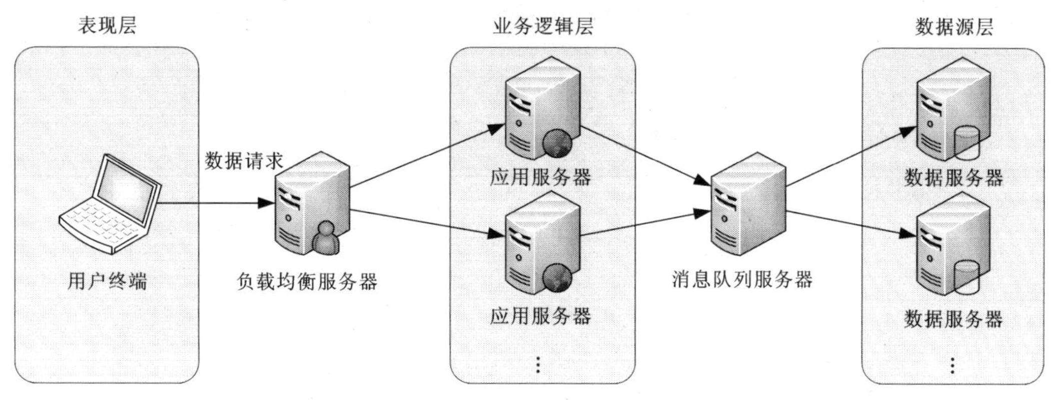

图 2.7　军事地质数据中心服务器层次划分示意图

2.4.3　军事地质数据库结构

根据现代军事地质的工作性质、服务对象和服务方式，需要基于国产超级计算机建立以集中式主题数据库群为主，分布式数据库群为辅的军事地质数据系统。其中：集中式主题数据库群涵盖所有军事地质主题的数据内容，由各分布式数据库群提供数据的更新，并保持数据的一致性与完整性；分布式数据库群包括国内各行业各部门已有的数据库。

集中式数据库群的建设方法：通过分布式行业数据库群获取原始数据，并建立各领域原始数据库；再按照军事地质研究和应用主题进行规范化处理，构建主题式基础数据库。由于数据源沟通困难，这个过程可能比较长，根据整体规划、分步实施的原则，成熟一部分就构建一部分。

2.4.4　数据库设计总体要求

军事地质数据库设计的中心问题是如何设计出结构合理、层次清晰、便于查询、调用方便、信息完整、安全可靠的表结构。其总体功能需求如下。

第一，数据库总体结构应有较高的灵活性、可扩展性、易维护性；能保证数据的可靠性、有效性、独立性、完整性和安全性；以及结构先进、功能齐全，应支持海量空间与属性数据的存储和管理，能充分满足不同专业开展科学计算、图形显示、查询输出等对使用数据的要求。第二，采用现代网络数据库技术，支持 C/S、B/S、网络地理信息系统（WebGIS）等多种查询方式。第三，应当提供各级用户的分级及操纵权限管理，确保系统的安全；提供备份管理，以方便系统的软硬件故障或操作失误造成破坏时的数据库恢复；提供数据库监控功能。军事地质数据库与数据服务总体架构如图 2.8 所示。

数据库管理模块的主要功能包括用户管理、数据库监控、数据库维护、数据录入与数据装载、数据输出等功能。要实现上述功能并满足各模块的调用需求，选择合适的数据库平台和 GIS 平台是非常关键的。

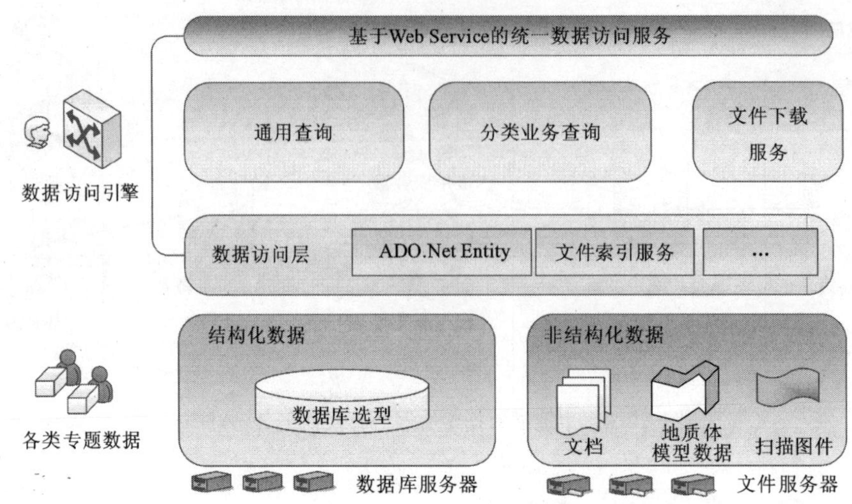

图 2.8　军事地质数据库与数据服务总体架构示意图

由于系统面对的是海量的多源、多维、多主题数据，需要采用大型的对象-关系数据库操作平台。除能适应系统的硬件配置的要求外，还能满足如下基本要求。

支持分布式对象-关系数据库结构，支持 C/S、B/S、WebGIS 等模式的计算机网络体系结构，能够支持多个 CPU 组成的对称多处理器结构和服务器集群（CLUSTER）结构，具有并行事务执行、数据索引和装载及完整性检查的功能。完全的联机事务处理，提供自动的后滚和后滚恢复。支持服务器到服务器的数据库远程过程调用（远程存储过程），拥有可视化管理和监控平台。具有良好的数据库加密和保护机制，有严密的数据安全性，符合开放数据库互联（open database connectivity，ODBC）标准。

2.4.5　数据分类

针对地学多要素数据，由于系统涉及的数据来源广、类型多、数据量大、关系复杂，要想有效地存储、管理和使用这些数据就必须首先对这些数据按各种方式进行分类。

基于军事地质信息管理系统中所涉及的数据特点，以及业务处理过程，在逻辑上进行纵向划分，即从军事地质资料到基础数据，再到成果数据，共分为三个层次。同时也需要建立起这三个层次间的数据关联关系，形成一个完备的数据整体。在此基础上，搭建数据服务层次，为上层的分析与应用提供数据服务。其中，数据服务是采用数据服务体系，对各数据库的底层数据进行整合，实现在军事地质数据库中对各类地质专题数据进行统一的访问操作。

1. 按数据性质分类

按照数据生产方式、使用方式和作用不同，在纵向上将这些数据按数据性质划分为不同的逻辑层，即原始数据层、基础数据层、成果数据层，其层次依次由低到高，一般情况下上层数据基于下层数据构建。相应地，数据库也可分为原始数据库、基础数据库和成果数据库。

1）*原始数据层*

原始数据层包括进行各类地质调查中获取的钻孔原始资料（各类钻孔卡片中的野外现场描述、深井档案各种测试数据）等第一手资料；地球物理、地球化学、遥感数据、地质资源、水文环境调查中获取的原始资料。这一层次的数据为搜集或采集到的第一手资料的数字化形式，涉及不同时期、不同来源的数据，格式更复杂，无法建立统一的数据格式，系统只能通过军事地质数据管理模块提供对这一层次数据的通用导入、导出、查询功能，不提供分析评价功能，除非数据输入错误，原则上不能对这类数据进行修改。

2）*基础数据层*

基础数据层是指进行数据查询检索、专业分析评价、三维建模所使用的基础数据的集合，是进一步工作的基础，包括基础地理空间数据、基础地质数据、工程地质数据、水文地质数据、环境地质数据、地球物理数据、地球化学数据、遥感数据、地质资源调查数据等。按数据类型有图形、属性表、栅格、影像、文档，系统的运行直接依赖于基础数据层数据，一般情况下这一层次的数据是基于原始数据层的数据，经过专业性标准化处理或重新解释，并按照数据库原理进行规范化处理后得到，除人工解释数据外，一般不允许用户修改。

3）*成果数据层*

成果数据层是指系统生成的各类成果资料的数据集合，包括各专业研究成果中的专题图件、资料、三维模型等，这一层次的数据由用户基于基础数据层数据经综合分析评价得到，允许进行编辑修改。

2. 按数据专业分类

在每一个数据层上，即水平方向上，参照专业分类和数据类型进行分类。军事地质涉及数据按照专业分类如图 2.9 所示。

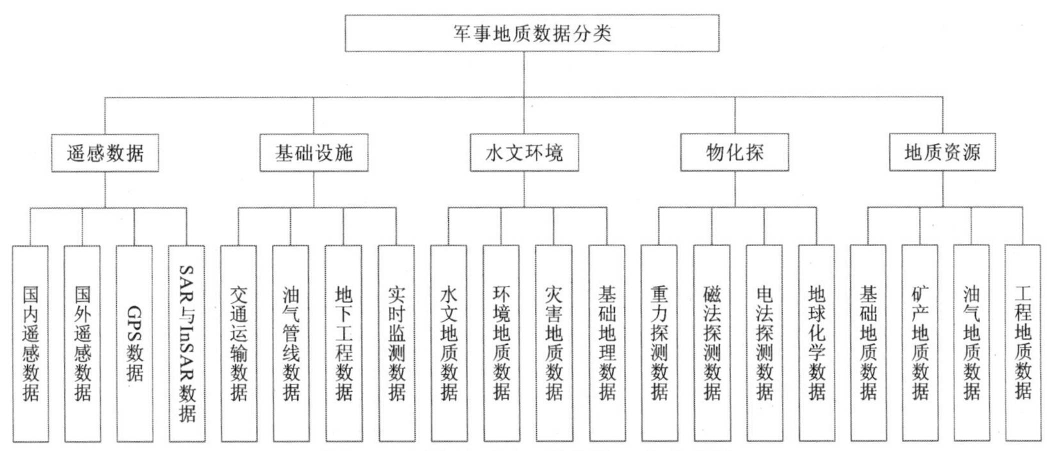

图 2.9　军事地质涉及数据按照专业分类

2.4.6 数据处理流程

在三个逻辑层次的数据库中的数据处理流程如图 2.10 所示。通过整理各专题的数据资料，包括文档、图件、报告及建立的数据库等，建立原始数据库，并从中抽提出用于下一步工作的基础数据，在统一规范标准体系下，建立基础数据库；通过分析评价、三维建模、决策分析等应用，利用获取的成果数据建立成果数据库，或者用前人的研究成果直接入库的方式建立成果数据库。

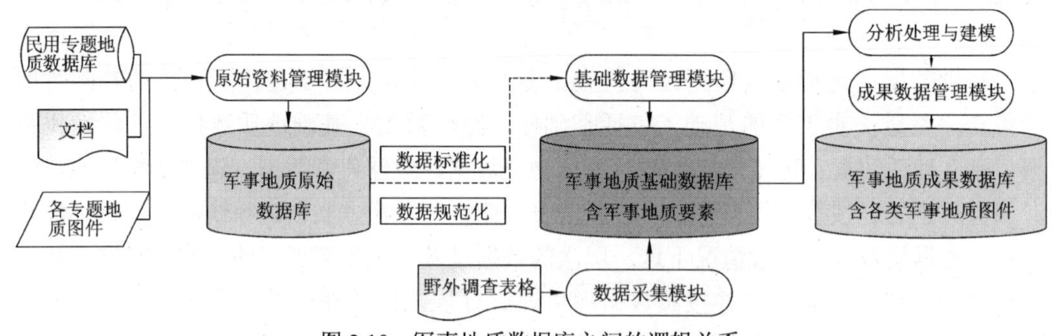

图 2.10 军事地质数据库之间的逻辑关系

原始数据库、基础数据库和成果数据库的建设和应用，分别对应于军事地质调查的三个阶段，但相互之间并无严格的时间界限。一般地说，原始数据库是在地质调查工作准备阶段和工作早、中期，用来存储、管理所搜集到的各种前期资料，以及现场采集的各种第一手资料；基础数据库是在工作中期的综合整理和分析研究阶段，用来存储、管理经过整理并且规范化了的前期资料和第一手资料；成果数据库则是在工作中、晚期的总结、编图和专题研究阶段，用来存储、管理各种成果图件、测试数据和总结报告。这三类不同用途的数据库有机地组合在一起，可共同完成军事地质时空数据的存储和管理任务，在军事地质信息系统中起着核心作用。其结构完备性决定了军事地质信息管理系统的水平。

这三类数据库的数据类型和数据库结构不同，需要分别进行设计。但是，为了方便数据的管理和调用，这三类数据库都采用了按地质调查专业的业务主题进行数据组织的方式，来实现数据存储、管理和调度。根据军事地质环境调查内容，这些业务主题包括遥感、地质资源、物化探、水文环境和基础设施等数据。因此，应当首先按原始数据、基础数据和成果数据三大类进行组织，再按照专业学科的业务主题和应用模型逐级进行分解，然后建立其全局数据模式，并且分别进行设计、建库和运行。

2.4.7 数据交换

数据库建设最重要的目标之一就是实现数据共享。具体而言，军事地质数据共享要实现与野外数字化调查、专题应用系统、辅助决策支持等相关系统间的数据共享。而实现这些系统间数据共享的关键是数据交换。

按照行业安全要求，内外网间需采用物理隔离和网闸安全隔离，通过物理隔离确保那些密级很高的数据绝对安全，通过网闸安全隔离设备交换密级一般的数据。通常网闸安全隔离设备会提供以下两种应用级别的数据交换技术。

（1）基于数据文件的数据交换技术。这是网闸安全隔离设备交换数据最基本的方式，内外网间通过数据文件交换数据。只要保障数据文件内不会含有病毒等就可达到完全的安全。

（2）基于数据库同步技术的数据交换技术。在基于数据文件交换的基础之上而提供的高级交换功能。通过采用数据库同步技术，达到应用的完全透明。

2.4.8　数据维护

数据复制技术是在数据库之间对数据和数据库对象进行复制和分发，并进行同步以确保其一致性的技术，可以在一定范围内复制、分发和可能修改数据。使用数据复制可以将数据分发到不同位置。复制还能够使用户提高应用程序性能，根据数据的使用方式物理地分隔数据[如将联机事务处理（online transaction processing，OLTP）和决策支持系统分开]，或者跨越多个服务器分布数据库处理。

中心数据库的设计有利于信息的管理、维护和共享，但由于数据是集中管理，当多个部门同时访问中心数据库时会造成系统负担过重，整体运行效率下降。为了避免这种情况的发生，数据库的运行方案采用数据库复制技术，在中心数据库与各单位的专题数据库之间进行数据库复制，这样既可以保证数据的集中统一管理，又能满足系统运行的需求。

在中心数据库的建设和基于中心数据库的应用系统的开发和升级过程中，为了保持原有系统的稳定应用和平稳过渡，以及中心数据库内容的及时更新，需要采用一些临时性的措施。通过对现有的数据库系统建立监控程序，监控老系统数据库的变化，同时及时或周期性地更新中心数据库的数据。

第 3 章　军事地质数据库设计

3.1　军事地质数据库概述

军事地质数据库既是军事地质信息管理的核心组成部分，也是面向“数字地球”和“数字战场”的地质数据存储与管理平台。中国地质调查局曾把地质数据库分为原始数据库、基础数据库和成果数据库三类。从实践情况看，原始数据库是指用于存储新一轮地质调查前所搜集的全部前人研究成果资料，包括前期基础地质调查、专业地质勘查和物化遥勘查报告及其成果图件，以及相关的期刊文章和专著的数据库；基础数据库是指经过人工整理、抽取和规范化的，来自原始数据库和野外工作的数据库；而成果数据库是指专用于存储和管理调查报告、专项或专题研究报告，以及全部成果图件的数据库。显然，这些数据库存储的数据，既有结构化的，也有非结构化的，还有半结构化的；既有空间数据，也有属性数据。这三类数据库对于军事地质信息管理而言，无疑都是十分重要的。

为了满足一体化采集、存储和管理海量属性数据和空间数据，需要采用对象-关系数据库系统（object-relative database system，ORDBS），而为了提高信息的利用价值并增强其共享性，需要将地质数据库的开发从应用数据库层次提升到主题数据库层次（吴冲龙 等，2014）。原始数据库、基础数据库和成果数据库都采用了按地质调查专业的业务主题进行数据组织的方式，如图 3.1 所示，来实现数据存储、管理和调度。

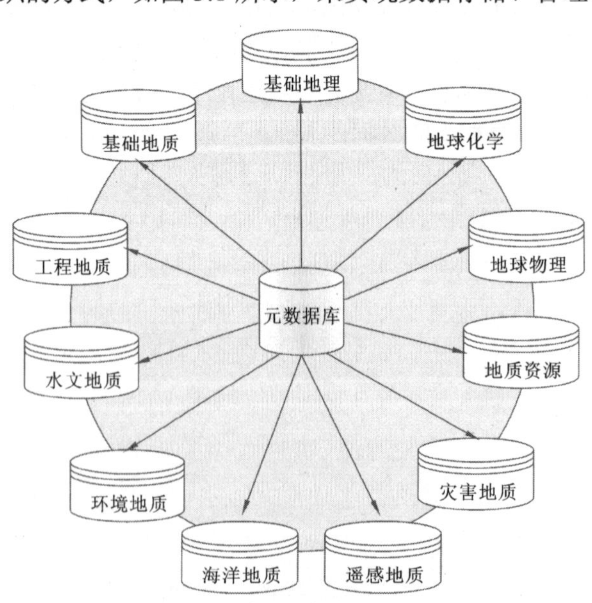

图 3.1　地质专题形式划分及其与元数据库的关系

3.2 数据库设计规范

3.2.1 术语定义

（1）图元：图面上表示空间信息特征的基本单位，分为点、线（或弧段）、面、体 4 种类型。

（2）图素：空间信息中的各种实体类型，由代表各类实体的若干图元构成。

（3）图层：由一类图数据或性质相近的一组图素的空间数据，以及用于描述这些图素特征的属性数据构成一个图层。

（4）图元属性：反映图元特征的数据信息。

（5）数据分类：地质调查中按照调查方式和学科专业对数据信息的分类。

（6）数据项：数据表中不可再分的最小单元。

（7）数据类型：定义数据项所表现的数据属性，采用代码表示各种数据类型。V 为可变长字符数据，最长 4 000 字符；N 为数值型；C 为定长字符数据，最长 2 000 个字符；B 为二进制大对象，最大 4 GB；R 为纯二进制数据，最大 2 000 字节；L 为可变长字符数据，最大 2 GB；D 为日期型数据。

（8）值域：数据域，是数据有效值的规则，用于限制在对象类的任何具体属性允许的值。每个要素类有一个属性域的集合，属性域可分为缺省值、值的范围、代码范围等。

（9）数据表：描述图形实体基本属性和点空间的地学特征的数据集。

（10）数据库：同类地学数据集的集合。

（11）关系：描述对象之间（包括空间对象之间、非空间对象之间及空间对象与非空间对象之间）的关系。一种是泛化/特化关系，即类继承关系；另一种是关联关系。对象常用的关联又分两种类型：聚集（分为强聚集、弱聚集）、空间与拓扑。

（12）数据模型：一种数据（实体）与数据（实体）之间的联系及有关语义约束规则的形式化描述。

（13）数据字典：名词、术语、简称、编码、符号、物理量及其单位等内容的完整描述。

（14）数据编码：按照一定规则，用代码表示描述性内容。

（15）元数据：关于数据的数据，用于描述数据的内容、覆盖范围、质量、管理方式、数据的所有者、数据的提供方式等有关的信息。

（16）要素：表示空间信息特征的基本单位，分为点、线（或弧段）、面、体 4 种类型，是地质信息处理中图元与图元属性的有机载体。

（17）要素类：空间信息中的各种实体类型，由代表各类实体的若干要素构成。

（18）要素标识：表征空间信息特征要素的唯一标识。在本书中等同于图元编号。

（19）要素分类码：以空间信息特征为依据构建的要素类的分类标志。

（20）实体：存在或可能存在的任何具体或抽象的事物，包括这些事物间的关联。

（21）实体类：具有共同属性不包括空间几何特征的实体集合。

（22）空间参照系统：确定地理目标空间位置的平面坐标系和垂向坐标系的统称。

（23）原始数据库：存储地质调查中通过仪器、实验室分析或野外观察直接获取或收集的原始记录数据，以及相关联的勘查（察）报告、图件。

（24）基础数据库：存储对原始数据库中的数据经过标准规范整理后的各类钻孔数据及相关实验、分析、测试数据。

（25）成果数据库：存储由原始数据库或基础数据库中的数据经过转换、分析、处理形成的各类数据，主要为各类成果图件。

（26）模型数据库：存储三维地质模型的数据。

3.2.2 数据库内容

军事地质数据库中涵盖多个专题，如图 3.2 所示。

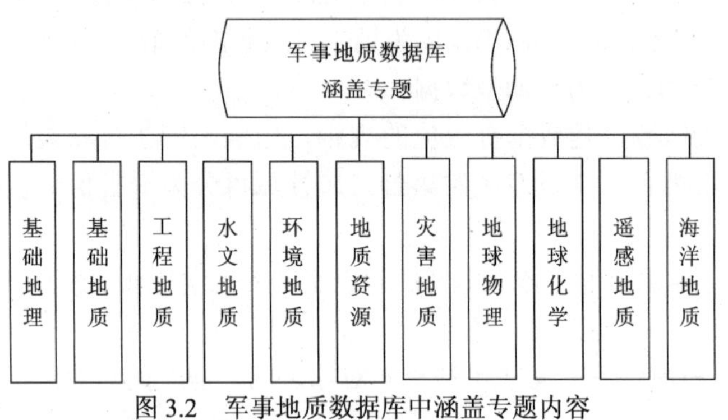

图 3.2 军事地质数据库中涵盖专题内容

3.2.3 数据库管理

数据库管理方法如下：

（1）基于要素几何特征的空间数据主要采用扩展的关系数据库管理方法；

（2）不包括几何特征的结构化属性数据，主要采用关系数据库管理方法；

（3）地震测量数据、CAD 制图数据、影像、栅格数据、视频、音频与文本等非结构化数据采用文件管理方法。

数据建模方法说明如下：

（1）基于要素几何特征的空间数据与非结构化数据主要采用对象关系建模（如地理数据库建模）方法；

（2）不包括几何特征的结构化属性数据，主要采用实体关系建模方法。

3.2.4　编码、命名与约定

编码设计是数据库设计的一项重要内容，旨在解决数据信息的关联关系，并保持数据库内容在表达上的一致性。从实用角度出发，数据库编码设计主要包括数据分类编码、数据库分类编码、索引编码、属性数据表编码、图层编码等。

1. 数据分类编码

数据分类编码体系设计是数据库标准中一项重要的设计内容，军事地质数据种类繁多，涉及地质领域的各个方面，将它们有机地进行组织，有效地存储、管理和应用，是一件非常重要的工作，它直接影响数据库系统的应用效率。

将数据信息按一定的规律进行分类和编码，使其有序地存入计算机，才能对它们进行按类别存储，按类别和代码进行检索，以满足各种应用分析需求。

一般情况下，地质数据分类编码的引用标准如下：

（1）《基础地理信息要素分类与代码》（GB/T 13923—2006）；

（2）《地质数据库建设规范的结构与编写》（DZ/T 0274—2015）。

如果各地质专业领域制定了相关的军事地质数据分类编码标准，应按照相应的军事地质数据分类编码标准进行转化或者对应改化转换，以适应实际军事地质应用要求。

2. 数据库分类编码

军事地质数据涵盖了地质调查中所涉及的所有类型的数据源，包括基础地质、工程地质、水文地质、环境地质、地质资源、地球物理与地球化学勘查数据等，同时也涉及基础地理、遥感等内容。数据的类型依据地质调查研究目的，可按照勘查方法和学科进行分类，并按照数据分类建立数据库建设和数据应用模型。军事地质数据的分类一方面考虑现行地学数据来源、特征和勘查方法，另一方面需要综合考虑军事地质数据服务体系建设、三维地质模型的构建与应用，以及决策支持应用需求，参照有关国土资源分类标准和地质调查信息管理和应用的需求，进行数据分类编码。将各类数据按原始数据、基础数据和成果数据三类组织。

3. 索引编码

索引编码是图元的唯一标识，在属性数据库中作为关键字（主键）处理，要求同一图层内的所有图元编码不能重复出现。

4. 数据库命名规则

参照行业标准《地质数据库建设规范的结构与编写》（DZ/T 0274—2015）中的数据库代码结构及规范，制定军事地质数据库命名的代码结构如图 3.3 所示。

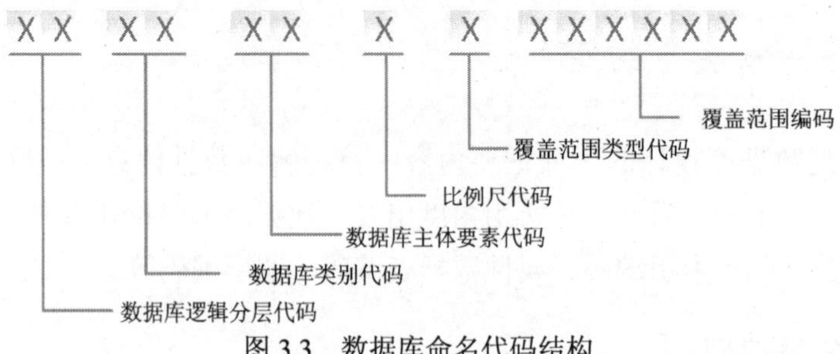

图 3.3 数据库命名代码结构

数据库的代码由 6 部分 14 位代码组成。第 1 部分 2 位为数据库逻辑分层代码，见表 3.1。其余编码与《地质数据库建设规范的结构与编写》(DZ/T 0274—2015）规则相同。

表 3.1 数据库逻辑分层代码

数据库逻辑层次	代码	数据库逻辑层次	代码
原始数据库	YS	基础数据库	JC
成果数据库	CG	模型库	MX

5. 地质信息分类

军事地质信息分类应涵盖地质工作中所涉及的所有类型的数据源，包括基础地质、工程地质、水文地质、环境地质、地质资源、地质灾害、地球物理与地球化学勘查及遥感地质数据等。地质信息分类采用二级分类方式进行分类，见表 3.2。第 1～2 位代表一级分类[参照《地质数据库建设规范的结构与编写》（DZ/T 0274—2015）]，第 3～4 位代表二级分类，编码采用汉语拼音首字母，以表达二级分类之间的差异性，如存在重复，则顺序选取下一个字的汉语拼音首字母，直到不存在重复编码为止。

表 3.2 地质信息分类（分类至二级）

序号	一级分类	二级分类	代码
1	基础地理（DL）	等高线（DG）	DLDG
2		高程数据（GC）	DLGC
3		地形地貌（DM）	DLDM
4		行政区与境界（XZ）	DLXZ
5		居民地（JM）	DLJM
6		交通（JT）	DLJT
7		水系（SX）	DLSX
8		通信（TX）	DLTX
9		管线（GX）	DLGX
10		定位基础（DW）	DLDW
11		植被与土质（ZB）	DLZB

续表

序号	一级分类	二级分类	代码
12	基础地质（JC）	野外调查（YW）	JCYW
13		地层（DC）	JCDC
14		岩石（YS）	JCYS
15		矿物（KW）	JCKW
16		构造（GZ）	JCGZ
17		古生物（SW）	JCSW
18		第四系地质与地貌（QM）	JCQM
19	工程地质（GC）	区域工程地质（QY）	GCQY
20		岩土工程地质（YT）	GCYT
21	水文地质（SW）	地表水（DB）	SWDB
22		区域水文地质（QY）	SWQY
23		矿区水文地质（KQ）	SWKQ
24		地下水动态监测（JC）	SWJC
25	环境地质（HJ）	环境地球化学（DH）	HJDH
26		环境地质监测（JC）	HJJC
27		放射性勘探（FS）	HJFS
28	地质资源（ZY）	矿产（KC）	ZYKC
29		能源（NY）	ZYNY
30		水资源（SY）	ZYSY
31		地热资源（DR）	ZYDR
32		地下空间（DX）	ZYDX
33	地质灾害（DZ）	滑坡（HP）	DZHP
34		崩塌（BT）	DZBT
35		泥石流（NS）	DZNS
36		地面沉降（CJ）	DZCJ
37		地面塌陷（TX）	DZTX
38		地裂缝（LF）	DZLF
39		地震（DZ）	DZDZ
40		洪流（HL）	DZHL
41		江岸冲淤（CY）	DZCY

续表

序号	一级分类	二级分类	代码
42	地球物理（WL）	重力（ZL）	WLZL
43		磁力（CL）	WLCL
44		电法（DF）	WLDF
45		地震（DZ）	WLDZ
46		放射性（FS）	WLFS
47	地球化学（HX）	岩石地球化学（YS）	HXYS
48		土壤地球化学（TR）	HXTR
49		水系沉积物地球化学（SC）	HXSC
50		气体地球化学（QT）	HXQT
51		生物地球化学（SW）	HXSW
52		水地球化学（SH）	HXSH
53	遥感地质（YG）	区域遥感地质（QY）	YGQY
54		遥感地质解译（JY）	YGJY
55		航天遥感地质（HT）	YGHT
56		航空遥感地质（HK）	YGHK

要素（实体）类编码方式同地质信息分类的二级分类方式，采用汉语拼音首字母方式，占两位，如果有子要素，则子要素也按此方式进行编码。

6. 要素（实体）类编码

要素（实体）类编码由所属地质信息类别代码、要素（实体）类名称代码和该要素类数据类型代码组成，如图 3.4 所示。

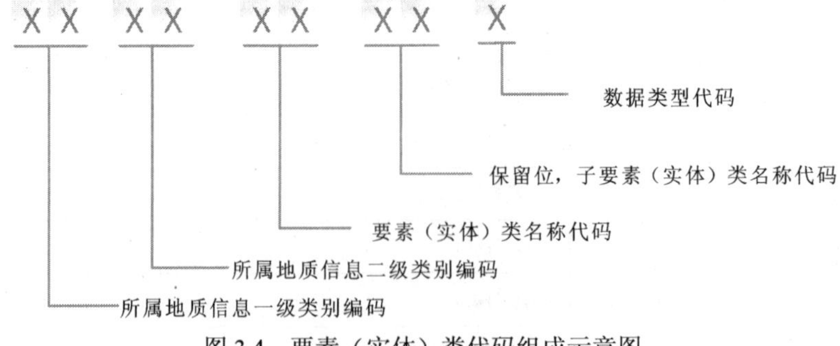

图 3.4 要素（实体）类代码组成示意图

要素代码编码方式中子要素编码为保留位，如果存在子要素，则进行子要素编码，如果不存在，则为00；数据类型代码表示数据存储格式，如矢量形式、多媒体形式等，如果表 3.3 中类型不足以完全表达，可顺序进行编码。

表 3.3　要素（实体）类数据类型代码表

数据类型	代码	数据类型	代码
矢量	FA	视频	FE
栅格	FB	音频	FF
属性	FC	图片	FG
文本	FD	模型	FH

7. 属性数据表编码

数据表是数据库的一个子集，此处的数据表指属性数据表。

1）*元数据表命名规则*

元数据采用中国地质调查局的《地质信息元数据标准》（DD 2006—05），参照表 3.4 命名。

表 3.4　元数据表命名

中文表名称	英文表名称
主表	Meta Descript
单位与发行情况表	Meta Publisher
关键词表	Meta Key Word
坐标范围表	Meta Coordinate
数据更新记录表	Meta Update
空间数据表	Meta Map
图层数据表	Meta Layer
非空间数据表	Meta Attribute

为便于数据交换，可在前面添加数据库代码。

2）*属性数据表命名规则*

数据库管理下的传统属性数据表，其命名编码如图 3.5 所示。

前 8 位与要素（实体）类编码相同，要素类型代码见表 3.3，如果该要素为空间矢量要素，则可依据表 3.5 进行编码；最后两位为顺序码，当有主表的辅助表等表格时，可按顺序依次编顺序码。

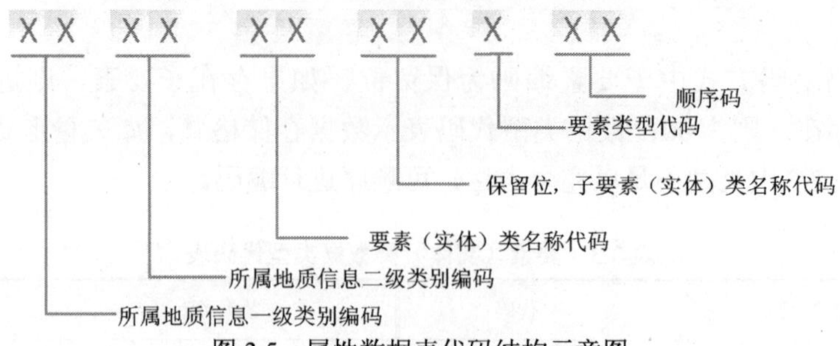

图 3.5　属性数据表代码结构示意图

表 3.5　矢量要素编码表

几何类型	代码	几何类型	代码
点	P	体	V
线	L	注记	T
面	A		

8. 图层编码设计

在专题图件中，通常通过划分不同的空间要素图层，表达要素信息，图层划分按照点、线、面、注记等形式，并依据数据库要求，在成果数据库建立中，需要建立各类专题图层，在 GIS 环境下进行管理。图层采用如下命名规则（图 3.6）。

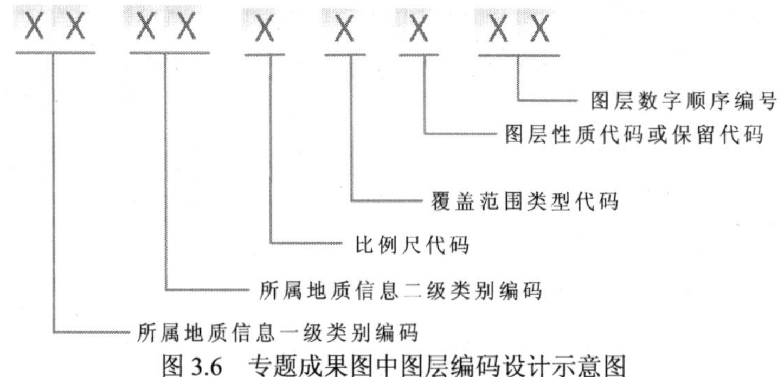

图 3.6　专题成果图中图层编码设计示意图

图层编码采用 9 位字符，分别定义：所属地质信息的一、二级类别编码。比例尺代码，覆盖范围类型代码，图层性质代码或保留代码和图层数字顺序编号。

图层性质代码见表 3.6。

表 3.6　图层性质代码

图层性质	代码	图层性质	代码
点	P	体	V
线	L	注记	T
面	A	图饰	N

图层数字顺序编号，后 2 位为数字编号，在同类图中，依据图形不同表达方式（点、线、面、体等），更有效地反映专业特征与性质，分层管理，编码为 01～99。

9. 要素（实体）编码规则

要素（实体）编码是要素或实体的唯一标识，在图件、属性数据库表作为关键字（主键）处理，要求所有要素编码不能重复出现。在地质调查项目中，所有的调查数据都来源于调查项目，因此在设计要素编码规则中，引入了项目来源的项目代码项。

如图 3.7 所示，采用 16 位编码方式，在编码中：前两位为要素所属地质信息一级类别编码；中间 8 位为数据来源的项目代码；后 6 位为要素顺序编码，可按系统所管理的数据库统一编号为 000001～999999。

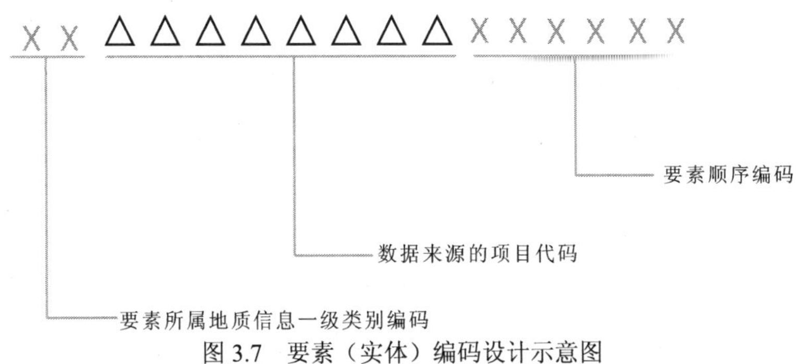

图 3.7　要素（实体）编码设计示意图

10. 数据项设计约定

在进行数据库设计中，必须首先设计各类数据（包括图形属性数据）需要填写的数据项及相关名称、代码、类型、长度、值域等。基本格式见表 3.7。

表 3.7　数据结构基本格式表

数据库名称							数据表名称						
序号	字段名称	字段名	类型	长度	小数	单位	必填	空值	缺省值	最大值	最小值	约束	备注
主键定义：						索引定义：				外键定义：			

填写说明如下。

数据库名称：填写数据库名称，参照图 3.3 数据库命名代码结构。

数据表名称：填写设计数据表名；图形数据填写图层名。前面的单元格填写代码名，后面填写表中文名。

主键定义的形式为，主键名称（PK_表名称）：主键字段 1；主键字段 2；…

外键定义的形式为，外键名称 1（FK_表名称 1）：外键表.外键字段 1；外键表.外键字段 2；…

外键名称 2（FK_表名称 2）：外键表.外键字段 1；外键表.外键

字段 2；…

索引定义的形式为，索引名称 1（INX_表名称 1）：索引字段 1；索引字段 2；…
索引名称 2（INX_表名称 2）：索引字段 1；索引字段 2；…

字段名称：数据项的名称。

字段名（代码）：数据项名称的标准化或规范化代码，参照有关标准，如《地质矿产术语分类代码》（GB/T 9649—2009）国家标准，有特殊定义的，要明确说明其编码规则或出处。

类型：数据存储的类型，参照表 3.8 的数据类型。对于特殊系统的数据类型，需要明确说明。

表 3.8 字段类型表

简写	数据类型
V	可变长字符数据，最长 4 000 字符
N	数值型
C	定长字符数据，最长 2 000 字符
B	二进制大对象，最大 2 GB
R	纯二进制数据，最大 2 000 字节
L	可变长字符数据，最大 2 GB
D	日期型数据

地质专业部分内容首先在国家推荐标准《地质矿产术语分类代码》（GB/T 9649—2009）相关部分中查找，需要扩展的，则按照该国家标准的编码规则编写数据项代码，采用 1～6 位拼音首字母缩写表示，保证不同数据库之间相同数据项的名称与代码的一致。基础地理部分内容从国家标准《基础地理信息要素分类与代码》（GB/T 13923—2006）中选择，涉及的其他部分参照相关专业领域的国家标准或行业标准编写。

对于数值型数据，有小数位的要标明小数位数。

长度：存储字符型数据的字节数。

小数：当数据项为数值型时填写小数位数。

单位：字段名称对应的单位。

必填：标识该字段数据项是否必须填写值。如果必须填写，则“必填”，如果不是不需填写的，则“不必”。

空值：当数据项允许空值时，填写“空值”，反之填写“非空”。

缺省值：用于填写数据项的缺省值。

最大值：填写该数据项允许的最大值。

最小值：填写该数据项允许的最小值。

约束：填写数据项的相关约束条件。

备注：对需要进一步说明的数据项进行描述。对于特殊表达格式的数据项也需在此说明，如多数值表达的分隔符、特殊符号的表达描述等。

11. 空间坐标系约定

我国常用的空间坐标系中，采用 1985 国家高程基准定义的黄海平均海水面作为全国统一的高程起算面，采用平面直角坐标系，投影类型为高斯-克吕格（横切椭圆柱等角）投影，采用西安 80 坐标系 IUGG 推荐椭球参数。

空间坐标系处于不断优化演进中，需要按照实际工作需求进行适时调整。2000 国家大地坐标系，是我国目前最新的国家大地坐标系，英文名称为 China Geodetic Coordinate System 2000，英文缩写为 CGCS2000。新的数据采集和管理均要参照该国家标准空间参照系执行，为新时期新技术条件下的应用提供基础支持。同时应用时注意不同坐标系数据的转换融合。

3.3　军事地质数据库设计内容

3.3.1　原始数据库设计

原始数据主要是指存储军事地质调查中通过仪器、实验室分析或野外观察直接获取或收集的原始记录数据，以及相关联的勘查报告、图件。

根据建设方案中的数据分类约定，军事地质调查的原始数据主要分为基础地质、工程地质、水文地质、环境地质、地质资源、地球物理、地球化学等。由于数据量较大，为方便管理和提高数据检索效率，其原始数据需分别存储。

原始数据库中主要基于“二进制大字段（或文件）+元数据”方式进行原始数据管理，其原因包括：①原始数据资料来源不一，格式多样，不同时期的数据其详细程度也有较大不同；②原始数据要确保其原始性，在存档时不应做任何修改与规范化工作；③原始数据主要用于对基础数据产生疑问时的查询验证，为保证查询工作的正常进行，原始数据存储时，必须确保一定的、有效的元数据信息。

原始数据库的结构设计主要是数据存储表单设计，如图 3.8 所示。根据前述分类原则、各类资料的描述对象集合及其对应的数据项子集合和数据项集合，逐一设计出 8 个

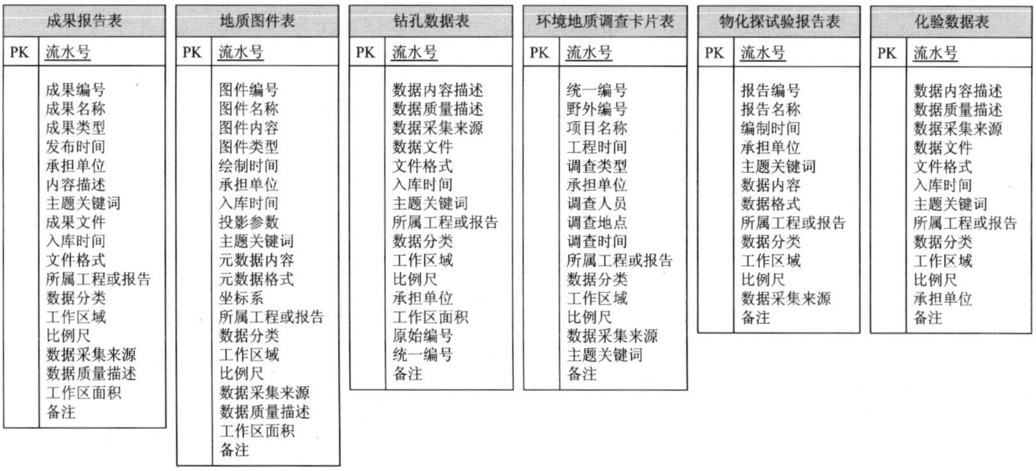

成果报告表	
PK	流水号
	成果编号 成果名称 成果类型 发布时间 承担单位 内容描述 主题关键词 成果文件 入库时间 文件格式 所属工程或报告 数据分类 工作区域 比例尺 数据采集来源 数据质量描述 工作区面积 备注

地质图件表	
PK	流水号
	图件编号 图件名称 图件内容 图件类型 绘制时间 承担单位 入库时间 投影参数 主题关键词 元数据内容 元数据格式 坐标系 所属工程或报告 数据分类 工作区域 比例尺 数据采集来源 数据质量描述 工作区面积 备注

钻孔数据表	
PK	流水号
	数据内容描述 数据质量描述 数据采集来源 数据文件 文件格式 入库时间 主题关键词 所属工程或报告 数据分类 工作区域 比例尺 承担单位 工作区面积 原始编号 统一编号 备注

环境地质调查卡片表	
PK	流水号
	统一编号 野外编号 项目名称 工程时间 调查类型 承担单位 调查人员 调查地点 调查时间 所属工程或报告 数据分类 工作区域 比例尺 数据采集来源 主题关键词 备注

物化探试验报告表	
PK	流水号
	报告编号 报告名称 编制时间 承担单位 主题关键词 数据内容 数据格式 所属工程或报告 数据分类 工作区域 比例尺 数据采集来源 备注

化验数据表	
PK	流水号
	数据内容描述 数据质量描述 数据采集来源 数据文件 文件格式 入库时间 主题关键词 所属工程或报告 数据分类 工作区域 比例尺 承担单位 备注

图 3.8　原始资料中二级分类存储数据表单

一级分类中的各二级分类表单，见表 3.9。为了保证原始数据库能随时间推移和工作进展而不断扩充，不仅应当为每个级别的表单留下增补余地，还应当为每个表单中的数据项留下增补余地。

表 3.9 原始数据库中数据分类与编码表

一级分类	二级分类	代码
基础地质（JC）	基础地质图件（TJ）	JCTJ
	成果报告（BG）	JCBG
	钻孔数据（ZK）	JCZK
工程地质（GC）	工程地质勘查报告（BG）	GCGB
	工程地质图件（TJ）	GCTJ
	钻孔数据（ZK）	GCZK
水文地质（SW）	水文地质勘查报告（BG）	SWBG
	水文地质图件（TJ）	SWTJ
	钻孔数据（ZK）	SWZK
环境地质（HJ）	环境地质调查报告（BG）	HJBG
	调查卡片（KP）	HJKP
	环境地质图件（TJ）	HJTJ
地质灾害（DZ）	勘查报告（BG）	DZBG
	调查卡片（KP）	DZKP
	记录（JL）	DZJL
地质资源（ZY）	地质资源调查报告（BG）	ZYBG
	调查卡片（KP）	ZYKP
	地质资源图件（TJ）	ZYTJ
地球物理（WL）	物探报告（BG）	WLBG
	物探数据（SJ）	WLSJ
地球化学（HX）	化探报告（BG）	HXBG
	化探数据（SJ）	HXSJ

3.3.2 基础数据库设计

军事地质基础数据库中存放的数据从数据获取渠道而言，主要包含两类：第一类是从民用地质调查数据转换而来，即从中国地质调查局所建立的地质数据库体系的各业务主题数据中抽提军事地质应用所需的数据，其组织形式按照业务主题进行组织；第二类是以军事应用为目的开展的野外地质调查，得到军事地质要素类数据，如图 3.9 所示。

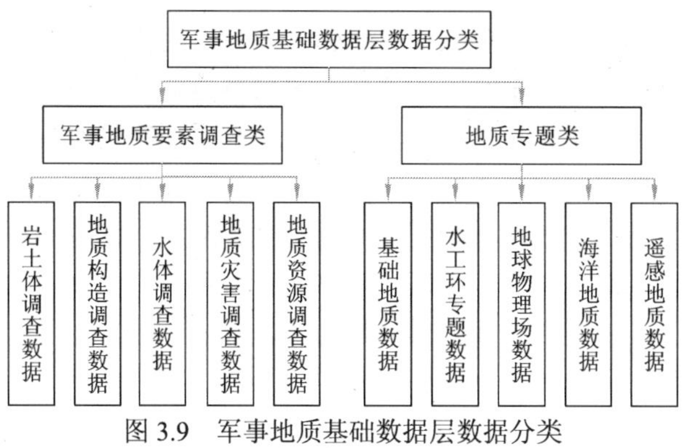

图 3.9　军事地质基础数据层数据分类

1. 民用地质基础数据库设计

从民用地质调查数据转换而来的数据涵盖了地质调查中所涉及的所有类型的数据源，包括基础地质、工程地质、水文地质、环境地质、地质资源、地球物理与地球化学勘查数据等。这些地质基础数据具有明显的专业分类与从属关系，这种关系体现在各类数据信息之间的关联，通过这种关联建立数据信息之间的层次关系。为了实现各类数据信息的关联，在设计数据表和图形属性表中，采用关键字（主键）实现表与表之间及表与图之间的关联和信息传递。

历次区域地质调查所获得的以上各种地质特征的属性和空间数据，都是地质基础数据库需要存储和管理的数据。

基础数据库的结构单元，可按照地质专业研究主题划分为八大类，也可按照业务工作主题划分为六大类。划分的形式不同，类别数目也不同，但其实质内容是相同的，可以互相对应。前者便于分析和研究，而后者便于存储、查询和管理。按照业务工作主题所划分的六大类数据包括：野外综合调查类、野外综合施工类、野外动态数据监测类、样品物化测试类、数据整理与汇总类和地质研究专题类。

基础数据库设计包括概念模型、逻辑模型、物理模型三个方面。其中，概念模型即地上-地下实体集成表示的统一数据模型，是从用户角度看到的数据库模型，可通过基础数据的分类和规范化过程直接转化而成。逻辑模型是从管理员角度看到的数据库模型，其设计是基础数据库设计的核心内容，即在概念模型的基础上，根据所采用的数据库管理系统制定数据库的逻辑结构、逻辑模式和子模式。物理模型是从程序员角度看到的数据库模型，即针对文件系统、关系数据库管理系统及其集群并行管理系统三维存储环境所设计的底层数据库结构。

根据中国地质调查局的要求，基础数据库结构的概念模型采用按照业务工作主题的划分方式。因此，该数据库的逻辑模型设计必须在六大业务工作主题为依据的概念模型背景下进行。然而，按照业务工作主题来进行数据规范化，必然会遇到数据分类的困难，以致一开始就出现大量的数据冗余。合理的解决方案是先按照地质专业研究主题的八大类进行归类，并以此为准进行数据子集划分和数据关联约束。其主要工作包括定义实体（数据）集之间及其子集之间的完整性约束、安全性约束、函数依赖及关系和操作任务对应关系。在此基础上，再补充业务工作主题专有的内容和数据项，然后一并进行数据的规范化。根据以往的大量经验，地质数据的规范化等级以第二或第三范式为宜。

由于所确定实体（数据）集之间存在着复杂的关系，特别是某大类实体（数据）集的子集与另一实体（数据）集的子集之间的复杂关系，在进行数据库逻辑模型设计时，需要对这些数据集和数据子集及其相互关系逐一进行清理、沟通和联结。下面按照地质专业研究主题中的基础地质、工程地质、地球物理为例，以实体（数据）集及实体（数据）子集之间的关联，分别介绍其逻辑结构的实体-关系图。

（1）基础地质数据集的逻辑结构如图 3.10、图 3.11 所示。

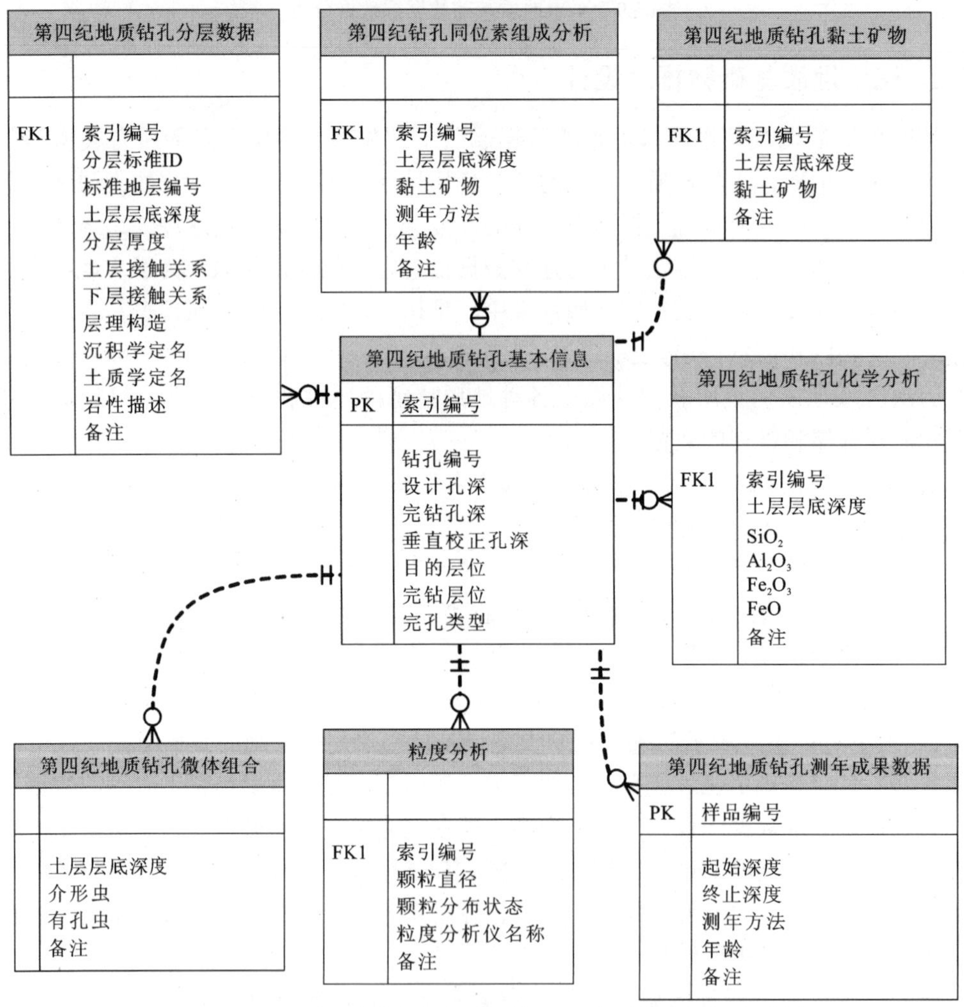

图 3.10 基础地质类的第四纪地质钻孔及测试数据实体-关系图

（2）工程地质数据集的逻辑结构。工程地质数据集包括工程地质钻孔基本数据、室内试验采样点数据及工程地质钻孔原位测试点数据，其逻辑结构如图 3.12～图 3.14 所示。

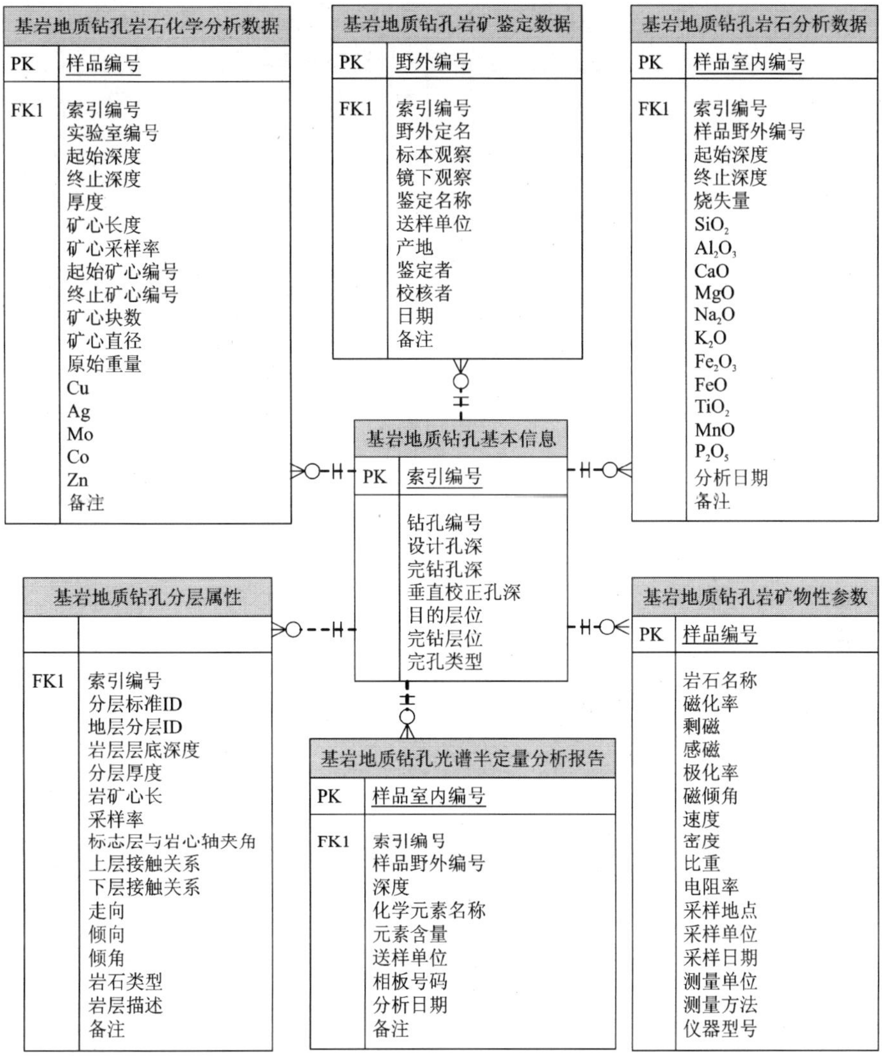

基岩地质钻孔岩石化学分析数据
PK 样品编号
FK1 索引编号
实验室编号
起始深度
终止深度
厚度
矿心长度
矿心采样率
起始矿心编号
终止矿心编号
矿心块数
矿心直径
原始重量
Cu
Ag
Mo
Co
Zn
备注
基岩地质钻孔岩矿鉴定数据
PK 野外编号
FK1 索引编号
野外定名
标本观察
镜下观察
鉴定名称
送样单位
产地
鉴定者
校核者
日期
备注
基岩地质钻孔岩石分析数据
PK 样品室内编号
FK1 索引编号
样品野外编号
起始深度
终止深度
烧失量
SiO_2
Al_2O_3
CaO
MgO
Na_2O
K_2O
Fe_2O_3
FeO
TiO_2
MnO
P_2O_5
分析日期
备注
基岩地质钻孔基本信息
PK 索引编号
钻孔编号
设计孔深
完钻孔深
垂直校正孔深
目的层位
完钻层位
完孔类型
基岩地质钻孔分层属性
FK1 索引编号
分层标准ID
地层分层ID
岩层层底深度
分层厚度
岩矿心长
采样率
标志层与岩心轴夹角
上层接触关系
下层接触关系
走向
倾向
倾角
岩石类型
岩层描述
备注
基岩地质钻孔光谱半定量分析报告
PK 样品室内编号
FK1 索引编号
样品野外编号
深度
化学元素名称
元素含量
送样单位
相板号码
分析日期
备注
基岩地质钻孔岩矿物性参数
PK 样品编号
岩石名称
磁化率
剩磁
感磁
极化率
磁倾角
速度
密度
比重
电阻率
采样地点
采样单位
采样日期
测量单位
测量方法
仪器型号
图 3.11 基础地质类的基岩地质钻孔及测试数据实体-关系图

工程地质钻孔基本信息表
PK 工程地质钻孔索引编号
工程地质钻孔原始编号
所在位置
工程名称
横坐标
纵坐标
孔口高程
完井深度
钻探单位
开孔时间
终孔时间
地下水埋深
钻孔类型
备注
工程地质钻孔地层基本信息表
PK 工程地质地层索引编号
FK1 工程地质地层分层编号
工程地质地层分层名称
工程地质钻孔索引编号
地层厚度
层底标高
层理构造
地层岩性描述
备注
图 3.12 工程地质钻孔基本数据实体-关系图

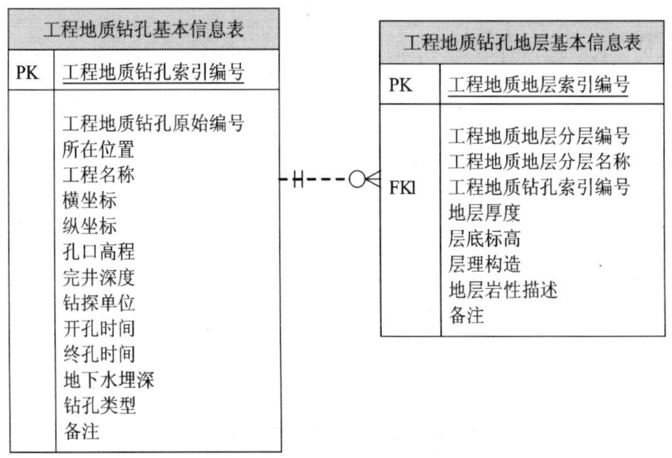

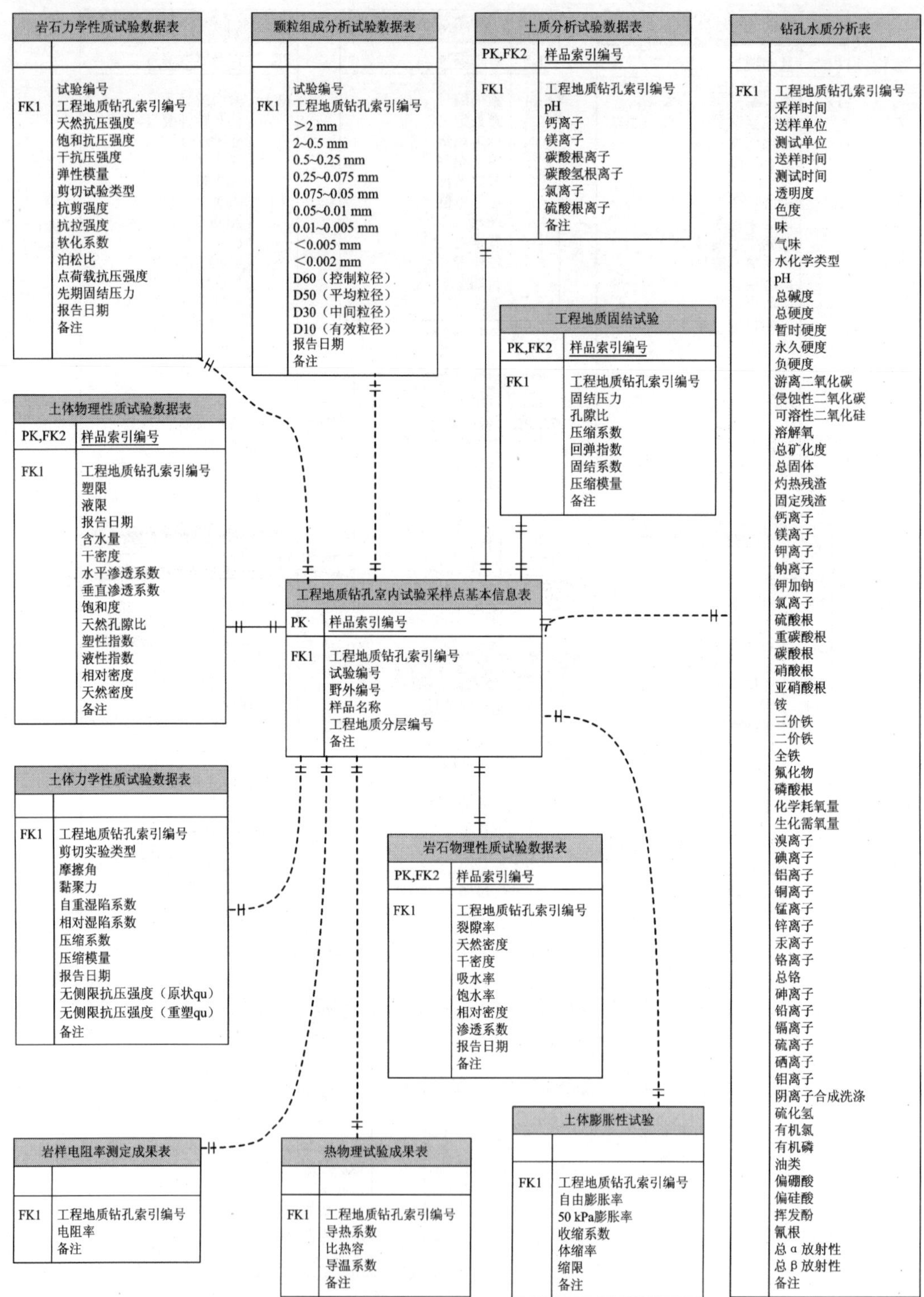

图 3.13　工程地质数据集的室内试验采样点数据实体-关系图

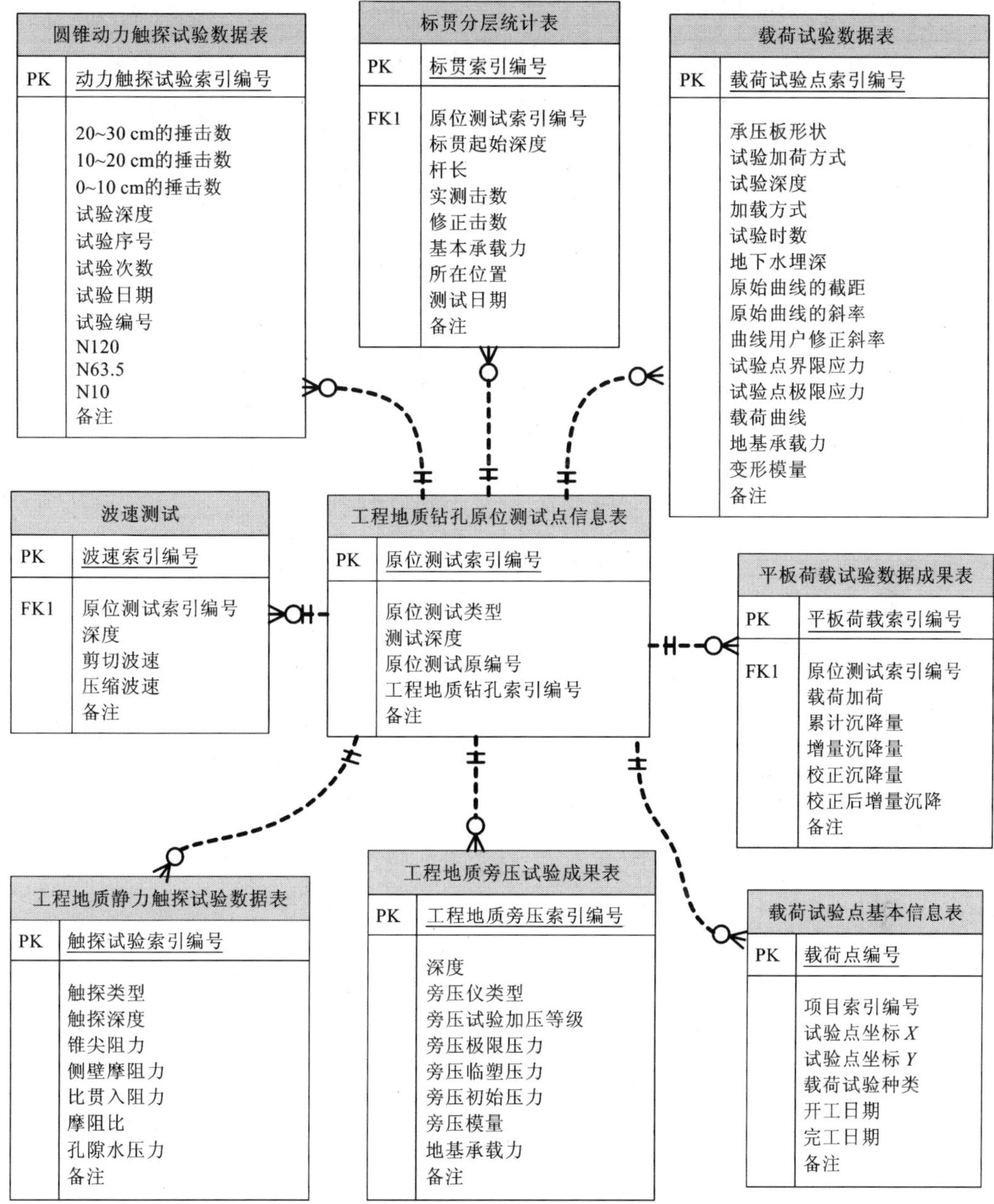

图 3.14　工程地质钻孔原位测试点数据的实体-关系图

（3）地质灾害数据集的逻辑结构。目前在军事地质调查要素体系中，地质灾害类型主要有滑坡、崩塌、塌陷等类型。地质灾害数据集的逻辑结构如图 3.15 所示。

（4）地球物理数据集的逻辑结构。在基础数据库中，主要的地球物理数据包括地质调查中所涉及的重力勘探、磁法勘探、电法勘探和地震勘探数据。地球物理数据集的逻辑结构如图 3.16～图 3.18 所示。

塌陷信息表	
PK	图元编号
	塌陷名称 经度 纬度 塌陷位置 发生时间 塌陷类型 塌陷坑平面形态 塌陷坑剖面形态 塌陷坑坑口直径 塌陷坑坑底直径 塌陷坑可见深度 塌陷面积 塌陷土方量 塌陷特征 塌陷分布地段 毁坏对象 次生灾害 人员伤亡 直接经济损失 灾害处理措施

滑坡信息表	
PK	图元编号
	滑坡名称 经度 纬度 滑坡位置 滑坡类型 滑动时间 滑动方向 滑动速度 水平滑距 垂直滑距 滑体滑动结构 滑动特征 已滑土方量 待滑土方量 滑动原因 毁坏对象 次生灾害 人员伤亡 直接经济损失 灾害处理措施

崩塌信息表	
PK	图元编号
	崩塌名称 经度 纬度 崩塌位置 发生时间 崩塌类型 崩塌垂直落距 崩塌水平滚距 堆积体平均长度 堆积体平均宽度 堆积体平均厚度 崩塌堆积物覆盖面积 堆积体体积 堆积物形态 崩塌物堆积部位 崩塌灾害毁坏对象 次生灾害 人员伤亡 直接经济损失 灾害处理措施

灾害记录信息表	
PK	图元编号
	日期 纬度 经度 精度 震级 烈度 深度 位号 备注

图 3.15 地质灾害数据集的实体-关系图

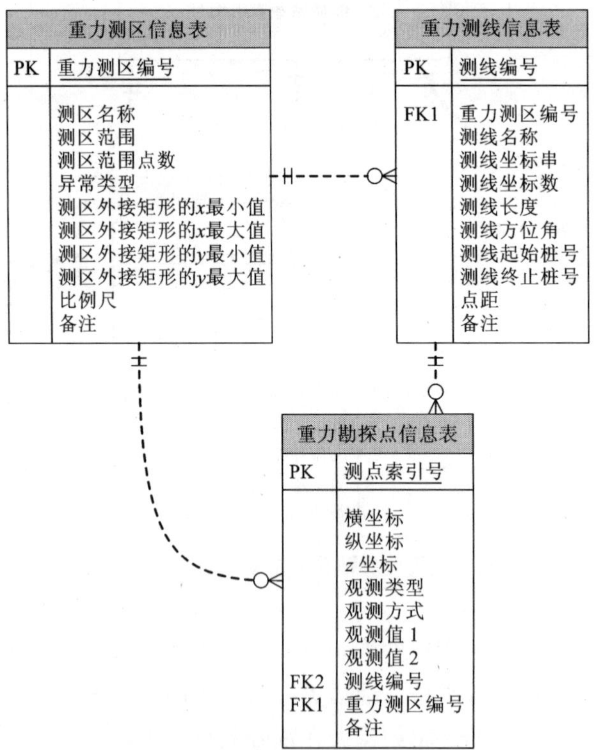

图 3.16 地球物理数据集的重力勘探数据实体-关系图

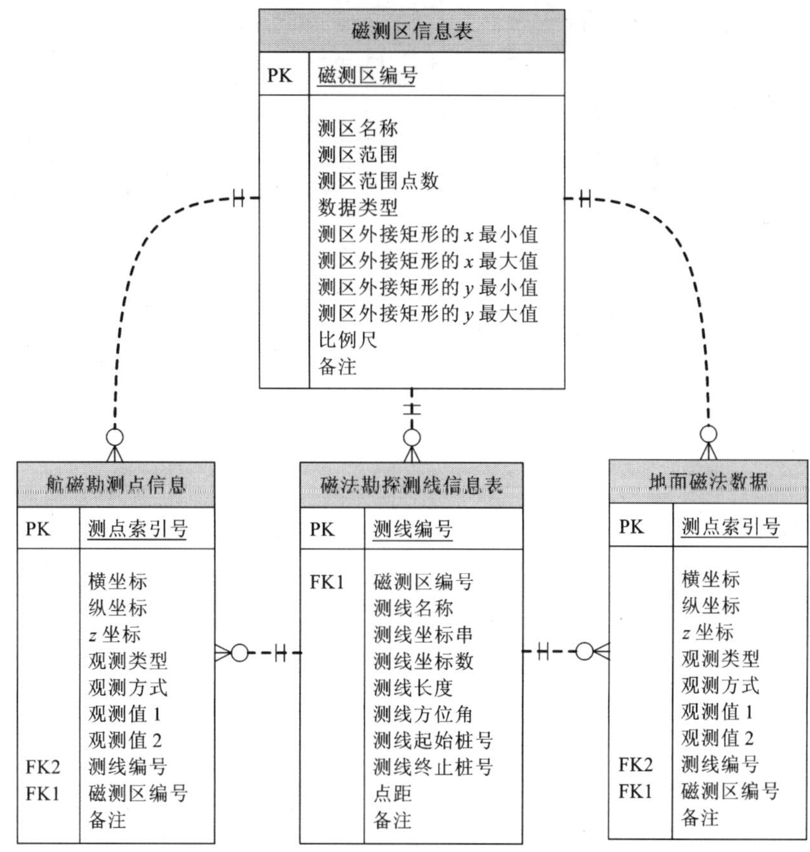

图 3.17　地球物理数据集的磁法勘探数据实体-关系图

2. 军事地质调查要素类基础数据库设计

结合军事地质要素划分体系，以及野外调查业务对要素对象的调查数据内容，依据专业特定需求及具体实施过程中填写的军事地质要素收集和整理表格，对军事地质调查要素进行划分，针对军事地质野外调查实体，确定军事地质要素实体，以调查区、调查路线、调查点为主线进行数据的存储管理，同时在个人电脑端建立军事地质要素录入子系统，包括数据的采集、查询、检索等功能，实现军事地质调查要素的采集、存储与管理。其所包含的基本要素如图 3.19 所示。

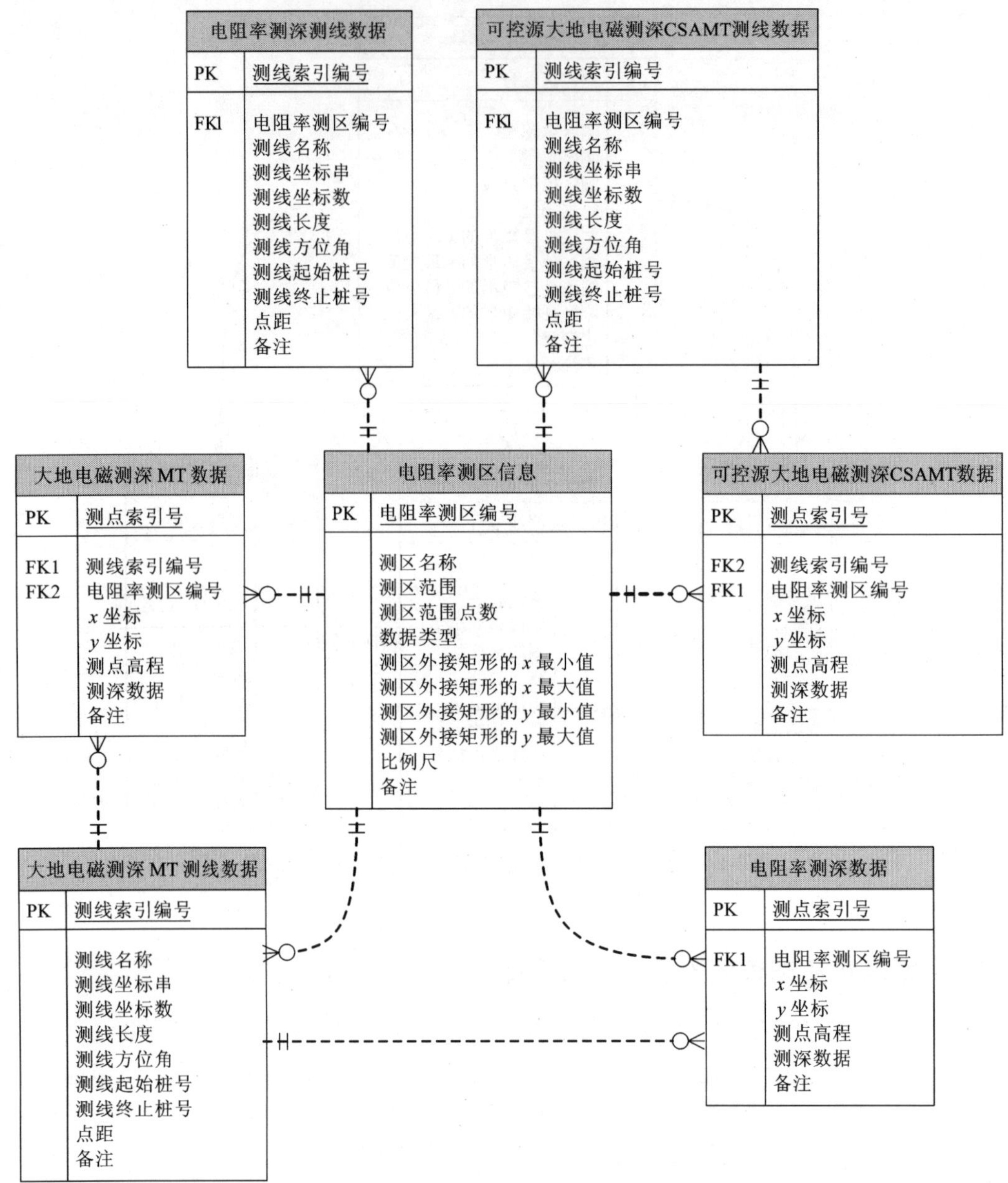

图 3.18 地球物理数据集的电法勘探数据实体-关系图

军事地质调查要素业务实体数据模型设计采用图幅-调查线-调查点的方式进行组织，记录调查点的相关地质要素数据，以及和要素相关的非结构化数据（数字照片、野外素描）。根据要素分类约定，军事地质调查基础数据库要素主要分为岩体调查、土体调查、水体调查、构造调查、灾害调查及资源调查等几类。每种要素又分多种类型的调查点，见表 3.10。

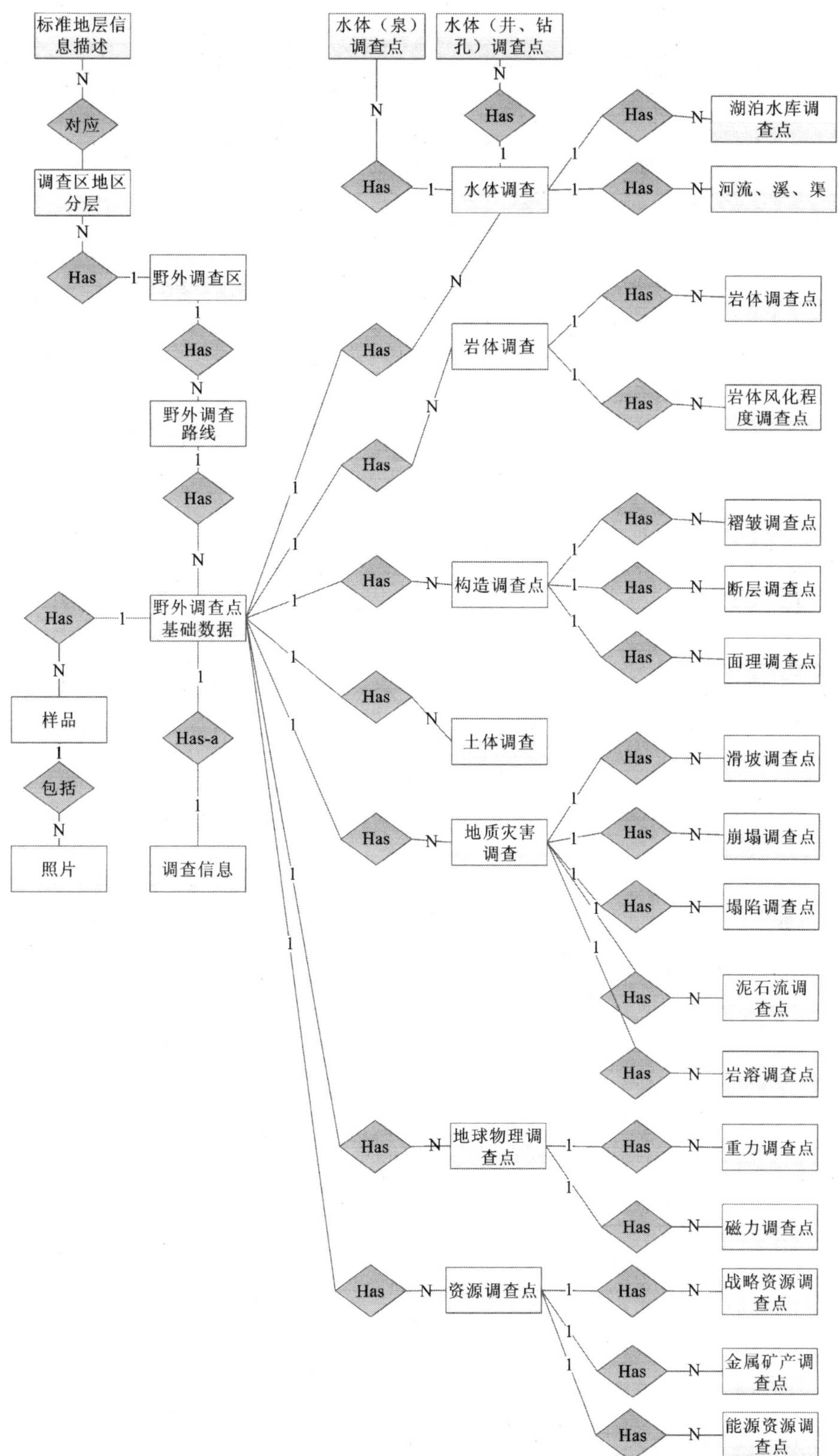

图3.19　军事地质调查要素（业务实体）划分

表 3.10　军事地质调查要素业务实体数据表

要素大类	表名（中文）	要素大类	表名（中文）
调查点	调查区表	灾害调查	坡体结构调查表
	调查区地层分层表		崩塌（潜在崩塌）调查信息表
	标准地层信息描述表		滑坡（潜在滑坡）调查表
	调查路线表		泥石流灾害调查表
	调查点基础数据表		灾害岩溶或采空地面塌陷调查点表
	样品表		岩溶微地貌调查表
	样品照片表		陷坑单体表
	军事应用评价表		陷坑群体组合表
水体调查	水体（泉）调查点表		岩溶地质环境条件表
	水体（井、钻孔）调查点表		覆盖层表
	湖泊、水库调查点表		下伏岩层表
	河流、溪、渠调查表		诱发动力因素表
	水质特征表		稳定性评判表
	水文地质评价表		泥石流基本特征表
	井/孔水文地质柱状图表		不良地质体情况表
	泉特征表		地理环境表
	井（钻孔）特征表		地质环境表
	河流特征表		岩质表
	湖库特征表		土质表
岩体调查	岩体调查点表		崩塌变形破坏迹象表
	岩体风化程度调查点表		坡体变形破坏迹象表
	岩土体工程地质环境表		滑坡变形破坏迹象表
	岩土体工程地质评价表		堆积体特征表
	岩体基本特征表		原始斜坡表
	岩石强度试验信息表		滑坡外形特征表
	点荷载仪测试值记录表		滑坡结构特征表
土体调查	土体调查点表		影响因素表
	土体工程地质环境表		稳定性分析表
	土体基本特征表		示意图或照片编号表
	土体试验信息表		坡体外形特征表
	土体试验记录表		控制面结构表
	土体工程地质评价表		地下水表

续表

要素大类	表名（中文）	要素大类	表名（中文）
灾害调查	稳定状态表	采样	送样单表
	危害情况表		送样单样品信息表
试验	点荷载试验信息表	资源调查	岩溶洞穴野外实测记录表
	点荷载试验记录表		洞穴野外实测导线表
	针贯入试验信息表		洞穴外形结构表
	针贯入试验记录表		洞口规模表
	静力触探试验信息表		洞口气象
	静力触探试验记录表		洞穴水文表
	大型重度试验信息表		洞穴附件表
	大型重度试验记录表	构造调查	构造（断层）调查点表
	试坑渗水试验信息表		褶皱调查点表
	试坑渗水试验记录表		面理调查点表
	钻孔常水头注水试验信息表		断层特征表
	钻孔常水头注水试验记录表		断层评价表
	抽水试验观测信息表		褶皱特征表
	抽水试验观测记录表		褶皱评价表
	抽水试验观测成果表		面理特征表
	回弹试验信息表		面理测量信息表
	回弹试验记录表		面理评价表
采样	样品照片表		
	试块取样表		

3.3.3　成果数据库设计

成果数据是指系统从基础数据库中获取数据，经过系统特定功能处理后形成的成果图件和模型（三维地质模型另外处理）。

成果数据库存放的数据，包括各类专题图件（各专题地质图、军事基础地质图、军事地质综合图、军事地质地形综合图、军事地质应用综合评价图）、三维地质模型和正式研究报告等。这些数据通常按照研究专题做进一步分类，也可以针对不同的业务工作专题设置相应的数据集合，如 1∶50000 重点工作区军事工程地质图包、1∶100000 一般工作区军事水文地质图包。必要时也可以设立专项工程的成果数据库。成果数据库中各个部分数据集的包含关系如图 3.20 所示。

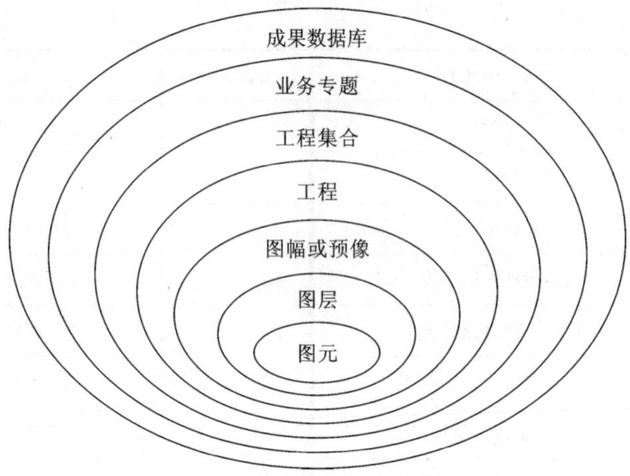

图 3.20　成果数据库中的数据集包含关系

成果数据库的形成过程，实际上就是军事地质工作人员通过对原始数据库中的数据进行融合、综合、处理和应用的过程。其中包括数据分析、数据综合、数据融合、数据统计、数据挖掘、图件编绘、三维地质建模，以及进行专题研究、评价和预测应用。需要指出的是，所有存入成果数据库的图件数据，应当是尽可能地经过矢量化处理的结构化成果数据，如图 3.21 所示。

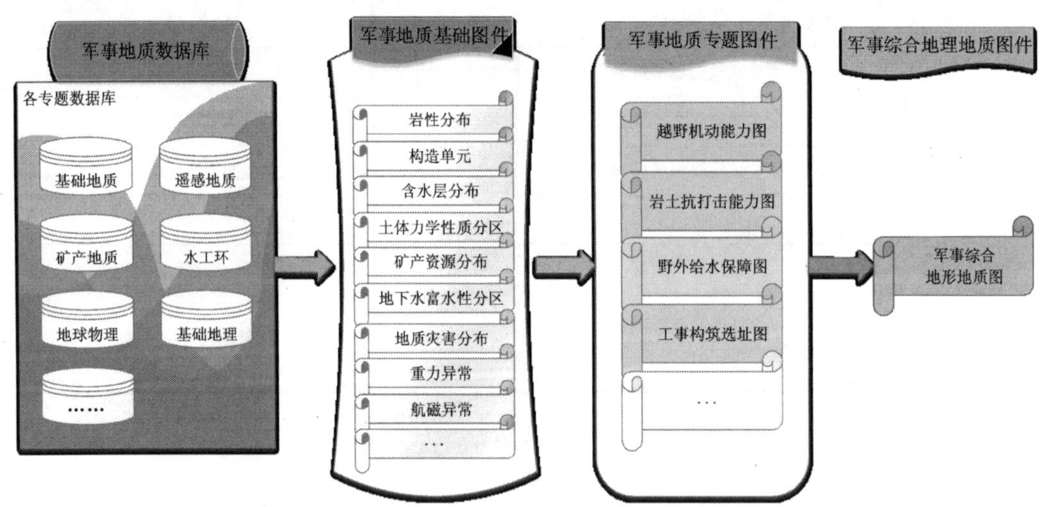

图 3.21　军事地质工作过程中形成的各类成果图件

3.3.4　遥感数据库设计

针对遥感数据，一般以栅格数据形式存在(GEOTIFF、GEOJPG、IMG 等)，同时，该类数据具有数据量大、多分辨率、多类型应用等特点。针对遥感数据的特点，在数据库中，采用“元数据+附件”的形式进行存储。将每一种遥感影像成果都作为一种服务产品，对于存储在数据库中的遥感影像数据可认为是一个产品库，如图 3.22 所示。

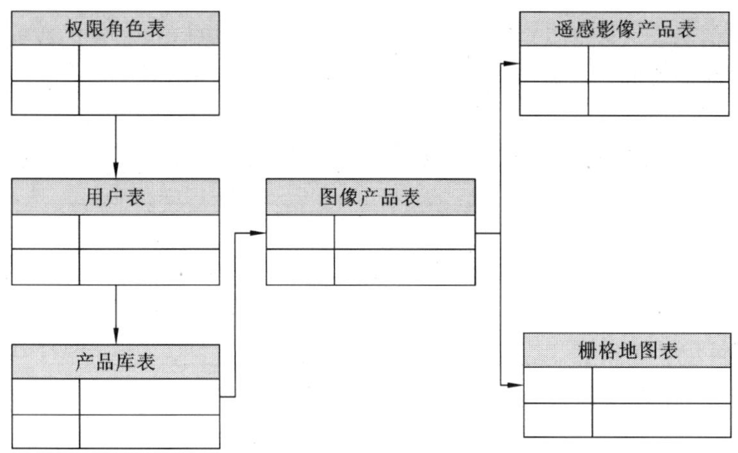

图 3.22　遥感影像数据表关系

栅格地图表主要记录图像金字塔，通常情况下一幅卫星影像数据的大小都有 300～400 MB，有的甚至几 GB，镶嵌后的遥感影像可能会超过 10 GB 或 100 GB 以上。面对如此庞大的数据，要进行快速显示浏览、图像增强、图像编辑等操作，现在普通的计算机硬件配置都无法满足要求。

可以利用影像金字塔解决这一问题，其核心便是对一幅大的遥感影像进行分块、分层（图 3.23）。分块是对分层之后的影像数据按照设定好的影像块进行分割存储，因为大多数情况下只是浏览影像数据的一小部分。分块之后只需要将需要显示和处理的若干个影像块数据读入内存，而并非未分块前的一整幅影像。分层就是把原始影像数据按照不同分辨率进行管理，具体就是把分辨率高的影像层依次通过采样算法得到低一层的影像数据（理论上最高层可以是一个像素，但实际中不会采用，而是指定一个最小的块尺寸，如 512×512），这样可以依据用户的需求方便地快速显示不同分辨率的影像数据，避免了大数据量实时采样的耗时等待。

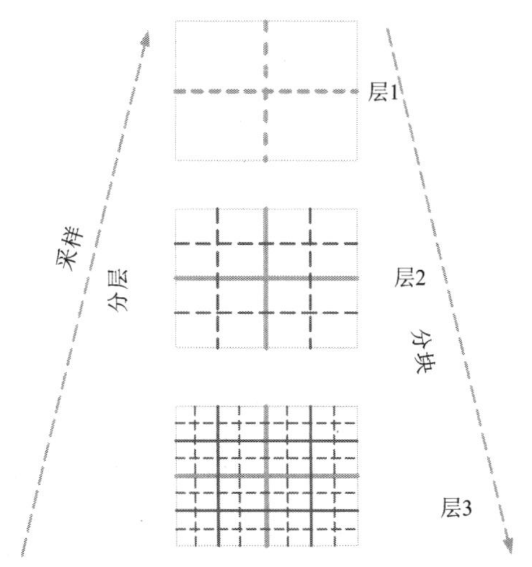

图 3.23　遥感影像数据分层、分块管理模式示意图

遥感影像信息表（表 3.11）用来存储海量的遥感影像信息，包括数据 ID、图像名称、关键词、成像时间、坐标系统、快视图等信息。

表 3.11　遥感影像信息表

<table>
<tr><th>字段名</th><th>查询字段</th><th>说明</th></tr>
<tr><td>数据 ID</td><td>√</td><td>自动生成，数据的唯一标识号（自增主键）</td></tr>
<tr><td>图像名称</td><td>√</td><td>默认为文件名（上传时自动提取文件名）</td></tr>
<tr><td>关键词</td><td>√</td><td>至少包括所在国家、地区、目标名〈用户输入〉</td></tr>
<tr><td>数据来源</td><td>√</td><td>由“图像数据来源”数据字典获得〈用户地择〉</td></tr>
<tr><td>卫星名称</td><td>√</td><td>由“卫星名称”数据字典获得〈用户地择〉</td></tr>
<tr><td>传感器名称</td><td>√</td><td>由“传感器名称”数据字典获得〈用户地择〉</td></tr>
<tr><td>成像时间</td><td>√</td><td>调用日期控件〈在时间控件中用户选择年月日时分〉</td></tr>
<tr><td>图像行数</td><td></td><td>自动提取，如未能提取默认为空</td></tr>
<tr><td>图像列数</td><td></td><td>自动提取，如未能提取默认为空</td></tr>
<tr><td>影像分辨率</td><td>√</td><td>1. 界面为（）米的样式
2. 系统自动提取，如未能提取默认为空</td></tr>
<tr><td>坐标系统</td><td>√</td><td>自动提取，如未能提取默认为空</td></tr>
<tr><td>投影方式</td><td></td><td>自动提取，如未能提取默认为空</td></tr>
<tr><td>快视图</td><td></td><td>在图像入库时，自动生成（宽度 1 024，高度依比例生成）（自动提取定宽拇指图）</td></tr>
<tr><td>左上角经度</td><td rowspan="6">√</td><td rowspan="6">1.（自动提取）
2. 查询中，查询条件的经纬度落于左上、右下经度间的，即作为查询结果
3. 填写时提供度、分、秒及十进制度两种方式供选择；浏览时仅显示度、分、秒格式</td></tr>
<tr><td>左上角纬度</td></tr>
<tr><td>右下角经度</td></tr>
<tr><td>右上角纬度</td></tr>
<tr><td>中心点经度</td></tr>
<tr><td>中心点纬度</td></tr>
<tr><td>质量评价</td><td></td><td>由“质量评价”数据字典获得，默认 B 级〈用户地择〉</td></tr>
<tr><td>入库人</td><td></td><td>根据系统登录人员自动填写〈实名登录，自动生成〉</td></tr>
<tr><td>入库时间</td><td>√</td><td>默认当前系统时间（自动生成）</td></tr>
<tr><td>备注</td><td></td><td></td></tr>
</table>

3.3.5　三维模型数据库设计

军事地质涉及数据种类繁多，为了建设“玻璃战场”，并以此为信息的载体，实现多地质主题信息整合与综合，为军事地质应用提供数据支撑，必须要建立一体化的三维模型。如何设计三维地质模型数据库，使其能有效地进行数据的组织与管理，是系统设计的难点之一。

在三维地质模型数据管理方面，系统通过三维地质空间对象分解及其与关系表之间的映射关系，实现三维地质模型在大型关系数据库中的统一存储管理，并提供高效的三维地质模型数据访问引擎。采用数据访问引擎，实现二维地质数据与三维地质体数据的统一存储管理与调度功能。

建立好的三维地质模型需要存入数据库，便于用户进行浏览分析，实现工程模型入库管理。将工程信息、图幅信息、图层信息及图层下所有图元信息保存到数据库，其中图层下的空间属性和实体属性以BLOB大字段形式存放在数据库中。这样就可以将建立好的地质体三维模型存放入数据库中，便于用户进行查询浏览。

工程表（表3.12）中记录工程的基本信息。关键字为工程ID。

表3.12　工程表结构

GV3D_DATA_PRJS 字段名	说明	数据类型	大小	小数位数	可否为空
PRJ_ID	工程ID	NUMBER	0	0	
PRJ_NAME	工程名称	VARCHAR2	50		√
PRJ_CODENAME	工程代号	VARCHAR2	50		√
PRJ_PRJPHASE	工程阶段	VARCHAR2	50		√
PRJ_OWNER	业主单位	VARCHAR2	255		√
PRJ_MAKER	完成单位	VARCHAR2	255		√
PRJ_MAKEDATESTART	起时间	VARCHAR2	16		√
PRJ_MAKEDATEEND	止时间	VARCHAR2	16		√
PRJ_MAP_COUNT	图幅总数	NUMBER	0	0	√
PRJ_RANGE	数据范围	BLOB			√
PRJ_VERSION	工程版本号	NUMBER	8		√
PRJ_MEMO	工程备注	VARCHAR2	1 024		√

图像表（表3.13）中记录工程中所有影像数据信息，其中图像数据采用BLOB字段记录。关键字为工程ID+图像ID。

表3.13　图像表结构

GV3D_DATA_IMAGES 字段名	说明	数据类型	大小	小数位数	可否为空
PRJ_ID	工程ID	NUMBER	0	0	
IMAGE_ID	图像ID	NUMBER	0	0	
IMAGE_TYPE	图像类型	VARCHAR2	4		√
IMAGE_NAME	图像名称	VARCHAR2	255		√
IMAGE_DATA	图像数据	BLOB			

图幅表（表 3.14）记录某工程下图幅的基本信息，其中该图幅范围用 BLOB 字段记录。关键字为工程 ID+图幅 ID。

表 3.14 图幅表结构

GV3D_DATA_MAPS 字段名	说明	数据类型	大小	小数位数	可否为空
PRJ_ID	工程 ID	NUMBER	0	0	
MAP_ID	图幅 ID	NUMBER	0	0	
MAP_NAME	图幅名称	VARCHAR2	50		√
MAP_CODENAME	图幅代号	VARCHAR2	1 024		√
MAP_STATUS	图幅状态	NUMBER	0	0	√
MAP_LAYER_COUNT	图层总数	NUMBER	0	0	√
MAP_MAKER	制作者	VARCHAR2	255		√
MAP_MAKEDATE	制作时间	VARCHAR2	24		√
MAP_CHECKER	检验员	VARCHAR2	255		√
MAP_CHECKDATE	检验时间	VARCHAR2	16		√
MAP_ASSESSOR	审核员	VARCHAR2	255		√
MAP_ASSESSDATE	审核时间	VARCHAR2	16		√
MAP_RANGE	数据范围	BLOB			√
MAP_MEMO	图幅备注	VARCHAR2	1 024		√

图层表（表 3.15）记录某工程下某个图幅的图层信息，其中数据范围、实体对象体和实体属性用 BLOB 字段记录。关键字为工程 ID+图幅 ID+图层 ID。

表 3.15 图层表结构

GV3D_DATA_LAYERS 字段名	说明	数据类型	大小	小数位数	可否为空
PRJ_ID	工程 ID	NUMBER	0	0	
MAP_ID	图幅 ID	NUMBER	0	0	
LAYER_ID	图层 ID	NUMBER	0	0	
LAYER_NAME	图层名称	VARCHAR2	50		√
LAYER_CODENAME	图层别名	VARCHAR2	1 024		√
LAYER_STATUS	图层状态	NUMBER	0	0	√
LAYER_OBJ_COUNT	对象总数	NUMBER	0	0	√
LAYER_FIELDS_COUNT	属性字段总数	NUMBER	0	0	√
LAYER_FIELDS_DATA	属性信息	BLOB			√
LAYER_RANGE	数据范围	BLOB			√
LAYER_OBJ_DATA	对象数据体	BLOB			√
LAYER_MEMO	图层备注	VARCHAR2	1 024		√

在整个工程入库时，将对应信息写入以上 4 个表中，包括工程管理图幅、图像、图幅管理图层、图层管理对象实体及对象属性等。通过上述 4 个数据表可以将工程下的所有数据存放到数据库中以便于管理。

3.3.6　元数据库设计

参照中国地质调查局工作标准《地质调查元数据内容与结构标准》进行元数据库设计。

元数据是关于数据的数据，用于描述数据的内容、覆盖范围、质量、管理方式、数据的所有者、数据的提供方式等有关的信息。元数据是对信息资源的规范化描述，它是按照一定标准，从信息资源中抽取出相应的特征，组成的一个特征元素集合。这种规范化描述可以准确地和全面地说明信息资源的各项特征。通过元数据，人们能够对信息资源进行详细、深入的了解，包括信息资源的格式、质量、处理方法和获取方法等各方面细节。

借助元数据的网络共享，信息资源的用户（或用户应用系统）可以迅速地发现与其需求匹配的信息资源，进而通过网络或其他途径取得信息资源并加以利用，从而促进信息资源共享。

在建设过程中，将按照中国地质调查局的《地质调查元数据内容与结构标准》执行。主要有 8 个数据表，描述数据集。这 8 个数据表分别是主表、单位与发行情况表、关键词表、坐标范围表、数据更新记录表、空间数据表、图层数据表和非空间数据表。实现对元数据进行添加、修改、删除及查询功能。

（1）主表：描述数据集的概要情况。

（2）单位与发行情况表：多重描述数据集负责单位、负责人和发行情况。

（3）关键词表：描述数据集的关键词、涉及的关键地名。

（4）坐标范围表：描述数据集所覆盖多边形区域的坐标范围。

（5）数据更新记录表：反映数据集和元数据更新历史。

（6）空间数据表：对数据集包含的空间数据进行详细描述。

（7）图层数据表：进一步描述组成空间数据的图层数据信息。

（8）非空间数据表：进一步详细描述数据集包含的非空间（属性）数据。

三维地质模型的元数据管理可参照中国地质调查局《三维地质模型元数据标准》（DD2019—12）设计。该标准规定了描述三维地质模型信息所需要的元数据内容和结构，包括元数据信息、标识、内容、模型质量、空间参照系和分发 6 个子集，适用于区域地质、矿产地质、能源地质、水文地质、工程地质、环境地质等各类三维地质模型时空信息的描述，三维地质模型的发布与服务。

第 4 章　军事地质数据库管理模块

4.1　军事地质数据管理子系统概述

军事地质数据管理子系统既是地质信息系统的核心组成部分，也是面向“玻璃地球”和“玻璃战场”的地质数据管理平台。如本书第 2 章所述（图 2.10），整体架构上使用了原始数据库、基础数据库和成果数据库三类数据库的概念，与数据实际使用过程和应用需求有着合理的对应关系。根据军事地质工作的特点与实际需要，军事地质数据库管理模块分为原始数据录入与管理模块、基础数据录入与管理模块和成果数据录入与管理模块。接下来的几节将具体介绍各管理模块功能的实现方法。

4.2　原始数据录入与管理模块

原始数据录入与管理模块负责原始数据的录入、存储、管理与调度，提供包括不同专题、不同类型的原始图件、成果报告、钻孔记录、试验数据、综合数据的入库、存储，以及数据查询、检索、统计等功能。

4.2.1　原始资料录入

根据建设方案中的数据分类约定，军事地质调查的原始数据主要来源为民用地质调查数据、军事地质要素补充型数据。其中民用地质调查数据以地质主题（专题）形式存储；军事地质要素补充型数据多以纸质卡片形式存在，需扫描后形成电子档进行存储。由于数据量较大，为方便管理、提高数据检索效率及有效地对原始数据进行存档，其原始数据需分别存储。

原始数据主要用于对基础数据产生疑问时的查询验证，为保证查询工作的正常进行，原始数据存储时，必须确保一定的、有效的元数据信息。对于能够形成结构化数据的数据内容主要基于“二进制大字段（或文件）+元数据”方式进行原始数据管理。对于非结构化数据内容，采用“数据文件+元数据检索信息”的方式进行录入。通过元数据检索信息，查找对应的文件服务器中的原始数据文件；通过文件下载服务组件，实现原始文件的查询与下载工作。

图 4.1 展示了原始数据录入界面（图件录入）。

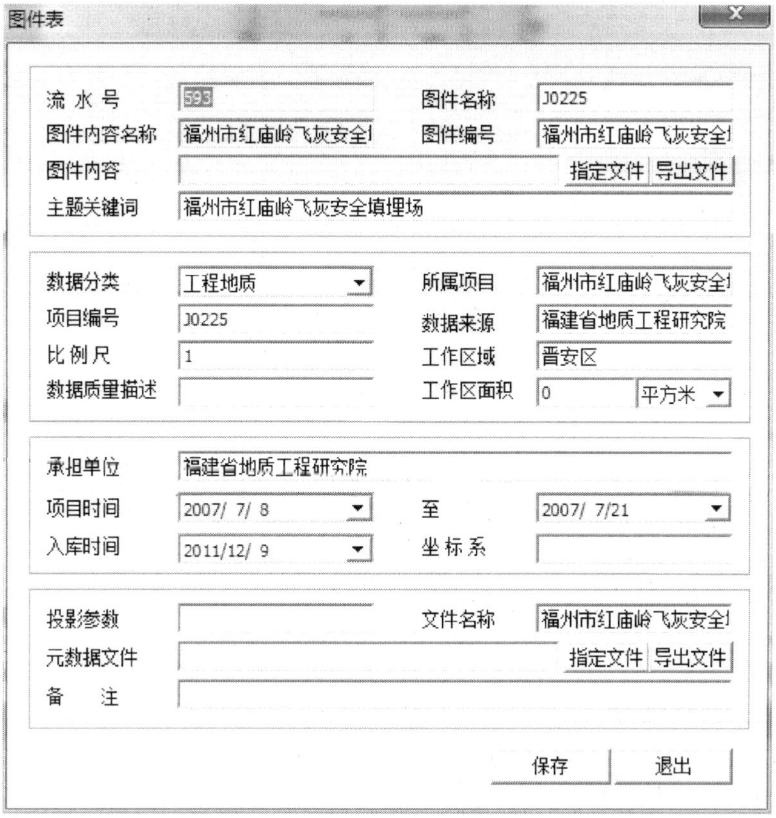

图件表

流 水 号 593　图件名称 J0225
图件内容名称 福州市红庙岭飞灰安全!　图件编号 福州市红庙岭飞灰安全!
图件内容　指定文件　导出文件
主题关键词 福州市红庙岭飞灰安全填埋场

数据分类 工程地质　所属项目 福州市红庙岭飞灰安全!
项目编号 J0225　数据来源 福建省地质工程研究院
比 例 尺 1　工作区域 晋安区
数据质量描述　工作区面积 0 平方米

承担单位 福建省地质工程研究院
项目时间 2007/ 7/ 8　至 2007/ 7/21
入库时间 2011/12/ 9　坐 标 系

投影参数　文件名称 福州市红庙岭飞灰安全!
元数据文件　指定文件　导出文件
备　注

保存　退出

图 4.1　原始数据录入界面（图件录入）

4.2.2　数据查询统计

1. 数据查询

如图 4.2 所示，选择查询目标、数据类别，并单击字段名称、操作符和字段值，制定查询条件，进行查询，便可得到数据库中符合此查询条件的数据。该功能的实现思路是根据用户在界面上的选择输入操作，获得查询条件，转换为 SQL 语句执行，执行结果以记录集的方式返回，并显示在对话框的控件上。

2. 数据统计

如图 4.3 所示，对数据表中的数据进行统计。不同的数据表有不同的统计对象和内容。例如，针对成果报告表，可以统计工作区面积、不同调查类型信息、钻探进尺、记录条数等。

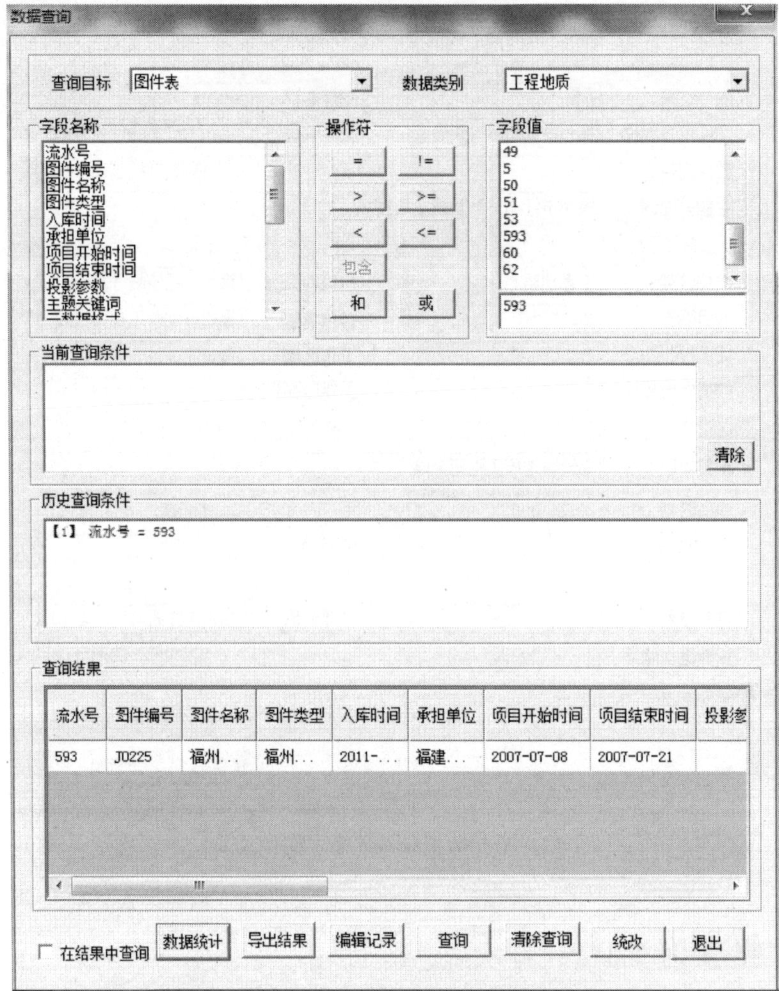

图 4.2　数据查询界面（针对图件进行查询）

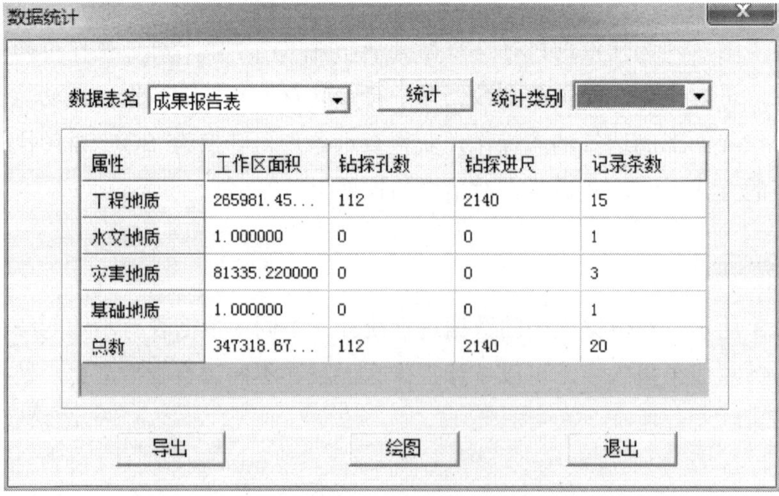

属性	工作区面积	钻探孔数	钻探进尺	记录条数
工程地质	265981.45...	112	2140	15
水文地质	1.000000	0	0	1
灾害地质	81335.220000	0	0	3
基础地质	1.000000	0	0	1
总数	347318.67...	112	2140	20

图 4.3　对原始资料中的成果报告信息进行统计

4.2.3　数据表管理

如图 4.4 所示，原始数据库的数据表管理，允许用户通过选择数据表名（如图件表、成果报告表、调查卡片表、试验数据表、成果数据表），找到对应数据表索引名的数据字典表。数据字典的应用极大地方便了对数据表的维护，可为实现系统内数据模式标准化、代码标准化与图式图例标准化，进行信息交换、数据共享及集成化的统计、分析等综合处理工作提供技术支持。本模块中的数据字典功能包括：①查询各个数据表的字段信息；②添加、编辑、删除数据表；③添加、删除字段；④对修改信息进行保存。

图 4.4　原始资料管理中数据表管理界面

4.2.4　数据导出

数据导出功能可以导出数据查询、模糊查询得到的结果，也可以导出数据统计得到的统计数据，支持导出为.csv 格式及.txt 格式。

4.3　基础数据录入与管理模块

在军事地质基础库建设中，需要用到大量的民用地质调查数据，对于从不同地质主题中抽提的数据，需要在基础数据库中设计相应的存储机制，其数据库设计的实体-关系图见数据库设计中的基础数据库设计部分，在基础数据库管理中需要研发相应的数据转换、查询统计等功能，此处不再叙述。

4.3.1 军事地质调查要素录入

军事地质数据的现状是大量纸质调查表、Excel文档和TXT文件并存的情况，调查野外原始数据字段没有统一标准，各个科室各个部门根据自己的业务需求，定制相应的采集数据内容，造成大量采集数据冗余及格式混乱。基于地质原始数据混乱现状，需要统一数据要素采集标准，建立统一数字化的数据录入规范。其数据组织形式如图4.5所示。

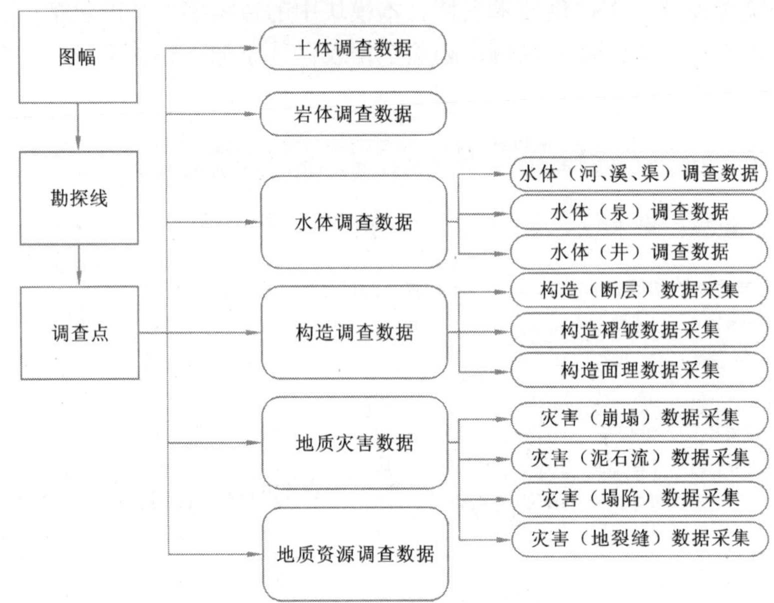

图4.5　军事地质调查要素组织形式

军事地质数据录入流程：图幅（调查区）—勘探线—调查点—调查要素，即采集人员依次采集调查图幅数据、勘探线（调查路线）数据、调查点相关地质要素数据及调查点的非结构化数据（如数字照片、野外素描、音单视频数据），过程如下所示。

1. 新建区记录

单击“野外调查区表”，如图4.6所示。再单击工具栏上的“新建”按钮，然后根据现有的数据，在“记录操作区”中填写各项内容，完成后单击工具栏上的“保存”按钮即可。按照同样的步骤，可以新建多条区记录，然后再选择其中一条，单击右上角“设置为当前调查区”按钮，该记录即被设置成“当前调查区”记录。

2. 新建路线记录

如图4.7所示，在设置好“当前调查区记录”后，单击“野外调查路线表”，再单击工具栏上的“新建”按钮，然后根据现有的数据，在“记录操作区”中填写各项内容，完成后单击工具栏上的“保存”按钮即可。按照同样的步骤，可以在当前调查区中新建多条路线记录，然后再选择其中一条“设置为当前调查路线”。

图 4.6　军事地质要素录入界面（调查区）

1.菜单栏；2.工具栏；3.查询框；4.军事地质要素列表；5.当前选项的内容预览；6.录入界面；7.状态栏

3. 在调查表中新建记录

如图 4.8 和图 4.9 所示，这里以“泉点调查表”为例，先单击打开“泉点调查表”，再单击工具栏上的“新建”按钮，然后根据现有的数据，在“记录操作区”中填写各项内容，完成后单击工具栏上的“保存”按钮即可。按照同样的步骤，即可创建多条“泉点调查表”的记录，这样就实现了数据的采集，由纸质数据转换为电子数据。

4.3.2　军事地质要素数据汇总

根据上述的“数据组织”思路及实际中的野外调查工作的形式，假设实际调查时数据先记录到记录本上，回到驻扎营地后再整理，那么对于整个调查项目，可做如下任务分配，以实现数据的规范化、电子化整理。

为了说明总体思想，假设整个调查队伍有如下的人员架构，如图 4.10 所示。

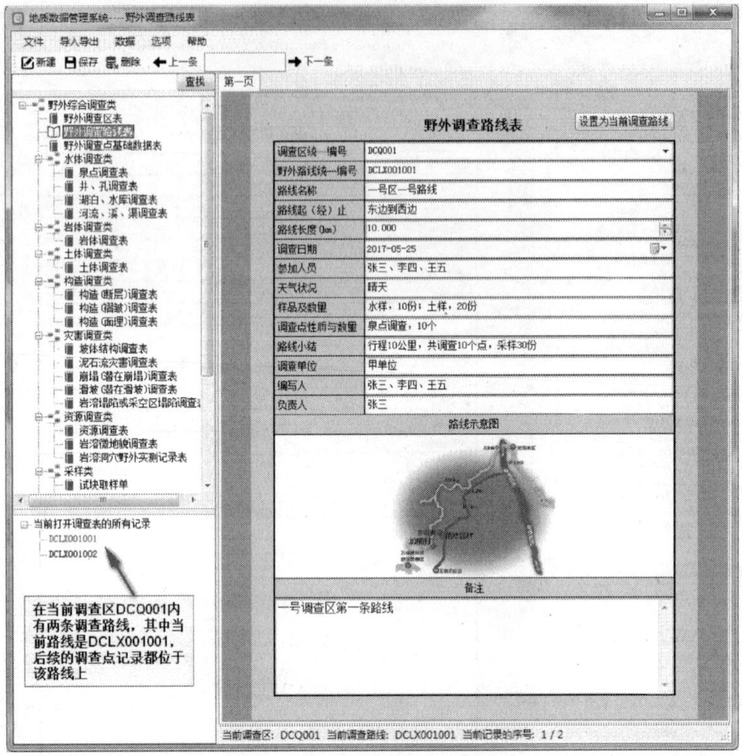

图 4.7　调查路线录入界面

图 4.8　水体调查点中的泉点调查表录入界面

图 4.9　水体调查点中的泉点调查表（续）录入界面

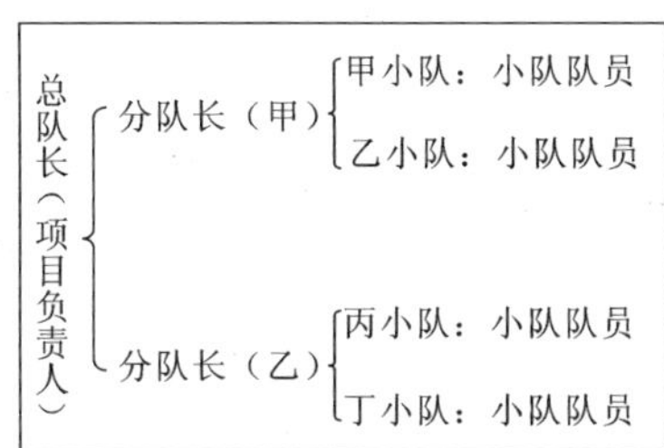

图 4.10　军事地质要素调查人员架构示意图

根据军事地质要素调查实际业务工作流程，制定调查数据汇总流程，如图 4.11 所示。总队长先在自己电脑上创建好两条调查区记录，甲、乙分队长在自己电脑上各自创建其中一条调查区记录，同时甲分队长在该条调查区记录下创建两条调查路线记录，这两条路线的调查任务分别由甲小队和乙小队承担。甲小队在小队专用电脑上创建好对应的调查区记录、调查路线记录，之后就可以在各个调查点表中填写调查数据了。其他队伍依此操作，即可。等到调查项目结束时，各小队分别记录了自身任务的全部调查数据。之后，甲小队利用本系统的“数据导出”功能，导出本小队的调查数据为一个文件，提交给甲分队长，甲分队长利用本系统的“数据导入”功能，导入数据文件，即可汇总其负责的所有小队的数据，之后，甲分队长再导出数据文件提交给总队长，其他队伍依此处理，到最后整理得到整个调查项目的成果。

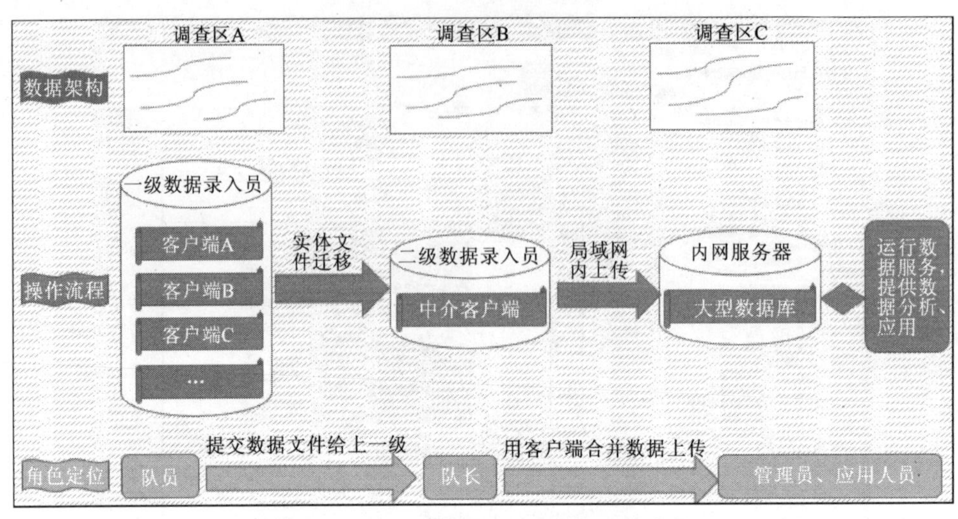

图 4.11　军事地质要素调查数据汇总流程

4.4　成果数据录入与管理模块

成果数据库是指通过原始数据库的应用和处理而生成的各类成果数据的集合。主要包括军事地质各类专题图件、军事地质综合图件等，该成果数据库的建成，是未来军事地质服务体系建立的地质数据基础。

这一层次的数据，是用户对基础数据层的数据进行融合、综合和处理后得到的最终成果，允许数据生产负责单位及其相关授权技术人员，在权限约束下进行编辑和修改，但不允许外单位用户做任何修改。

成果数据库中的数据，按照不同的地质专业的业务主题做进一步分类，但也可以针对不同的业务专题，设置相同属性的图件集合，如 XX 重点工作区军事地质要素图件包、XX 一般工作区军事地质专题图件包等。必要时，也可以设立专项的成果数据库。

对所形成的各类成果，包括图件、表格和评价结果等，进行存储管理。其主要功能是对各类成果数据的入库、存储、查询、导出、修改、删除，以及对图件的图幅、图层、图元属性进行双向查询检索。

提供了创建工作区域集合（调查子项、地质专题等可自定义数据包）的功能，可将相同专题的不同工程汇聚成一个集合，也可将军事地质工作区作为一个工程集合，并提供工程文件入库、工程文件批量入库、工程文件集合删除等操作工具。工程文件入库和工程文件批量入库过程，实际上就是成果图件存入数据库的过程；而工程文件集合删除，则是将当前选中的工程包及其下所含的工程数据，从数据库中全部删除的一种操作。

成果数据录入与管理模块能够有效地保证所录入的空间和属性数据完整性、逻辑一致性、空间定位准确度、属性数据准确性。其中，逻辑一致性包括概念一致性、值域一致性、格式一致性、拓扑一致性和接边一致性。

此外，成果数据录入与管理模块还提供了对所选中工程及其图幅的相关操作，其中包括工程的一般信息、工程元数据项等的查询、检索，以及工程和图幅数据的入库、导出和删除。

第 5 章　军事地质专题数据采集与处理技术

5.1　野外数据采集技术

地质调查工作的效率取决于野外地质数据采集的工作效率。随着我国地质调查工作的进一步深入，海量的地质调查数据需要进行存储、管理与分析，同时对地质调查数据的精确性、及时性，以及野外地质调查工作的移动性提出了更高的需求。野外地质数据采集信息化的研究是涉及地质、计算机、网络、GIS、全球导航卫星系统（global navigation satellite system，GNSS）等领域的工作，是目前国内外地质调查工作的重点内容之一。基于移动 GIS 的野外地质数据采集依托于具有数据与图形处理能力的操作系统，以嵌入式 GIS 技术、无线网络技术、移动数据库技术及 GNSS 定位技术等为支撑，具有移动性、准确性、及时性、高效性等特点，是目前解决这些问题的有效技术手段。然而我国野外地质数据采集信息化仍存在一些问题。

（1）野外地质数据采集软件系统与硬件设备的同步更新存在问题。野外地质数据采集软件从设计开发到推广使用的周期过长，而硬件设备却更新较快，最终可能产生软件的兼容性问题。

（2）缺乏统一的野外地质数据采集标准。由于野外地质数据采集工作主要依托于具体的行业需求，缺乏统一标准，数据质量参差不齐或数据重复，制约了我国野外地质数据采集信息化研究工作的发展。

（3）地质数据的保密性问题。由于地质数据尤其是空间位置信息、能源信息等往往是关系到国家的安全与战略部署，属于绝密级别的资料，但是基于 Windows、Android、IOS 平台开发的野外地质数据采集软件往往具有一定的开放性，甚至存在可被利用的漏洞，同时在数据的交流与共享中也可能泄密。因此，地质数据的保密性问题一直是困扰野外地质数据采集信息化研究的问题之一。

5.1.1　传统野外地质调查数据采集技术

传统的与位置相关的数据采集方法是在纸质地图上标绘采集位置信息，然后在纸质的表格中记录采集的相关属性信息，回到办公室后需要把这些采集的图形数据进行手工数字化，同时把与其相关联的属性数据录入数据库。这种传统的数据采集方法主要存在数据采集成本高、精度低、效率低、时效性差等不足（赵小厂，2011）。

传统野外地质调查的工作过程：地质人员沿观测路线进行数据采集，并在路线观测的过程中，将采集到的属性数据资料记录在记录簿上，将地质点、点间界线等空间数据绘制到地形图上。这种数据资料保存方式不利于数据的存储及查阅，给后期修改或增加数据带来了很大的困难。并且，因野外工作环境比较恶劣，且容易受到天气影响，这些资料很容易被损坏，使调查成果毁于一旦。另外，在路线观测的过程中，这种纸质的记录簿及地形图会越来越多，携带起来非常不方便，给外业工作人员造成了很多负担（裴艳云，2013）。在这种非标准化的数据记录格式下，收集到的数据往往不能达到后续地学定量分析及地矿信息化应用的要求，并且很容易因为各单位数据格式的不统一导致数据无法共享。此外，由于地形图面积较大，携带时经常将其折叠起来，这种携带方式在一定程度上降低了制图精度。

在完成地质调查制作成果图件时，地质图往往需要经历作者原图编辑、实际材料图绘制、地理地图绘制、编稿原图、出版印刷等流程（郑贵州和周顺平，2002）。这种制图方式制作工艺复杂，且制作成本高、周期长，如果要在这种纸质地质图上进行修改需要重新对数据进行整理，难度很大。因此，传统制图方式在耗费数年时间最终完成出版后得到的图件仍然只能反映几年前的地质情况，加速了地质图的老化（李天文，1999）。

5.1.2　野外地质调查数据采集技术发展趋势

传统野外地质调查数据采集技术存在数据采集成本高、精度低、效率低、时效性差等不足，如何为广大用户提供实时准确的空间数据信息，成了困扰人们的难题。随着移动信息设备的发展，各种具有无线互联网功能的移动智能终端出现，人们可以随时随地的完成以前只有在办公室或家里才能完成的工作，与此同时随着 GPS、通信模块等与这些移动终端配套的外围硬件的使用，进一步拓宽了它的应用领域。而智能终端、GPS、无线网络等新技术在 GIS 领域的应用，促使 GIS 也逐步进入后发展阶段，GIS+GPS+无线网络一体化研究实现了人们随时随地获得信息的梦想。移动 GIS 技术结合了空间信息技术、移动计算机技术、无线通信技术和嵌入式技术，成为解决人们对空间信息依赖问题的有效途径，特别是在野外地质调查需要记录空间信息时能发挥重要作用（李泽沛，2008；岳彩荣 等，2005）。移动 GIS 技术集 GIS 和 GPS 于一体，能利用移动设备及时地采集空间属性信息，它具有精度高、成本低的优点，而且有利于数据的更新与维护，真正实现了无纸化的操作，极大地提高了工作效率，同时它可以和无线网络连接，能够将这些信息及时地传送到所需的部门。采用移动 GIS 技术能够快速、实时、低成本采集数据，对数据采集的工作方法产生很大的影响（张二钢，2013；戴春宁，2007）。

野外地质数据对于地质研究有着关键的作用。随着信息技术的快速发展，野外地质数据采集已经由传统的手工采集方式转变为利用信息化的方式进行采集。目前在地质勘探工作中实现野外地质数据的获取主要依赖于三个基本技术：一是个人数字助理（personal digital assistant，PDA）技术，二是 GNSS 定位技术，三是移动 GIS 技术（刘丽 等，2015）。

野外地质数据采集系统软件开发以移动 GIS 理论与技术方法为基础，是野外数据采集系统研发发展的趋势（陶燕，2004）。它的基本特点是符合野外工作的质量和精度要求，便于野外地质人员操作和掌握。野外地质数据采集系统从野外数据获取、导出、管理拓展到整个数据采集的信息化过程。野外地质数据采集系统能够提供所需的基本 GIS 功能（GPS/北斗定位、野外数据采集、拍照、录音、素描等）。

随着移动 GIS 技术的出现，区域地质调查工作渐渐实现了地质数据采集过程的信息化。采用信息技术对野外地质数据的采集方式进行了一定程度的简化，直接利用文字及多媒体数据对野外地质现象进行描述，提高了数据采集效率（刘凤忠，2004）。另外，移动 GIS 技术的应用使得数据存储方式较传统区域地质调查有重大改观。一方面，地质调查工作者在野外路线观测的过程中不再需要携带记录簿和纸质地形图这些纸质存储介质，即使路线再长也不会增加负担，也避免了折叠地形图带来的误差。另一方面，采用移动 GIS 技术采集地质数据使数据管理更为方便，在后期的修改、编辑中显示出了很多优势。另外，通过制定数据采集的标准化流程及格式，使各地质单位的数据得到了有效的共享，使基础数据资源得到了更为有效的利用。此外，对采集到的地质数据进行修改后，这些数据就可以直接被存入数据库，并被用来实现自动成图，从而加快了图件的制作效率，保证了地质图的时效性，同时也使制图精度得到了一定程度的提高（张晓春 等，2018）。

5.2 基于移动端军事地质要素采集流程

移动端的野外地质要素采集流程一般分为三个步骤：数据准备、数据采集、数据导出。其采集流程见表 5.1。

表 5.1　采集流程表

采集流程	功能模块	流程描述
数据准备	MapGIS 底图数据导入	将 PC 端预先处理好的 MapGIS 的底图数据（.mapx 和.db 文件）拷贝到掌上机的相应文件目录下
	调查区的数据导入	将 PC 端预先规划好的调查区数据拷贝到掌上机的相应文件目录下，每个调查区对应一个底图数据文件夹
	调查路线的数据导入	将 PC 端预先规划好的调查路线数据拷贝到掌上机的相应文件夹下
数据采集	水体调查点数据录入	对井孔、河流和泉三种调查点进行数据的录入、删除、查看和修改
	岩体调查点数据录入	对岩体调查点（包括岩体试验表和岩体节理表）进行数据录入、删除、查看和修改
	土体调查点数据录入	对土体调查点（包含土体试验表）进行数据的录入、删除、查看和修改
	构造调查点数据录入	对构造、面理、褶皱三种调查点进行数据录入、删除、查看和修改
	地质灾害调查点数据录入	对塌陷、崩塌、滑坡、泥石流和裂缝五种地质灾害调查点进行数据的录入、删除、查看和修改
	资源调查点数据录入	对资源调查点进行数据的录入、删除、查看和修改
	其他调查点数据录入	对六大要素的基本调查点下对应的样品、查证、影像、军事应用评价信息进行录入、删除、查看和修改
数据导出	导出采集好的数据	在掌上机上选取好需要导出的路线，选择调查路线上需要导出的调查点，选择导出。将掌上机端文件夹目录下的“图幅”文件夹拷贝到 PC 端；文件夹下包含的调查点基本数据（.db）、底图数据（.mapx）及图片、音频、视频文件，用报表输出系统接收即可

5.2.1　数据准备

需要管理员进行数据准备，按照图幅—路线—调查点的数据采集流程，提供图幅及路线。管理员首先需要建立一个图幅编号对应的文件夹（如 K49E010005，下面以该文件夹为例），在该文件夹下的指定子目录下（如“03.空间”文件夹）放入制作好的地图文件，如离线矢量地图（.xml 与.db）、离线瓦片地图（.mapx、.HDF），如图 5.1 所示。

图 5.1　PC 端离线地图准备

图 5.1 中在 K49E010005 文件夹下放入 K49E010005.db，该数据库存放了图幅、路线等一系列表。例如，图幅表（KQ_MINE）中包括图幅编号、图幅名字等；路线表（DC_ROUTE）中包含路线编号，路线起始坐标、终止坐标等。调查区、路线规划如图 5.2 所示。

图 5.2　系统调查区、路线规划界面

在 K49E010005 下创建“01.原始”文件夹，并在该目录下的 JD 文件夹下创建路线文件夹（如 LX001、LX002），数据准备完成后，将其拷贝到 PC 机“内部存储/AoGISData/图幅”下即可。

5.2.2　数据采集

1. 水体调查点数据采集

水体调查点数据采集主要包括对泉点、河流、井孔三个调查点进行数据的录入、删除、修改和查看。水体调查点数据采集如图 5.3 所示。

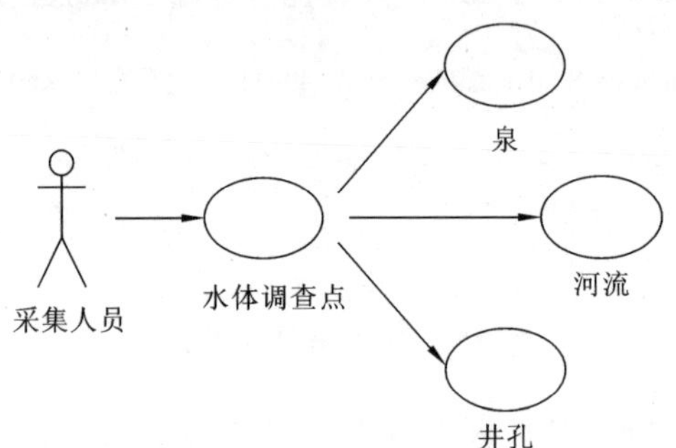

图 5.3　水体调查点数据采集

其详细过程基本上分为以下几部分。

（1）水体数据录入：在底图上新建一个水体调查点，并录入相关信息。

（2）水体数据删除：删除某一个水体调查点的信息。

（3）水体数据修改：修改已经录入的某一个水体调查点的信息。

（4）水体数据查看：查看已经录入的水体调查点的信息。

2. 岩体调查点数据采集

岩体调查点数据采集主要包括对野外岩体调查点进行数据的录入、删除、修改和查看。岩体调查点数据采集如图 5.4 所示。

岩体数据的采集过程也同上分为 4 个步骤。

（1）岩体调查点数据录入：在底图上新建一个岩体调查点，并录入相关信息。

（2）岩体调查点数据删除：删除某一个岩体调查点的信息。

（3）岩体调查点数据修改：修改已经录入的某一个岩体调查点的信息。

（4）岩体调查点数据查看：查看已经录入的岩体调查点的信息。

3. 土体调查点数据采集

土体调查点数据采集主要包括对野外土体调查点进行数据的录入、删除、修改和查看。土体调查点数据采集如图 5.5 所示。

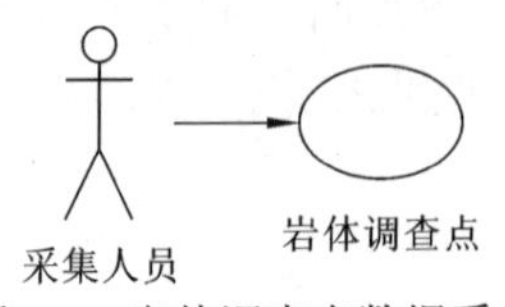

图 5.4　岩体调查点数据采集

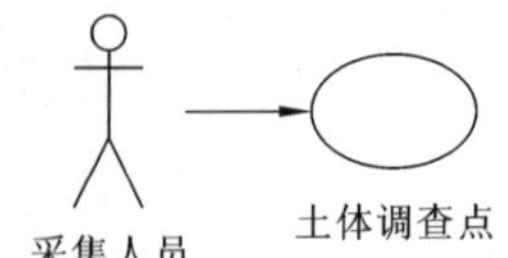

图 5.5　土体调查点数据采集

土体数据的采集流程同上，这里不做赘述。

4. 构造调查点数据采集

构造调查点数据采集主要包括对构造断层、褶皱、面理三个调查点进行数据的录入、删除、修改和查看。构造调查点数据采集如图 5.6 所示。

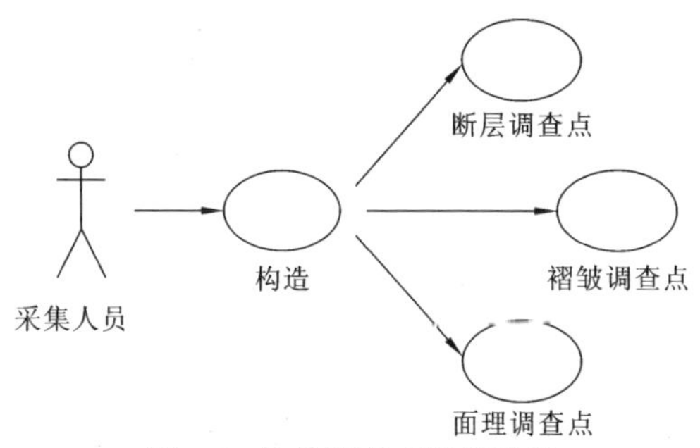

图 5.6　构造调查点数据采集

5. 地质灾害调查点数据采集

地质灾害调查点数据采集主要包括对塌陷调查点、崩塌调查点、滑坡调查点、泥石流调查点、裂缝调查点进行数据的录入、删除、修改和查看。地质灾害调查点数据采集如图 5.7 所示。

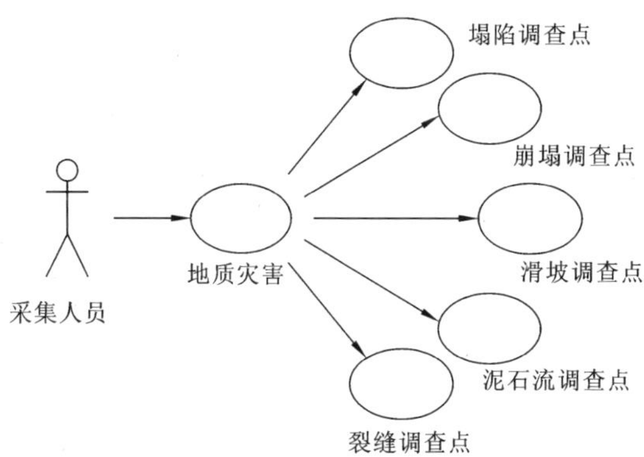

图 5.7　地质灾害调查点数据采集

6. 资源调查点数据采集

资源调查点数据录入模块主要对野外资源调查点数据的采集、删除、修改和查询，资源调查点数据采集如图 5.8 所示。

7. 其他调查点数据采集

其他调查点数据采集主要包括对样品表、查证表、影像表和军事应用评价表进行数据的录入、删除、修改和查看。这 4 种调查点附属于六大要素调查点。其他调查点数据采集如图 5.9 所示。

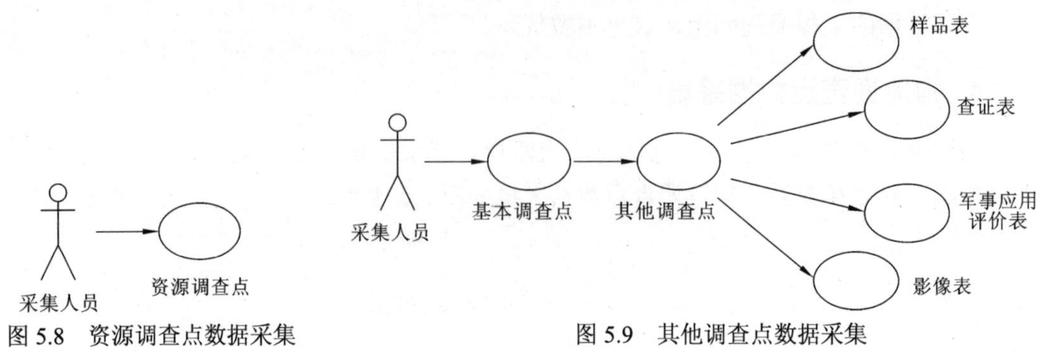

图 5.8　资源调查点数据采集　　　　图 5.9　其他调查点数据采集

5.2.3　数据导出

数据导出主要是将已经采集好的数据导出到安卓（Android）掌上机，使其能在 PC 端上操作。以调查路线为基础的，导出各条调查路线中对应的各个调查点的数据，包括数据库对应的.db 文件和录入的图片、音频、视频等文件。采集完成的数据导出如图 5.10 所示。

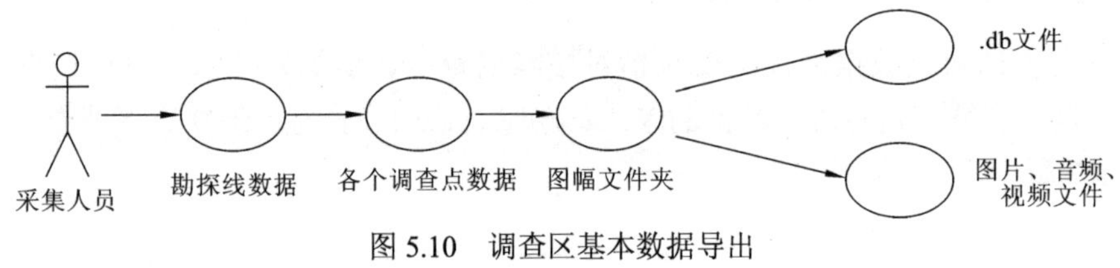

图 5.10　调查区基本数据导出

5.3　军事地质要素野外调查采集技术

系统设计开发的指导思想是利用当代先进的数据库技术、全球定位系统和移动网络综合定位技术、基于安卓（Android）的对象关系映射（object relational mapping，ORM）与数据库帮助类（database helper）等共用技术为关键技术，在综合分析军用、民用地质要素的前提下，进行军事地质数据采集系统的设计；在多源、多类、海量的地质数据库基础上提供数据采集、数据管理、数据分析应用的专业信息平台。设计开发以数据库技术、GPS 和移动网络综合定位技术、基于 Android 的 ORM 与 database helper 共用技术为支撑，以空间数据和属性数据为基础，通过对空间数据和各类数据（结构化数据、非结构化数据）的存储、管理和更新，建立集数据采集、数据管理、分析和显示为一体的军事地质数据管理系统原型。系统既要具备数据接收、数据整理和整编能力，又要提供面向上层应用提供数据服务；同时具备科学的分类管理、快速检索和查询的功能。军事地质野外数据采集建设，主要研究技术路线围绕野外采集工作展开，包括军事地质数据库设计、野外数据采集流程及研发野外调查数据采集系统。野外采集系统建设的基本思路框架如图 5.11 所示。

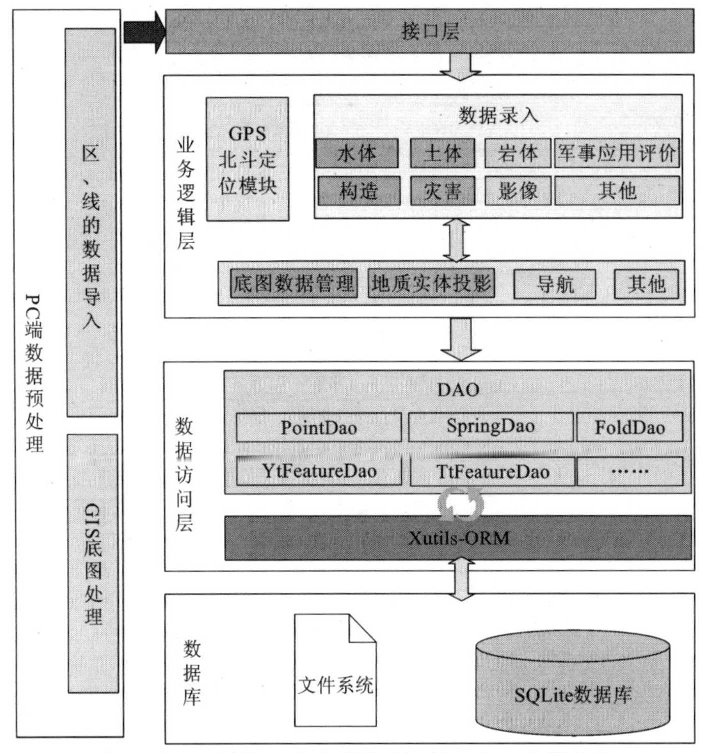

图 5.11　野外调查采集系统建设的基本思路框架图

系统建设的技术路线：通过调研明确军事地质野外数据的内容、结构及特点，以及军事地质野外数据采集作业的整体流程与信息化建设需求，建立军事地质野外调查数据库，用于存储野外调查数据；研发军事地质野外数据采集端，使野外工作人员能够通过野外数据采集端进行野外数据采集；提供数据转换接口与转换工具，实现采集数据向军事地质野外调查数据库的汇聚；构建集数据采集、数据交换于一体的信息化作业方案，主要解决多数据平台数据交互、多客户端汇总数据及野外数据传输等关键问题。野外采集系统建设的技术路线图如图 5.12 所示。

其中多平台数据交互技术主要是利用“SQLite 数据库+JavaBean 技术+JSON 数据交换格式+PC 端数据库”的四位一体的设计模式，将 SQLite 数据库表中的每一行数据对应成一个 JavaBean 对象，通过 JSON 技术对 JavaBean 对象进行序列化，最终和请求组根据自定义协议将内容封装成数据包进行压缩，传输到 PC 端通信接口程序进行解析。PC 端解压缩并拆包，根据协议内容及数据组织格式分析出移动端发来的数据类型存入 PC 端的数据库。

基于语义的移动数据库事务合并技术是一种考虑多客户端数据源之间的互补性，充分发挥每个数据源的价值和数据之间的关系。数据同步工作主要包含两个方向，一个是由掌上机向 PC 端发送上载数据信息，另一个是由服务器向移动设备发送下载数据信息。启动上传时，客户端根据操作日志，获取修改的元组，生成上载数据文件，将日志内容上传到同步服务器。每当事务提交成功时，返回上载数据同步操作。基于 xml 的界

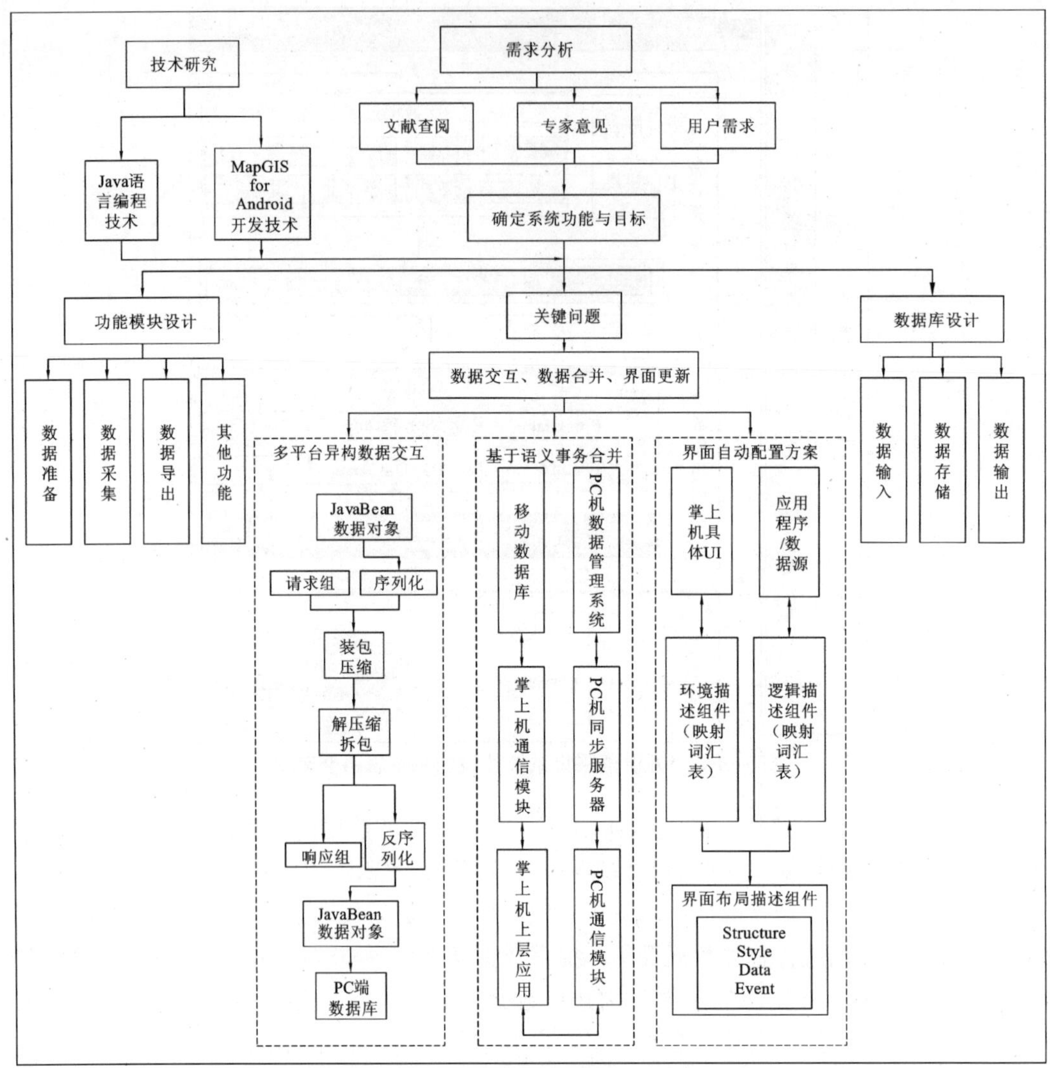

图 5.12 野外调查采集系统建设的技术路线图

面自动生成技术涉及界面描述的 xml 文档、界面组件时间监听类、界面生成器、Android 的组件库和界面定制工具。界面生成器通过解析界面描述的 xml 文档，调用 Android 的组件库构建组件，为组件绑定相应的事件监听器，自动生成用户所需要的用户界面。

5.3.1 基于自包含元数据多平台异构数据交互技术

1. 基于自包含元数据多平台异构数据交互技术简介

自包含就是指自己有足够的信息来说明自己是干什么的，并且能够以独立的方式给外界调用，对于本系统而言，所使用的数据库中数据字段描述信息众多，存储的数据属于自包含元数据。这些数据具有以下特点。

（1）混合型数据：包括结构化和非结构化。

（2）数据离散性：数据会分布在不同的平台。

（3）数据量大：每台掌上机上的数据都会涉及多个调查区，而每个调查区包含多条调查路线，每条调查路线上又会有多个调查点，这些数据中还存在大量非结构化数据。

（4）数据质量参差不齐：多客户端数据一致性不统一。

在 Android 平台上，对于其他类型的数据库，如 MySQL、Oracle、SQL Server 及其他常用的数据库是不能够运行的，SQLite 数据库是比较好的选择。但是实际中往往会遇到这样的问题，在采集系统采集到数据后需要将数据传输到服务器端供使用，服务器端多使用 MySQL、Oracle、SQL Server 等大型数据库，在一个单独企业内部采用不同的数据管理系统的现象非常普遍，从简单的文件数据库到复杂的网络数据库，它们构成了企业的异构数据源。

在实际的野外数据采集系统中，采集到的数据属于自包含元数据，这些数据能够详细地描述自己是干什么的，并且也要被外界调用。如果在不同的接口间调用时，使用转换工具强制转换，则数据类型就会丢失或者发生错乱，因为不同的数据库系统之间的数据类型标准是不一样的。例如，字符型在 Access 数据库中是标记为“短文本”，而在 MySQL 中是“nvarchar”类型，在 SQLite 中则是“char”类型，还有日期型、数值型及布尔型在不同的数据库中都是不同类型的。表 5.2 就是实际中会遇到的部分自包含元数据，在多平台之间进行数据交换时就会难以顺利转化，因为这些数据的数据类型在多平台之间交互时是不同类型的。

表 5.2　自包含元数据

字段名称	字段名	Access	MySQL	SQLite	数据说明
矿区编号	MineNO	短文本	nvarchar	char	用户自行定义进行编码
开始日期	BeginDate	日期型	Date	Text	矿区开始具体日期
经度	CenLongi	单精度型	Float	Float	填写调查区的中心经度
归档标记	ArchiveRemark	布尔型	Boolean	0/1	填写是否归档标记

为了进行信息的交流，或者当目前使用的服务器端数据库已经不能满足数据的日益增加而要求更大更高级的数据库的需求时，需要适应在异构数据库间进行数据的传输和交换，特别是对于后者，则需要在移动端 SQLite 数据库和服务器端异构数据库间进行数据的上传和下载。另外，对于数据库软件开发公司而言，其项目开发过程中也经常涉及数据的导入和导出操作。通过对各种技术的分析使用，最终使用了基于 JSON 数据交换的掌上机与室内机异构数据库的数据交互方法。

2. 基于 JSON 数据交换的掌上机与室内机异构数据库的数据交互方法

随着移动互联网发展和 Android 平台的 SQLite 数据库系统的应用日益广泛，以及企业间信息交换的日益频繁，移动端数据库与服务器端不同种类数据库之间进行数据共享或传输的问题日益突出。传统的数据库转换工具已不能很好地解决数据类型复杂的数据库之间的数据交换。针对以上问题，对Android终端SQLite数据库和服务器端异构数据库的数据交换进行研究，借助新兴的JSON数据交换格式和Java Bean技术，对移动端SQLite数据库与服务器端数据库数据交换进行实现。

JSON是一种轻量级的数据交换格式（.JSON），可以将JavaScript对象中表示的一组数据转换为字符串，然后就可以在函数之间轻松地传递这个字符串，或者在异步应用程序中将字符串从客户机传递给服务器端程序。这个字符串看起来有点儿古怪，但是JavaScript很容易解释它，而且JSON可以表示比名称（值）对更复杂的结构。例如，可以表示数组和复杂的对象，而不仅仅是键和值的简单列表。因此JSON也非常适合传输数据库的记录类型，图5.13为直接返回JSON运行模式。

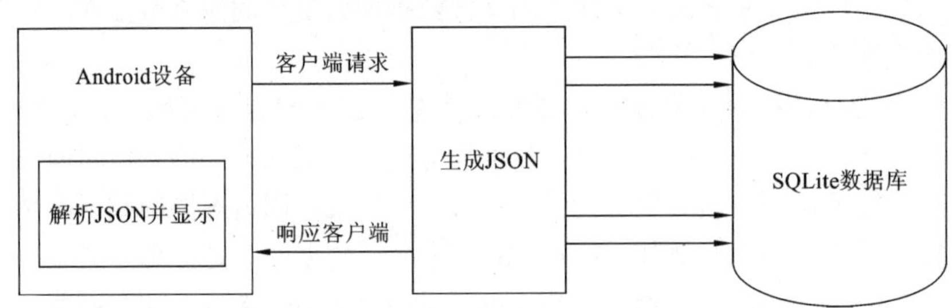

图5.13　直接返回JSON运行模式

利用“SQLite数据库+JavaBean技术+JSON数据交换格式+服务器端数据库”的四位一体的设计模式，本系统规定了协议数据单元（protocol data unit，PDU）内容包括请求与回复格式、请求类别定义、回复类别定义、断点续传方式、无响应处理等。服务器端对移动端的请求进行响应。其技术路线如5.14所示。

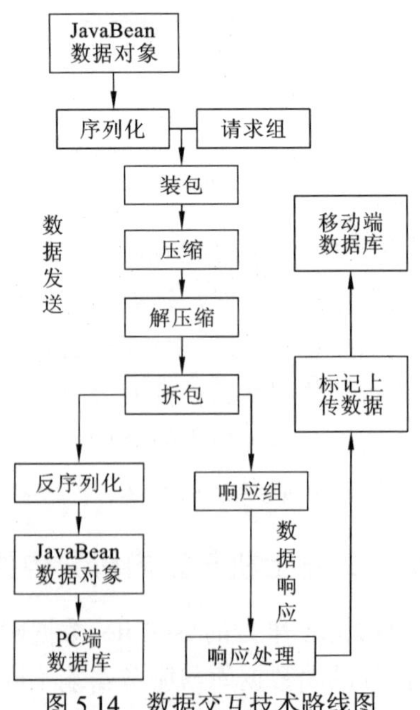

图5.14　数据交互技术路线图

为实现数据交换，首先应该把移动端 SQL 数据库字段设计为一个 JavaBean 类，然后在程序中为 JavaBean 实体对象赋值，最后将 JavaBean 序列化 JSON 对象，经过 JSON 封装后可以得到想要的数据格式，核心代码见表 5.3。

表 5.3　序列化 JSON 核心代码表

```
create table dc_point(Pkiaa string primary key autoincrement,PointNo string,PointType
string,PointDate date) //建表语句
//转化对应的 Java Bean 类结构为:
public class dc_point{
private String Pkiaa;
private String PointNo;
private String PointType;
private Date PointDate;}
JSONArray JSONArray=new JSONArray();
for (clockstas c:listclock) {Hash Map
<String, String>hm=new Hash Map<String, String>();
hm.put("统一标号", c.get Pkiaa ().to String());
hm.put("调查点号", c.get PointNo ().to String());
hm.put("调查点类型", c.get Pointtype ().to String());
hm.put("调查日期", c.get PointDate ().to String());
JSONArray.put(hm);}
```

将 JavaBean 序列化为 JSON 对象，经过 JSON 封装以后，采集的数据进行传输时就不再是通过数据库来进行传输了，而是直接通过 JSON 字符串来进行传输。“调查点表”的部分数据序列化后的 JSON 对象如图 5.15 所示。


```
{
"latiDegree": 31,
"latiMinute": 59,
"latiSecond": 12.21,
"longiDegree": 128,
"longiMinute": 8,
"longiSecond": 37.73,
"mineNo": "K49E010006",
"participant": "张三",
"pointMethod": "感化调查",
"pointNo": "岩体测试002",
"pointSort": "断层调查点",
"pointType": "控制点",
"provience": "湖北省",
"recorder": "张三",
"routeNo": "2017YL005",
"PointDate": "2018-07-31"
},
```


图 5.15　封装好的 JSON 对象

最后，将请求组和数据 JSON 对象拼接成一个 JSON 字符串，进行压缩，数据经压缩后发送，服务器端接口程序进行解析，其步骤为：解压缩，JSON 反序列化为 JavaBean 对象，数据插入数据库中。其代码是发送的逆过程，不再赘述。

3. 数据交互问题的其他解决方案

对于Android平台的移动端设备而言，大量的应用SQLite数据库的目的是搜集实时数据。而在实时数据存储结构中，主键作为唯一性标示是没有特定意义的，这一点与业务主键有所区别。见表 5.4，调查点表中的“调查点号”是人为设计或指定的编号，因此表 5.4 中“调查点号”为业务主键。

表 5.4　调查点表

点统一编号	调查点号	调查点性	调查种类	调查手段	省（直辖市）
D001	SD001	控制点	水体	综合调查	湖北
D002	YT051	分界点	岩体	感化调查	湖北
D003	ZH003	分界点	灾害	遥感调查	北京
D004	TD025	控制点	土体	综合调查	山东

逻辑主键是为标示数据在数据表唯一性和方便开发而设置的，是无特殊含义的主键。如表 5.5 泉点调查表所示，实时统计表中 GUID 主键“泉点统一编号”并无实际意义，其作用则是利于后期数据库开发并保证记录的时间有序性。

表 5.5　泉点调查表

泉点统一编号	泉调查点号	泉长/m	泉宽/m	泉类型	pH
Q001	QD006	20.6	0.53	上升	6.8
Q002	QD028	10.0	0.25	上升	6.9
Q003	QD079	57.8	0.85	下降	6.9
Q004	QD030	35.4	0.19	下降	6.9

当多个 Android 移动端数据库通过数据交换插入服务端数据库中，以局表为例使用逻辑主键会产生两个问题。其一，不同移动端上传数据到服务器端数据库，会产生主键冲突。例如，每个移动端数据库中的局表都含有 value 值为 1 的主键 record_id。其二，相同的移动端上传数据到服务器端数据库，会产生主键冲突。例如，相同的数据重复上传，主键相同，产生冲突。再如，移动端重新安装应用，主键 record_id 将从 1 开始自增，与之前本移动端上传的数据发生主键冲突。为避免不同移动端上传数据发生主键冲突，当移动端上传数据时，为移动端编码或获取移动端 MAC 地址来作为移动端在整个系统中的唯一标识。在上传过程中，移动端数据包请求组携带唯一标识与数据一起上传。在 PC 端数据库局表中，将这个唯一标识作为主属性。为解决同一移动端重复上传数据导致主键冲突，移动端采取“传完就删”的策略。即移动端上传数据到服务器端并获取服务端响应之后，从移动端数据库中删除这些记录，避免重复上传或筛选已上传数据才能上传。为解决因故障重装或者移动端数据库被清空，主键重新自增而导致的本移

动端上传数据发生的主键冲突，在 PC 端接收到上传数据，插入到服务器端数据库之前，将移动端自增的 Integer 型主键转为 String 型的“当前系统时间+移动端 Integer 型主键”，作为服务器端数据库表的主键。移动端数据库中以自 Integer 型主键作为外键关系的表需要同时上传到服务器端，以此来保证服务器端的当前系统时间取相同值，外键关系依旧成立。将移动端 Integer 型外键转为 String 型的“当前系统时间+移动端 Integer 型外键”，作为服务器端的外键。按照这种处理方式，移动端上传的数据在服务器端不会出现主键冲突，且没有破坏各种外键关系。

借用以上解决方案，在移动端的下载方面，服务器端数据库基于分析之后，根据移动端唯一标识，将分析结果下载到移动端，并把数据插入到对应的表中。这种方案有两大优点。第一，更符合实际应用的需求，前台移动端在采集实时数据之后，将数据上传到服务器，对历史数据的需求其实就是查看其规律和分析结果。移动端也可以通过下载浏览历史数据。第二，在操作上是简单可行并成功避免不同移动端和统一移动端数据之间的主键冲突。

5.3.2　基于语义的事务合并同步技术

1. 移动数据库存在的问题

对于数据库研究领域而言，移动计算在带来新的应用领域的同时，也给目前的数据库实现技术带来了新的挑战。而本系统中掌上机上所使用的数据库就属于移动数据库，在野外由于环境恶劣、无线网络连接不畅和便携式设备的自身特点，以及移动计算环境下的特殊应用方式，仅仅采用传统的集中式或者分布式等数据库模式很难有效地将野外采集到的数据统一合并到室内的 PC 端上。

在目前的移动计算环境中，受到诸如网络条件、无线通信费用、移动设备本身资源等多方面因素的限制，掌上机通常不能采用和网络保持持续连接的应用方式，因此大部分时间掌上机是和固定网络断开连接的。本书结合实际应用对嵌入式移动数据库的数据同步技术进行了深入的研究，由于移动数据库缓存的弱一致性及无线网络连接的不稳定性的特点，数据同步的过程中传输的数据量应该尽量地少。在对移动数据库进行深入分析的基础上，提出基于语义的事务合并优化和冲突的检测消解的数据同步策略。经过分析验证，该方法减少了数据同步过程中传输的数据量，保证了数据同步的稳定性，提高了数据同步的效率。

在相同软硬件环境下，数据同步操作的时间取决于该操作中需要同步的数据量。当前几乎所有的基于复制技术的高可用系统都采用增量同步的方式完成数据同步，增量同步的优势在于只需同步断开连接期间被修改的数据。但在当前的数据同步方式大致可以归属为三类：文件级的日志消减优化方式（canceling-optimization），严格日志重演方式（log-reply），数据块级的增量同步方式（block-level）。三种数据同步的实现中，均不能避免传输的数据中存在一定量的冗余数据。

在同步不同掌上机上的数据时会遇到数据冲突问题，基于语义的事务合并同步技术在处理数据冲突时主要采取以下两个步骤来解决这一难题。

1）冲突检测

当对同一对象的不同数据副本在同一时刻执行不同的更新操作时，将出现更新冲突（update conflict）。这种更新冲突如果不能检测出来并加以处理的话，就会破坏数据的一致性状态，形成脏数据（dirty data），造成事务的无效执行，最终获得错误结果甚至可能导致系统崩溃。研究其实质是由于掌上机上事务的局部提交使数据副本中的对象处于一种暂时的不一致状态。如果能及时通过冲突检测机制发现它，再由冲突解决机制将这种不一致状态转变为一致性状态（即数据的重新收敛），则系统能继续正确有效的运行，反之亦然。类似还有软删除冲突（soft delete conflict）等。常见的冲突检测方法如下。

（1）基于版本号（时间戳）的检测方法：对于任一事务 T，定义其读集 ReadSet(T)为所有其读过的数据对象的集合；定义其写集 WriteSet(T)为所有其更新过的或插入的数据对象的集合。该方法先求出两个事务读集和写集的交集，再比较交集中的数据版本号。如果发现有读项的时间戳，则必有冲突存在；如果发现更新项的原始版本号与这个数据副本的版本号不匹配，也必有冲突存在。

（2）读集和写集的比较检测方法：在一个数据副本上运行事务集时，如果读集或写集的初始化值与该数据副本的值不匹配，则该事务集与该数据副本上的局部事务集冲突。

（3）语义冲突检测方法：该方法不同于普通的检测方法，它利用应用程序的操作语义来检测数据的不一致性状态。

2）冲突消解

冲突检测机制发现更新冲突后，冲突消解机制根据具体情况利用事先预定原则和方法来处理。在移动计算环境下，服务器数据库设立了冲突仲裁机构，根据不同的判定原则，来对冲突做最后的裁决。常见的原则如下。

（1）优先级法：如果多个用户都对数据对象具有插入、删除、更新的操作权限，则针对不同的数据对象，对各个用户赋予不同的优先级。当发生冲突时，保留优先级最高的那个掌上机的操作结果。这种方法要求不同的掌上机对同一数据集的操作优先级都不相同，否则仍然不能避免冲突的发生。

（2）时间戳法：根据各个掌上机对数据对象操作的本地时间戳来解决冲突，通常时间戳较新的操作结果能够覆盖前面的结果。采用时间戳法，各个掌上机拥有平等的数据操作权限。

（3）随机数法：为发生冲突的几个掌上机各生成一个区间在$[a,b]$$(a<b)$内的随机数，由随机数最大（或者最小）的那个掌上机来对数据对象进行操作。这种方法同时间戳法一样，也可以使各个掌上机拥有平等的权限。

对于因冲突而导致事务提交失败的掌上机，可有两种策略来处理：协调和回滚。

（1）协调：由用户干预，或者通过特定操作的语义信息来协调，达到最终的数据一致性。

（2）回滚：直接撤销事务所作的所有操作，使系统回滚到前一个一致性状态。

2. 事务同步的工作过程

基于语义的事务合并数据同步方法的提出和设计是通过考察移动端数据库与中心数据库同步操作的时间和空间局部性，对日志操作序列合并优化，将需要传输的数据量减到最小，从而使得数据同步时间最短，进而提高数据同步效率。事务的合并优化过程中，首先根据时间戳对某一日志文件中上次同步后到这次同步时被修改的数据，对断开连接期间的事务操作语义根据日志合并技术进行合并。通过合并将同步过程中需要传输的数据量减到最小，从而缩短数据同步时间，提高数据同步的稳定性和可用性。

事务代表了工作的一个逻辑单位。因为数据库需要有某种方法让用户可以指出当前的程序状态应该保存。同样地，当事情出错时，需要有一种方法来指出数据库应该忽略当前的状态而回到前面保存的程序状态。在数据库技术中，这些功能被称为事务。换言之，事务是指在批处理或运程批处理中的一个作业或作业步；或一个工作站与完成一个特殊动作或结果的其他设备间的一次数据交换；或对数据库文件的一组更改。操作系统和数据库系统中经常用到日志文件，日志文件中通常记录了系统中曾经发过的特殊事件及其相关信息，用以进行系统管理和系统恢复等。

采用基于事务的增量同步方式，基站点和从站点上都要设立同步机构来管理和执行数据同步。从站点的同步机构如图 5.16 所示。

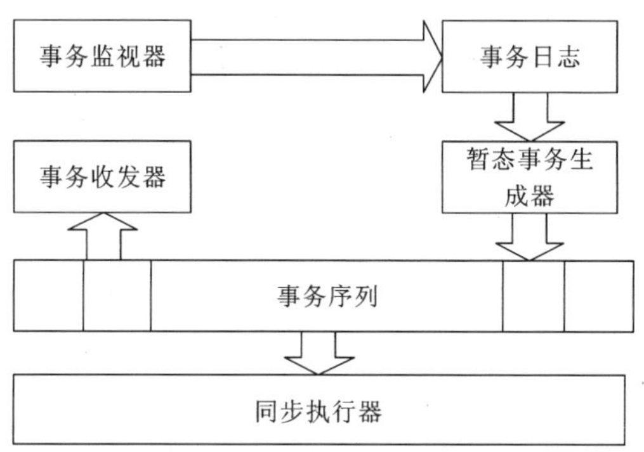

图 5.16　从站点同步机构

其中事务监视器是负责在非连接状态下监视从站点的事务执行情况，并将那些引起同步数据集变化的事物记入事务日志（TransactionLOG）。暂态事务生成器用于在同步开始之前从事务日志中提取暂态事务并重写暂态事务。事务收发器负责向基站点发送暂态事务序列（TransactionQueue），并接收基站点发送过来的基事务。同步执行器负责执行基事务并将暂态事务的结果永久化，清除暂态版本信息。暂态事务生成器根据事务体制信息提取并重写暂态事务，放入暂态事务队列；从站点事务收发器能够从事务队列中提取暂态事务，并按顺序发送给基站点，然后等待；基站点事务收发器从基站点接收基事务队列，放入基事务队列；同步执行器按顺序执行基事务，若执行成功，清除暂态版本中的数据；最后向基站点发送成功或失败消息。

基站点中数据分布管理器负责管理数据分布信息，执行同步初始化中的部分操作，如制定数据分布规则、同步方式、冲突及解决方案等。基站点事务收发器：与从站点中的事务收发器相对，基站点中的事务收发器负责接收从站点发送来的暂态事务，并放入相应的事物队列；还负责从发送事务队列取出基事务发送给从站点。事务监视器：负责监视基站点的事物执行情况，并将那些引起同步数据基变化的事务记入事务日志。基事务生成器：负责从事务日志中提取基事务放入相应的发送事务队列。同步执行器：负责执行能够从站点发送过来的事物序列。冲突仲裁器：负责在发生数据冲突的时候，根据分布管理器记录的冲突仲裁规则来解决冲突。基站点的事务同步机构如图 5.17 所示。

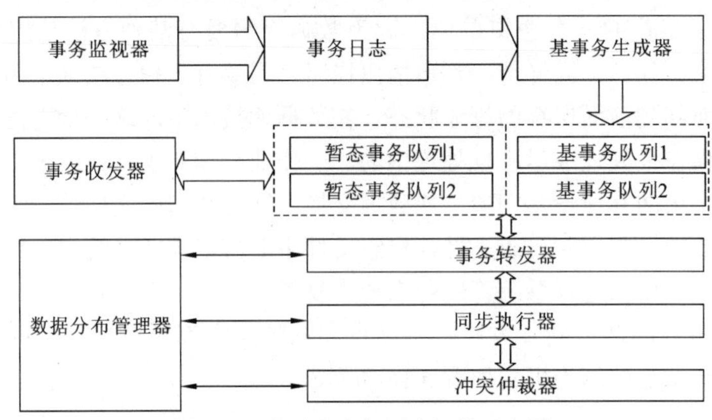

图 5.17　基站点事务同步机构示意图

基于事务的差异同步法基站点的工作过程如下。

（1）事务收发器接受从站点发送来的暂态事务序列，并放入相应的接收事物队列。

（2）事务转换器将接收事务序列中的暂态事务转化为相应的基事务，交给同步执行器执行，在这个过程中，事务监视器将事务记入事务日志，并放入各从站点对应的基事务队列；若执行的过程中发生异常错误，则转（4）。

（3）若（2）执行的过程中发生冲突，则交给冲突仲裁器，根据同步初始化时制定的原则进行冲突仲裁，若从站点的数据在仲裁中失败则转（4），否则转（5）。

（4）事务回退机构分析事务之间的关系，做事务回退操作。

（5）事务收发器将该从站点对应的基事务队列中提取的事务发送给从站点。

1）上载数据生成算法

为减少数据通信量，上载数据生成采用了基于语义的事物合并算法。将移动数据库的所有事物的执行结果合并为一个上载事务，在中央数据库一次全部执行，从而节省了重做移动数据库事务的开销。上载数据基于日志生成。日志以记录项为基本单位。上载数据生成算法步骤如下。

（1）读日志，设表 $tab_i(i=1, 2, \cdots, n)$的记录项非空，即有修改记录，另 $i=0$，$ret_v=0$。

（2）若 $i=n$ 则算法结束，否则 i 加 1。读取 tab_i 的所有记录项并按时间戳升序排列，得 row_{i_j} $(j=1, 2, \cdots, P)$。

（3）对 row_{i_j} $(j=1, 2, \cdots, P)$按 row_{i_d} 分组，得 $group_{i_k}$ $(k=1, 2, \cdots, n)$，$group_{i_k}$ 对应元

组的修改序列。分析序列，由表 5.6 得等价修改方式 modify_{i_k}。设 group_{i_k} 的首元组为 $\mathrm{row}_{i_{k0}}$，令 $k=0$。

（4）若 $k=q$ 则转到第（2）步，否则 k 加 1。判断 modify_{i_k}，若为 Ignore，继续执行。若为 Delete，将 $\mathrm{row}_{i_{k0}}$ 及 modify_{i_k} 写入上载数据文件。若为 Update 或 Insert，按 $\mathrm{row}_{i_{k0}}$ 的 row_{i_d} 查询表 tab_i，将结果集元组 row、$\mathrm{row}_{i_{k0}}$ 及 modify_{i_k} 写入上载数据文件。令 $\mathrm{ret}_v=1$，转到第（4）步继续执行循环判断。元组等价修改方式见表 5.6。

表 5.6　元组等价修改方式

首次修改方式	末次修改方式	等价修改方式
Update/Delete	Update/Insert	Update
	Delete	Delete
Insert	Update/Insert	Insert
	Delete	Ignore

2）下载数据生成算法

（1）读取表 $\mathrm{tab}_i(i=1, 2, \cdots, n)$属于同步集，令 $i=0$，若有消解元组文件，令 $\mathrm{ret}_v=1$，否则 $\mathrm{ret}_v=0$。

（2）若 $i=n$ 则转到第（4）步，否则 i 加 1。在表修改缓存中查得 tab_i 的最近修改时间 T6。若 P(T6)为真，转到第（3）步，否则转到第（2）步。

（3）查询 tab_i 及其删除记录，条件为 $P(t)$。若结果集非空，令 $\mathrm{ret}_v=1$。将元组逐一写入临时文件。转到第（2）步。

（4）合并消解元组文件和临时文件为下载数据文件。算法结束。若 $\mathrm{ret}_v=0$ 表明没有下载数据。否则下载数据存于下载数据文件中。

3）冲突检测和消解算法

本章在处理冲突时，采用基于时间戳的冲突检测和消解机制，其实质是：比较中央数据库元组修改时戳和用户上次同步时戳，若元组修改时戳较新则认为冲突。设 T1、T2、T3、T4、T5 分别为用户上次上载时间、上次下载时间、本次上载时间、本次下载时间和目标元组修改时间。T1、T2 从用户同步记录中读取，T3、T4 由服务线程取事务逻辑开始时戳。设谓词 $P(t)=t>$T2 AND t!=T1 AND t!=T3。若 $P(t)$为真，认为目标数据在上次同步后被其他用户修改过。

定义函数 Conflict(n, t, modify)，参数 n 为目标元组数，t 为目标元组修改时间，modify 为本次上载修改方式。其算法伪代码见表 5.7。

表 5.7　modify 算法伪代码

```
算法:modify 算法
过程:
int Conflict(n,t,modify)
    {
    if(n==0)
        return(modify==Insert)?0:1;
    else if(n==1)
        return(modify==Insert)?1:P(t)
    else return  -1
    }
```

下面给出冲突检测算法。

（1）读上载数据文件，设上载元组包含于表 tab_i (i=1, 2, …, n)且属于同步集，令 i=0，ret_v=0。

（2）若 $i=n$ 则算法结束，否则 i 加 1。在表修改缓存中查得 tab_i 的最近修改时间。若 P(T6)为真，转到第（3）步，否则转到第（2）步。

（3）设 tab_i 中上载元组为 row_{i_j} (j=1, 2, …, m)，令 j=0。

（4）若 $j=m$ 则返回第（2）步，否则 j 加 1。在 tab_i 中查询 row_{i_j}，对结果集调用函数 Conflict(n, t, modify)。若函数返回 0 则转到第（4）步；否则进行第（5）步。

（5）调用冲突消解策略，若消解成功将元组新值写入消解元组文件中，否则令 ret_v=1，并将该元组写入冲突数据文件。转到第（4）步。若 ret_v=0 表明没有冲突，否则表明冲突或错误，且冲突元组存于冲突数据文件中。

同步组件检测到冲突，会调用冲突消解策略，根据实际应用场景，以约定的接口和格式，运行时加载动态链接库或配置文件，在内部设定了同步过程中特定数据发生特定冲突时的动作和执行结果。合理的冲突消解策略是系统一致性和可用性的平衡点。

采用基于语义的事务合并优化（merging optimization）方式实现数据同步，将日志中的操作按照事物的执行序列进行合并优化，其流程逻辑上包括两个步骤：首先读取日志文件，针对每个文件生成原始的操作子序列；然后对每个子序列进行序列合并优化，以生成其最简等效操作序列。具体实现时可以将这两个步骤融合，以减少日志分析时间和对资源的占用。

3. 基于环形结构数据的拓扑同步方法

在多台掌上机同步数据时，如果减少数据同步过程中传输的数据量，保证数据同步的稳定性，就可以提高数据同步的效率。若是每次同步数据时都将数据库中所有的表遍历，然后全部上传、同步，就会大大降低传输的效率。若是遇到非树状结构的数据库，遍历时也会难以进行，如在实际的项目中会遇到环状结构的数据库，在进行设计野外数据采集系统数据库的时候，会涉及照片表和样品表。当调查区表和调查点表都引用到照片表，就会构成回路，此时数据库的结构中就不再有根节点了，进行数据同步的时候就无法从根节点遍历、更新。图 5.18 就是实际中会碰到的数据库结构。

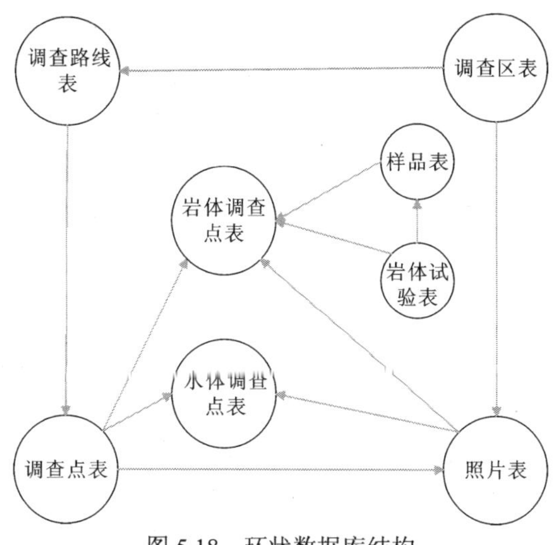

图 5.18　环状数据库结构

在这种结构的数据库中，如果直接更新调查区表格中的数据，就会破坏该数据库的完整性约束，因为从某种意义上来说，照片表是调查区表的父表，若是同时有照片表的数据更新，先更新调查区表的数据再更新照片表的数据，那么就会产生冲突。这时候，就可以采取一种基于拓扑排序的同步方法来进行遍历数据库，依次来进行数据同步。

对一个有向无环图（directed acyclic graph，DAG）G 进行拓扑排序，是将 G 中所有顶点排成一个线性序列，使得图中任意一对顶点 u 和 v，若边$(u, v)\in E(G)$，则 u 在线性序列中出现在 v 之前。通常，这样的线性序列称为满足拓扑次序（topological order）的序列，简称拓扑序列。简单地说，由某个集合上的一个偏序得到该集合上的一个全序，这个操作称为拓扑排序。这里使用了两种算法来对数据库表进行拓扑排序，删边法和深度优先遍历（depth first search，DFS）法。

删边法的基本思想见表 5.8。由于每一条拓扑子路径的首节点的入度为 0，可以采取如下办法。

表 5.8　删边法算法

算法:删边法算法
L:将包含排序的节点的空列表 *S*:没有输出边的所有点的集合
过程: 1:**while** S 是非空 **do** 2:　　从 S 中删除节点 n 3:　　将 n 插入 L 4:　　**for each** 对于每个节点 m,边缘 e 从 n 到 m **do**

续表

```
        从图中删除边 e
        if m 没有其他入度的边 then
            将 m 插入到 S 中
if graph has edges then
    return error
else
    return L
```

步骤 1：从图中选择一个入度为 0 的点并将其输出。

步骤 2：从图中删除该节点及其所有出边（即与之相邻的所有点入度-1）。

反复执行这两个步骤，直至所有节点都输出，即整个拓扑排序完成；或者直至剩下的图中再没有入度为 0 的节点，这就说明此图中有回路，不可能进行拓扑排序。

深度优先遍历算法的基本思想：以访问一个节点算作一个时间单位，把遍访了 u 的后代的时间称作结束时间 $f[u]$，（$f[u]$可以通过该算法得到）。显然，对图进行 DFS 遍历时没有反向边 B，即对于图中的任意边（u, v），都有 $f[v]<f[u]$。具体见表 5.9。

表 5.9　深度优先遍历算法

算法：深度优先遍历算法

L：将包含排序的节点的空列表

过程：

```
while 有没有被标记的节点 do
    选择这个节点：
    visit(n)
function visit(node n)
    if n 被标记过 then return
    if n 有临时标记 then stop   (not a DAG)
    暂时标记
    for each 每个节点 m，边缘从 n 到 m do
        visit(m)
    永久标记
    将 n 添加到 L 的头部
```

通过上述两种拓扑排序方法都可以得出一种排序结果：调查区表—调查路线表—调查点表—照片表—水体调查点表—岩体试验表—样品表—岩体调查点表。按照这种排序的方式进行遍历更新数据就不会出错，因为经过拓扑排序后，后面的表格绝对不会是它之前表格的父表，当然一种数据结构可能会有多种拓扑排序，上面的排序只是它众多排序结构里面的一种，按照其他的排序结构来进行同步更新也并没有影响，这里不做赘述。

5.3.3　基于 Android 的 ORM 与 DatabaseHelper 共用技术

ORM 技术用来开发基于军事地质数据采集系统具有十分显著的实用意义。

（1）可以极大简化数据库数据操作开发工作量，节省大量的样板代码，完全可以隔绝 SQL 语句，从而可以达到快速开发。

（2）ORM 采用面向对象模型来操作数据库记录，衍生出一套面向对象的数据库查询语言（X-QL）作为数据库与对象模型之前的桥接。通过直接操作对象模型语言从而避免复杂和需要注意过多细节的 SQL 语言的多表查询，联动删除。

（3）采用基于 Java 注解的方式来标示对象实体和数据库之间的映射关系，提高代码可维护性。可以用注解的方式配置@DatabaseTable（tableName = "tb_line"）：表示数据库中有一张 tb_line 表与 Line 类形成映射。@DatabaseField(generatedId = true）private int id：表示数据库表有一个主键 id 与 Line 类中 id 属性形成映射。@ForeignCollectionField private Collection <Ponit> points：表示一个 User 类对象 1 对多对应 Point 类对象，也就是数据库中的一对多关系通过对象的方式来表述。

5.3.4　通过 DatabaseHelper 的方式进行数据库的操作

数据库的初始化及升级更新操作的具体做法是构建 DatabaseHelper。

（1）整个 DatabaseHelper 使用单例只对外公布出一个对象，保证 app 中只存在一个 SQLite Connection。

（2）对每个 Bean 创建一个 XXXDao 来处理当前 Bean 的数据库操作，当然真正去和数据库打交道的对象，通过上面代码中的 getDao(T t)进行获取。getDao 为一个泛型方法，会根据传入 Class 对象进行创建 Dao，并且使用一个 Map 来保持所有的 Dao 对象，只有第一次调用时才会去调用底层的 getDao( )。

5.3.5　基于 Handler 的后台线程与主线程的消息交互技术

基于 Android 掌上机的军事地质野外数据采集系统，需要大量运用 GIS 图形可视化技术及大量数据持久化操作，这些功能的实现对于移动设备的计算资源和 IO 资源消耗较大，需要涉及大量多线程操作。事实上，Android 开发对于多线程要求较高，任何长时间占用主线程的操作都需要异步机制来处理。所以各个线程之间的协调和通信需要一套合理完善的通信机制来进行管理。提出基于 Android 的 Handler 与 MessageQueue 的 Looper 技术结合常驻后台线程池机制来解决主线程与工作线程之间的通信问题。

Handler 创建消息：每一个消息都需要被指定的 Handler 处理，通过 Handler 创建消息便可以完成此功能。Android 消息机制中引入了消息池。Handler 创建消息时首先查询消息池中是否有消息存在，如果有直接从消息池中取得，如果没有则重新初始化一个消息实例。使用消息池的好处是：消息不被使用时，并不作为垃圾回收，而是放入消息池，可供下次 Handler 创建消息时使用。消息池提高了消息对象的复用，减少系统垃圾回收的次数。

5.3.6 PC 端 GIS 平台二次开发技术

PC 端采用了国产的地理信息系统软件 MapGIS，以实现对移动端图形数据的有效集成。针对 PC 端军事地质数据展示需求，定制符合查找层次清晰、属性详细、联动迅速要求的地理数据展示模块。移动端技术实现是通过开发 API 接口，对 MapGIS 移动端进行二次开发，PC 端沿用了这种技术手段，基于 MapGIS 10.2 Desktop 桌面平台提供的 API 接口，实现了空间数据管理、矢量化、布局输出等功能（刘海新 等，2005）。针对数据过程展示中不同的要素显示需求，主要完成了如下工作。

（1）基于基本的地图展示控件功能，实现了地图缩放、图层转换，以适应不同空间尺度下野外地质数据的定位展示。

（2）以标示和注记的形式对不同层次的勘探要素信息进行分层展示。

（3）根据用户习惯，建立数据属性信息和控件信息的联动查找与显示，实现查询显示一体化。

（4）调整各控件位置和尺寸，根据数据字典设置各属性的中文名称，并保证能够将导入数据与 Access 数据库中的字段相挂接。

（5）完成后以窗体资源的形式嵌入到主程序中，供主程序调用。

5.3.7 PC 端数据转换传输通道

针对掌上机和 PC 端所采用的数据库不一致的问题，将 PC 端开发数据转换系统作为数据转换中间层。该系统针对军事地质野外调查业务的数据内容，以具体实施过程中填写的军事地质要素实施表为依据建立数据连接，解决了移动端与 PC 端数据库不一致的问题。开发过程中主要完成以下工作。

（1）构建 PC 端 MongoDB 数据库，以 BSON 形式存储野外调查数据，简化数据库结构。

（2）搭建数据层，采用 DAO 工厂模式，实现多个接口和工厂类，通过工厂模式获得接口或对象，实现数据在移动端数据库和 PC 端数据库之间的无损传输。

5.4 军事地质野外数据采集实例

本实例“基于 Android 掌上机的军事地质野外数据采集系统”为原型来对野外数据采集系统功能做详细的介绍。

5.4.1　移动端数据库设计

1. SQLite 数据库

采集系统采用 SQLite 嵌入式数据库。SQLite 是 D. Richard Hipp 用 C 语言编写的开源嵌入式数据库引擎，它支持大多数的 SQL92 标准，并且可以在所有主要的操作系统上运行（刘仕华，2015）。

SQLite 是一款轻型的数据库，是遵守原子性、一致性、独立性及持久性原则（atomicity，consistency，isolation，durability，ACID）的关系型数据库管理系统，它的设计目标是嵌入式的，且是跨平台的，占用资源非常的低，适合在嵌入式设备和各种移动设备环境下运行。SQLite 由几个部分组成：SQL 编译器、内核、后端及附件。SQLite 通过利用虚拟机和虚拟数据库引擎（the virtual database engine of SQLite，VDBE），使调试、修改和扩展 SQLite 的内核变得更加方便。所有 SQL 语句都被编译成易读的、可以在 SQLite 虚拟机中执行的程序集。SQLite 的整体结构如图 5.19 所示。

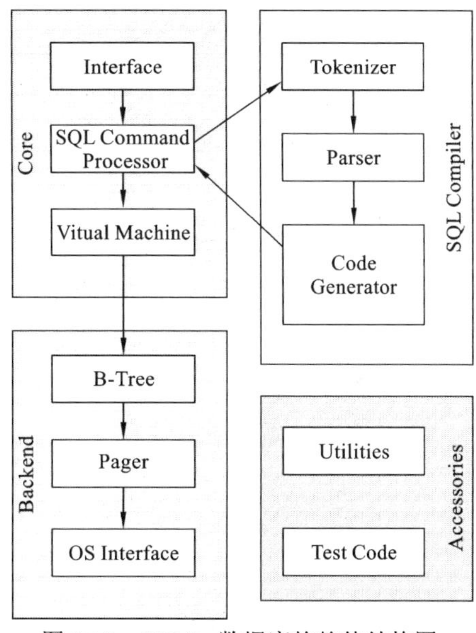

图 5.19　SQLite 数据库的整体结构图

2. 数据表的设计

数据表的设计是建立数据库的基础。数据表就是用来存储一定格式的记录，数据表的创建过程也就是对字段进行定义的过程。本数据库由 27 张数据表组成，主要分为7种类型，分别是：“调查点基础信息表”、“水体调查点表”、“岩体调查点表”、“土体调查点表”、“构造调查点表”、“地质灾害调查点表”及“资源调查点表”。“调查点基础信息表”包含了“调查区表”、“调查路线表”和“调查点表”等其他表的内容，主要用来记录调查点的基本信息，如坐标、经纬度、高程和调查人员等信息。而另外 6 种要素的表格都有各自的子表，如“岩体调查点表”有子表“岩体节理表”和“岩体试验表”；“地质灾害调查点表”有子表“滑坡变形表”。数据库模型描述了在数据库中结构化和操纵数据的方法，模型的结构部分规定了数据如何被描述（如树、表等）。模型的操纵部分规定了数据的添加、删除、显示、维护、打印、查找、选择等操作。数据库模型一般分为概念模型、逻辑模型和物理模型。本数据库的概念模型如图 5.20 所示。

物理数据模型提供了系统初始设计所需要的基础元素，以及相关元素之间的关系，即可用于存储结构和访问机制的更高层描述。描述数据是如何在计算机中存储的，如何表达记录结构、记录顺序和访问路径等信息。本数据库的模型是用 PowerDesigner 工具

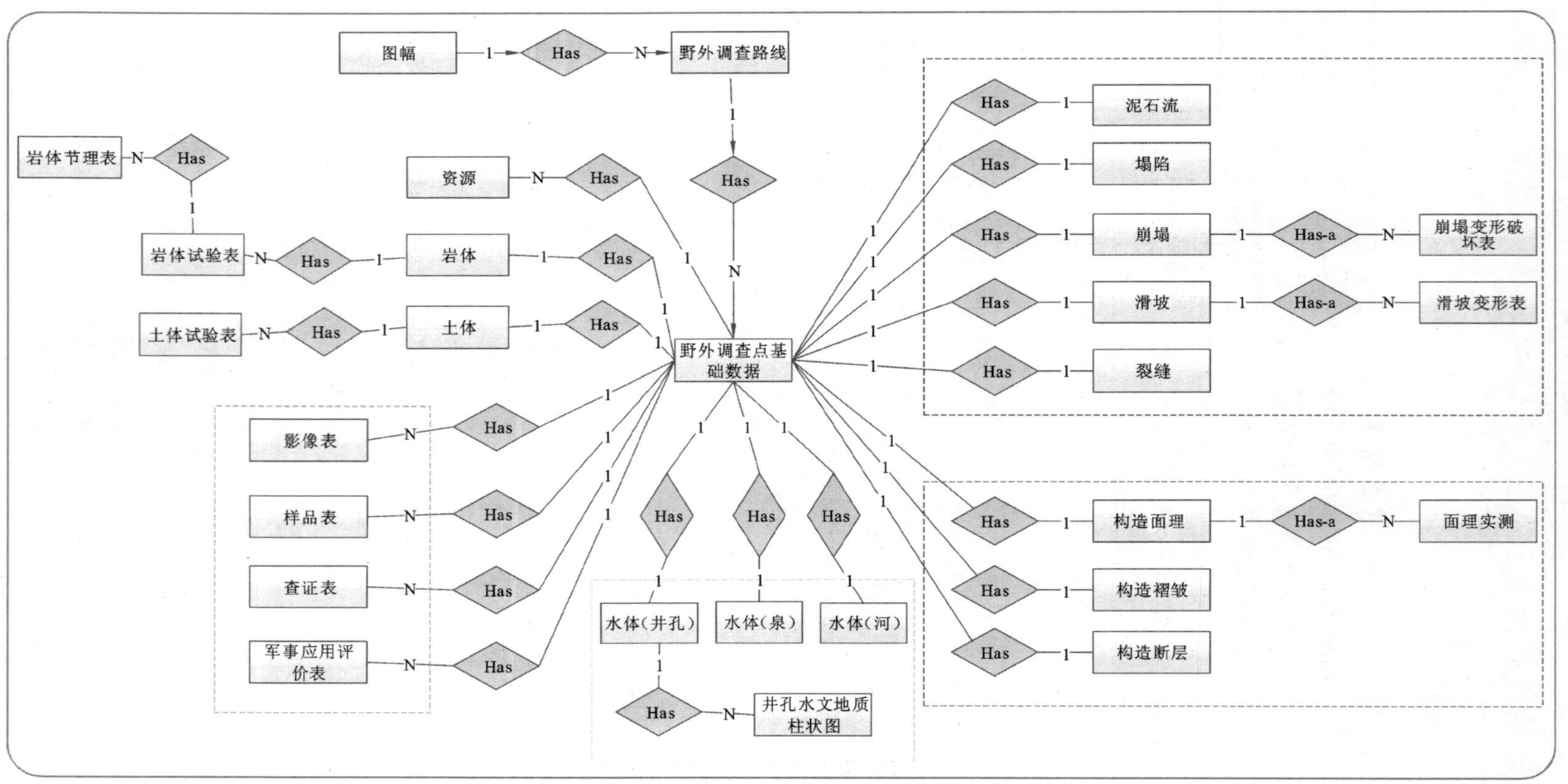

图 5.20 野外数据采集数据库实体-关系模型

设计，详细描述了数据库中 27 张表之间的关系，记录了每张表格中的主外键、约束及所有属性字段的信息。

本数据库中涉及的表格众多，表格中的数据属性约有 1 000 个，所以不一一展示数据字典，下面仅以“调查点表”为例来进行分析介绍。数据字典（表 5.10）中记录了每张调查表应有的字段属性，包括字段的中英文名称、数据类型、数据长度、保留小数位数、单位、是否必填和是否为空。数据类型中“C”代表“char”字符型，“F”代表“float”浮点型，“N”代表“number”整数。“统一编号”在表中没有实际的数据意义，它是由系统自动生成的 GUID 类型的 16 位随机码作为主键。

表 5.10　“调查点表”的数据字典表

序号	字段名称	字段名	类型	长度	小数	单位	必填
1	统一编号	PKIAA_POINT	GUID	36	无	无	必填
3	图幅编号	MineNO	C	10	无	无	必填
4	路线编号	RouteNO	C	5	无	无	必填
5	调查点号	PointNO	C	5	无	无	必填
6	调查点类型	PointType	C	10	无	无	不必
7	调查种类	PointSort	C	2	无	无	不必
8	调查手段	PointMethod	C	10	无	无	不必
9	省份	Provience	C	20	无	无	不必
10	市县	County	C	30	无	无	不必
11	乡村	Country	C	30	无	无	不必
12	投影类型	ProjectionType	C	10	无	无	不必
12	经度	Longitude	F	3	6	°	不必
13	经度度数	LongiDegree	N	3	2	°	不必
14	经度分数	LongiMinute	N	3	2	′	不必
15	经度秒数	LongiSecond	F	3	2	″	不必
16	纬度	Latitude	F	3	6	°	不必
17	纬度度数	LatiDegree	N	3	2	°	不必
18	纬度分数	LatiMinute	N	3	2	′	不必
19	纬度秒数	LatiSecond	F	3	2	″	不必
20	*X* 坐标	Xcoordinate	F	3	6	无	不必
21	*Y* 坐标	Ycoordinate	F	3	6	无	不必
22	高程	Altitude	F	3	2	m	不必

在“调查点表”中调查点的经纬度及“X 坐标”和“Y 坐标”记录了调查点的位置信息，这些数据利用了系统中的“定位模块”自动生成，当然用户也可以自己手动校正。因为数据库中还存储有大量照片、音频、视频等内容，这些文件与采集点数据无直接逻辑关系，所以直接在数据库中存储路径，将这些内容以文件的形式存储在掌上机的内存中，无须数据表的创建。

3. 数据库创建

创建数据库时常规的思路是通过 PowerDesigner 生成物理模型，然后生成对应的数据库的建表语句.sql 或者.db 文件，然后借助 Eclipse 或者其他 IDE 自动生成映射，或者自己写映射。但是本项目中，并没有采用这种方法，而是使用 hibernate 框架自动生成表。通过 hibernate 设计实体类，直接写 POJO（简单的 Java 对象），然后写映射，让 hibernate 生成数据库表，或者通过实体之间 many to one（多对一）或者 one to many（一对多）的关系，只需要使用 Java 里面的注释就可以很好解决这个问题。常用的几种注释的属性如下。

（1）Entity：表示该类是一个可持久化的实体类，标记了该注释的类可以由实体管理器 EntityManager 来管理。

（2）Table：表示该实体类映射为数据库中的指定的一个表。如在源码中“DC_POINT”标记为“@Table”，表示“调查点”为一张表。

（3）Column：表示实体类的属性对应表中的指定字段。如源码中属性“PKIAA_POINT”就是表中的一个字段。

（4）Id：表示该属性为该实体的主键。例如，源码中属性“PKIAA_POINT”标记为“isId = true”，表示属性 id 为表中对应的主键。

5.4.2 功能模块设计

1. 总体功能模块设计

针对基于 Android 掌上机的野外地质数据采集系统应用需求，定义并确认系统详细功能模块，系统的总体功能主要有定位功能、GIS 地质底图数据管理功能、数据导入导出功能、可视化数据导入功能、可视化数据编辑功能、移动 GIS 地质实体投影功能及移动 GIS 地质实体导航功能（李超岭 等，2002）。在该系统中，主要有两大功能需求：一是用信息化技术改造野外数据采集流程，实现数字化采集；二是与其他的桌面端系统进行数据交互，实现数据同步。其中定位功能有两种模式，一是卫星定位，二是网络定位，卫星定位兼容 GPS 和北斗两种定位方式。系统的总体功能模块如图 5.21 所示。

2. 数据准备模块

数据准备工作即是野外采集人员出队前需要准备的工作内容，需要做数据格式转

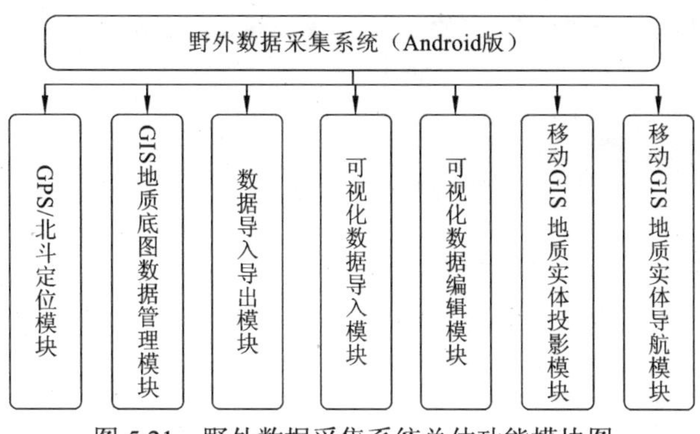

图 5.21　野外数据采集系统总体功能模块图

换、路线规划与准备及采集端数据转换工作。这一模块大部分工作是基于可视化 GIS 模块来进行的，在这一过程中，需要完成以下 7 大功能需求，技术手段是通过支持 MapGIS 格式移动端 GIS 控件，在控件提供的开发 API 接口之上，实现以下几大功能（刘凤忠，2004）。

（1）离线地图数据组织：在移动 GIS 开发应用中，地图数据组织与配置是第一步，非常关键。MapGIS Mobile 支持在线地图和离线地图，该系统采用离线地图，在移动端调用的格式是一致的，都是 XML 格式（*.xml/*.mapx）。①在 MapGIS10 桌面工具中组织地图文档（*.mapx）；②矢量数据要使用图文档工具转换（瓦片数据跳过此步骤）；③将瓦片数据文件/转换后的矢量数据文件拷贝至移动设备存储卡。

（2）离线地图配置：①确认手机/平板 sdcard 根目录下有没有 MapGIS 文件夹及地图显示的基本库，将开发包中的整个 MapGIS 文件夹复制到 sdcard 根目录下；②将地图数据（.xml 和.db）拷贝到手机端 sdcard 根目录的 MapGIS/map 文件夹下。

（3）矢量化底图数据导入：在 MapGIS 软件上导出的矢量化地质底图，传入手机存储中后，直接通过 GIS 控件读取 MapGIS 格式底图。

（4）校正影像数据的导入：遥感地形影像数据的导入需要完成校正功能，可以事先在 MapGIS 软件中通过校正功能完成影像数据导入，然后将加入影像数据后的 MapGIS 文件通过 Android 的 GIS 控件进行加载显示。

（5）MapGIS 图形编辑处理：Android 的 GIS 控件提供了 OpenGL 的 API 接口，图形编辑处理的功能可以根据用户的需求直接提供给用户使用。

（6）图层分类控制与管理：图层分类与管理，通过侧边栏菜单控制。程序读取 MapGIS 的图层信息，在侧边菜单中显示图层标示（描述信息），用户操纵侧边栏，程序获取用户相应的指令和 GIS 控件进行交互处理，协同完成图层的管理操作。

（7）通用属性编辑与浏览：在 GIS 控件中，调查点通过投点的形式在底图上投影。通过单击调查点弹出菜单显示调查点的要素信息（土体、水体、岩体、构造、灾害、资源）。通过单击相应要素信息可以导航到专门的要素 Activity 界面展示完整的地质要素数据。

数据准备好以后就可以安装本系统软件，系统软件打开后就可以看到规划好的调查区、调查路线，如图 5.22 所示。

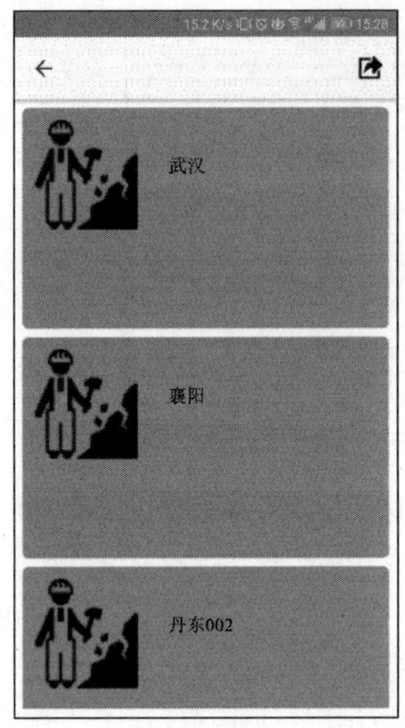

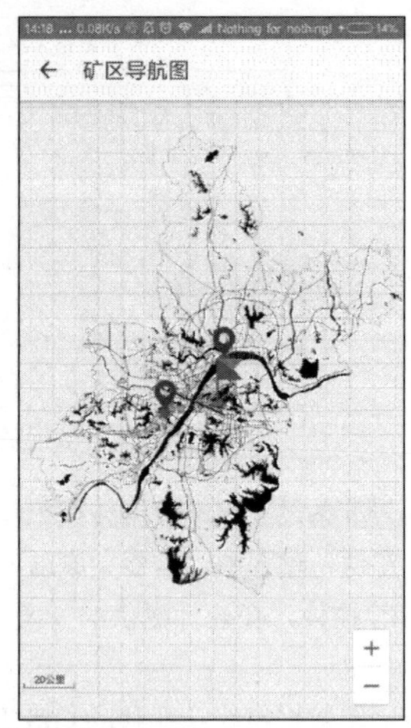

图 5.22　数据采集系统软件主界面图

3. 数据采集模块

数据采集模块的工作流程是在系统软件上进入调查区，然后新建调查点、选择调查路线，最后就可以开始录入数据、查看数据、修改和删除数据。该模块主要实现了对采集点主要信息的采集，包括空间信息、基础属性信息和多媒体信息，此外还有地理空间数据的量算和记录。采集的数据一共分为 5 大要素，分别是水体、土体、岩体、构造和资源，一共细化为井孔、泉、河、土体、岩体、断层、褶皱、面理、塌陷、崩塌、滑坡、泥石流、地裂缝和资源 14 种调查点，如图 5.23（a）所示。

1）录入信息

首先是对采集点的确定，确定采集点的同时获得该点的经纬度、坐标和高程。当调查人员在调查点确定采集信息时，系统会通过 Android 中弹出菜单控件弹出调查点的位置信息，如图 5.23（b）所示。该例中定位方式是离线定位，即在没有网络的情况下，系统自动利用集成的 GPS/北斗定位模块来进行定位，获得调查点的经度和纬度。在采集点的采集一般有选点和屏幕选点，因为在实际野外调查中，调查人员有时不方便直接处于灾害点之上，往往与灾害点存在一定距离，而定点坐标为调查人员的地理位置，所以为保证野外采集数据的精度，该模块采用屏幕选点，调查人员经过对比实地位置与相对图上地理位置，在地图上进行选点。用户长按地图就会弹出调查点类型，然后用户根据所调查地点的属性进行选点，开始采集，确定采集点后会跳转到信息采集表格，如图 5.24 所示。在采集数据的界面，系统会自动填充经纬度信息和 X、Y 坐标，这里的位置信息是通过系统中的定位模块来获得的，“GPS/北斗定位”或者“网络定位”获取到调查点的经纬度自动填充在系统界面上，然后转换成调查底图上的大地坐标，因为不同的调查底图可能采用了不同的投影类型，所以在用户录入调查区的信息时，需要确定

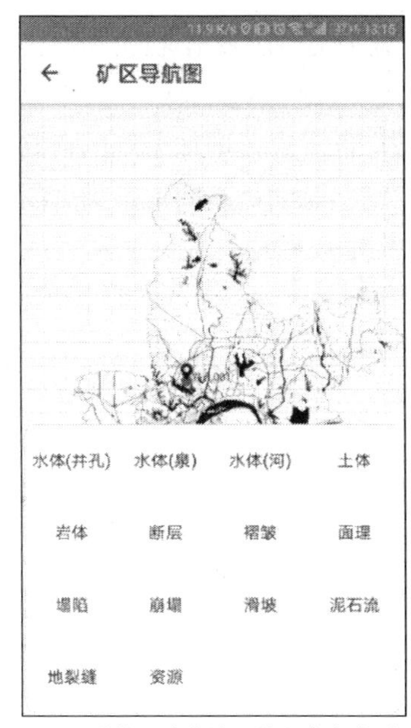

（a）野外调查中涉及的调查点类型

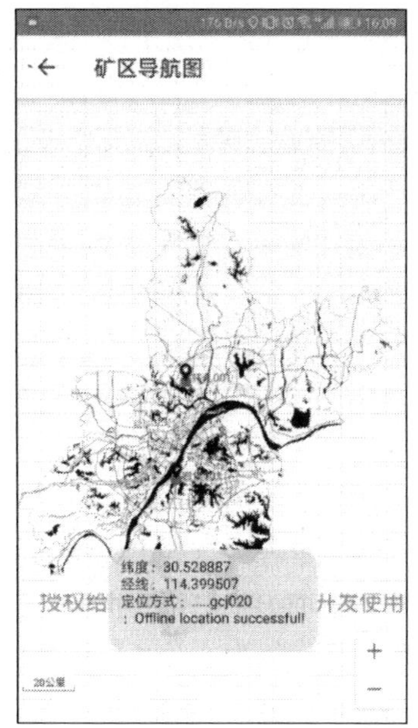

（b）调查点位置信息

图 5.23　软件数据采集要素图

投影类型。一般常用的空间参照系有“北京 54”、“西安 80”和“WGS-84”等地理坐标系。确定了坐标系参数后，系统就可以根据经纬度自动计算出“*X* 坐标”和“*Y* 坐标”。

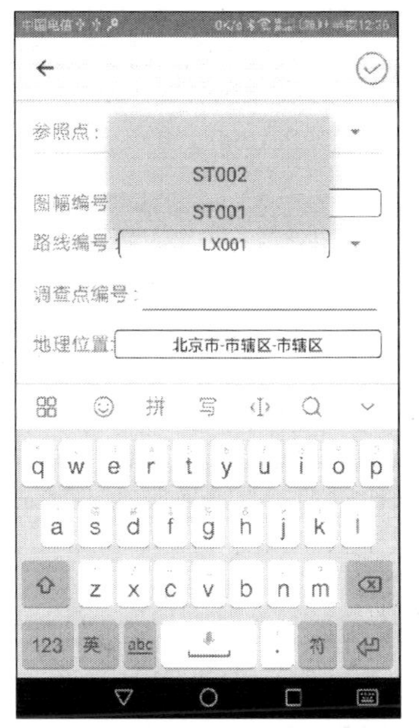

图 5.24　数据采集系统录入界面

因每个采集点需采集的要素较多，且每个采集点的所有信息需相互关联，所以系统需建立一个独立的采集模块。该采集模块是该系统的重点也是难点，野外调查信息采集的过程中，工作过程省时、高效是必然要求，所以该模块的信息采集界面应简单、明了、快捷。利用表格填写的方式最易满足以上要求，系统采集模块表格界面的设计至关重要。

不同的调查类型所需采集的内容有些是特有的，有些是共有的，针对不同的调查点设计出不同的表格，不仅会浪费大量不必要的时间，也会大大增加系统的存储负担，从而影响系统的运行速率。若将表格设计成通用表格，则不能满足不同灾害类型间特殊要素的填写，所以表格的设计应以“公共填写+特殊填写”的模式进行设计。从地质灾害野外调查信息采集的内容进行分析，公共填写的数据包括：“时间”“经纬度”“调查点类型”“调查点性”“调查手段”“参加人员”“影响范围”“记录人”等；其中“地质环境特征”“地理环境特征”“水文地质评价”“灾害影响范围”“防灾减灾建议”这些信息多为描述性文字，在野外调查中，会因时间因素或天气因素（暑天、雨天等）使调查人员不利于在野外进行冗长的文字输入，这些信息的录入则以录音为最优，还可同时使用拍照功能，在信息录入过程中省去大段的环境描述。特殊填写的数据主要是指“不同调查点的具体内容”中所提取出来的调查点特征，因为“灾体特征”这一要素中，不同灾害类型间所需记录的特点差异较大，且其信息多以数字、专有名词的形式进行填写，甚至很多信息涉及量算，所以以一目了然的显示方式最佳。这样一来，便很难用同一组表格来进行记录。这部分表格的设计应将常用数据设置为选择填写，如灾害体的范围、坡度、坡向、体积、面积、（最大）长度、（最大）宽度等要素，并使部分数据可以在系统地图上通过测量获取，如长度、宽度、面积。并且调查点处会有影像、素描、样品及评价等信息，所以每一个调查点应该有这些子表与之关联，而且这些信息可能不止一个，比如一个调查点会进行多组采样，也会拍多张照片，所以应具备添加多组数据的功能。采集界面如图 5.25 所示。

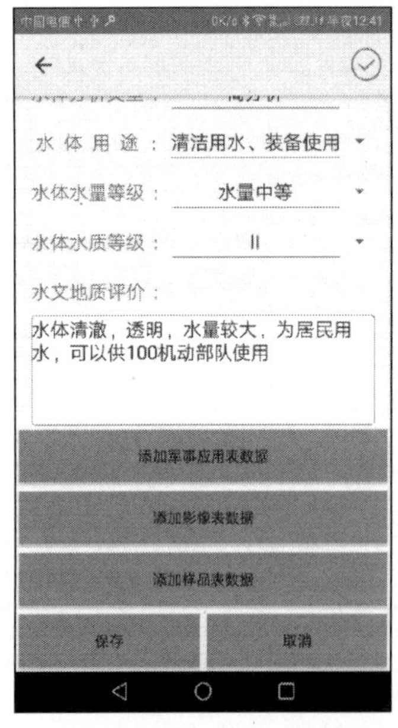

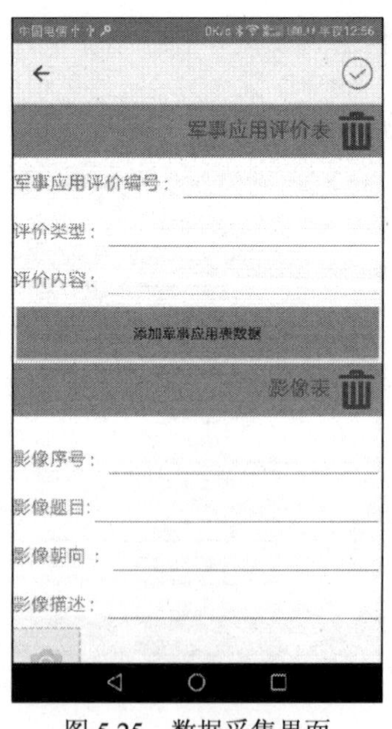

图 5.25　数据采集界面

该数据采集表格的内容可直接填写、选择填写和系统自动生成，如经纬度、大地坐标、海拔、采集时间等，这些数据均为系统自动生成，无须调查人员填写，但调查人员可以对其进行修改补充；调查点所属的调查区和调查路线需要调查人员自己勾选，否则系统会自动填入默认的区和线；调查类型、调查人这类数据由调查人员直接填写。因在野外实际调查中，有时需对灾种的类型进行详细的记录，如水体调查点包含井孔、泉、河流及湖泊等多种调查点，滑坡类型又分为崩塌、滑动、倾倒、侧向扩离、复合、流动，所以该表格将调查点类型的填写设计成“调查点类型”字样，以便调查人员可以在该单元填写具体的调查点类型。

传统的野外数据采集系统，只可对空间数据和属性数据进行采集，记录内容单一，在该系统中，因平台有很多多媒体应用接口，大大方便了多媒体数据的采集，更有利于实现各类数据的关联，丰富野外信息采集内容。在该系统中，多媒体信息是属性信息的一个组成部分，包括图像信息、音频信息、影像信息。在属性信息采集的时候，通过拍照、录音和录像功能可以大大提高信息采集的效率，图片的信息传达比语言更为形象准确，录音可以省去冗长的文字记录，录像则是在手机内存足够大的情况下最理想的多媒体数据采集方式，只是占用内存较大，因此需三个功能平衡使用。并且野外环境复杂，有些地方环境很恶劣，不方便输入文字信息，此时可以直接通过语音输入来解决这一难题。

在实际的野外调查过程中，有很多调查点的部分信息是相同的，在野外数据采集的过程中，如果持续录入相同或者相似的信息，做大量重复性的工作是非常浪费时间的，所以设计了“参照点”这一功能。调查人员只需要采集好某一个调查点的信息，然后当遇到类似的调查点时，选择好“参照点”，此时该点的信息就会全部自动填充过来，用户只需要修改小部分不相同的信息，可以节约很多时间。

2）查看、修改信息

单击地图上的调查点实体投影或者长按查看详情界面的调查点，系统即可展示部分调查点数据，如图 5.26 所示。

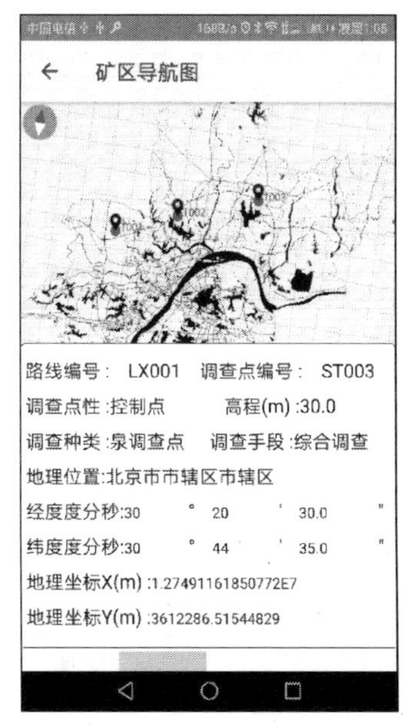

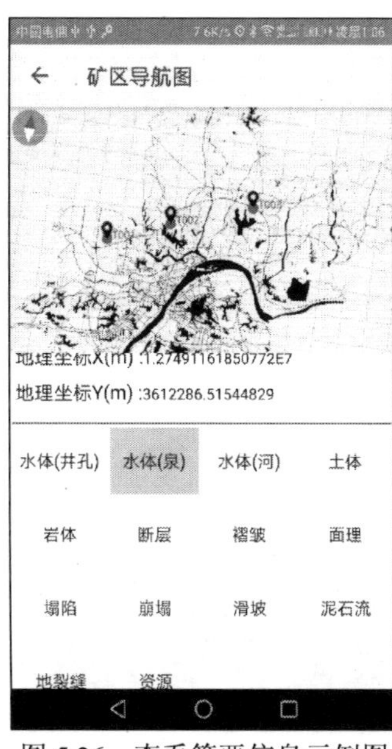

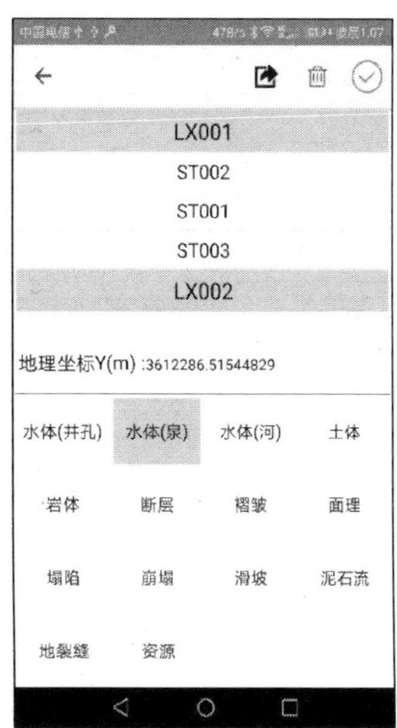

图 5.26 查看简要信息示例图

如果用户想查看该点的详细信息并且希望能进入修改和删除界面，只需要单击“九宫格”上面的对应调查点即可，就可以进入调查点详细信息界面，如图 5.27 所示。

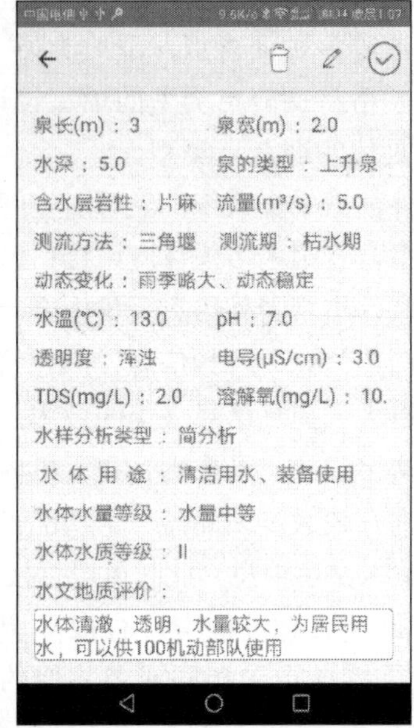

图 5.27　查看详细信息示例图

在调查点详情界面，单击上方的删除按钮并确认便可删除整个调查点；单击上方的修改按钮便可进入修改界面，修改界面与采集界面类似，修改后单击保存即可。同样在修改界面也可以进行删除操作，单击上方的删除按钮将会删除整个调查点，若对其子表进行删除，只需单击子表上方的删除图标并确定便可删除子表数据，如图 5.28 所示。

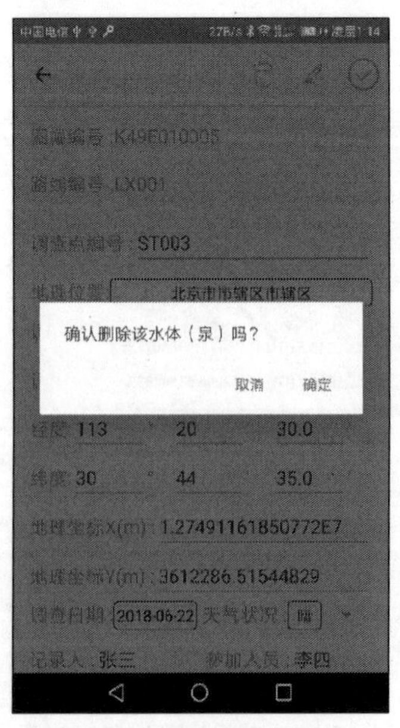

确认删除该子表吗？

取消　确定

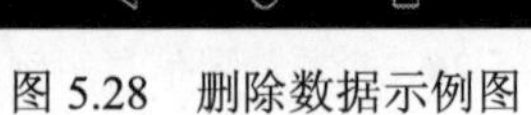

图 5.28　删除数据示例图

如果有大量数据需要删除，可以进入查看信息界面，并单击上方的删除图标就可以进行批量删除调查点，选择所需要删除的调查点后，并单击确定即可，如图 5.29 所示。

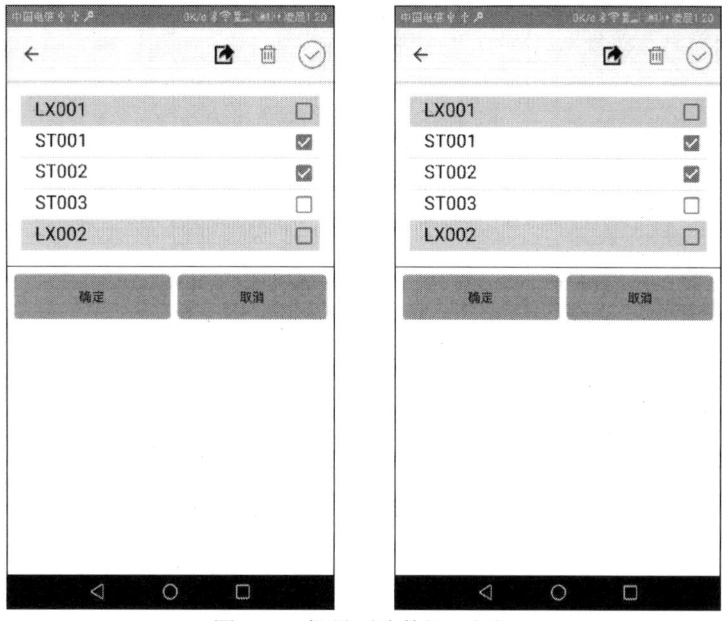

图 5.29　批量删除数据示例图

4. 数据导出模块

数据导出模块的功能相对来说比较简单，主要是按照以下步骤来进行。查看调查区信息，选择调查路线，选择所选的调查点（默认全选），然后选择确认导出。具体的操作就是进入查看信息界面，单击右上方的导出图标，即可将已经录入的数据导成 JSON 格式的数据，在掌上机的根目录下面的DATAJSON 文件夹下面就可以看到相应的JSON 数据，其中以日期命名的文件是包含多个调查区的数据，以调查区名命名的文件对应各个调查区数据，用户可以自己根据需要进行选择。采集的图片、音频、视频文件在“AoGISData/图幅/对应调查区/01.原始/JD/路线文件夹”中，如图 5.30 所示。

5. 移动 GIS 可视化模块

地质调查野外工作多为自驾出行，导航功能尤为重要，虽目前基于导航功能的软件层出不穷，如百度地图、高德地图等，但这些软件都是通过输入地名或地图选点的方式来确定目的地，而地质灾害调查专业性较强，当灾害点处于高山峡谷的偏僻地带时，就很难根据地名进行查找定位，而通过 GPS 更易获取到灾害点的经纬度，且通过经纬度来定位目标点更具体也更准确（裴艳云，2013）。所以该系统实现了卫星定位和网络定位双重模式，卫星定位可以通过 GPS 芯片定位，也可以通过北斗系统定位，当野外网络信号不好时就可以通过卫星定位。

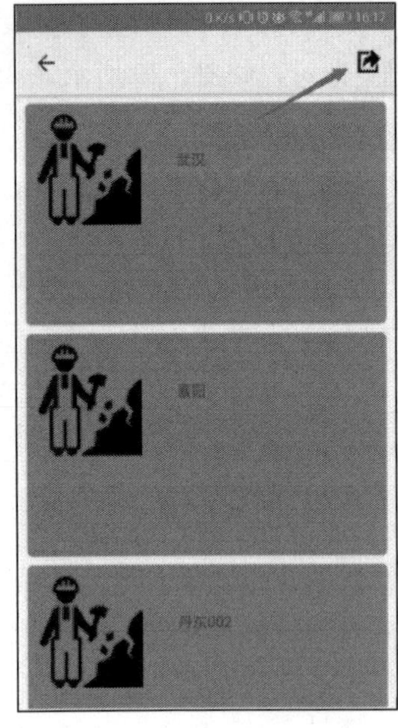

图 5.30　导出数据示例图

在出队前规划好的路线会在底图上以红线的形式展现出来，调查人员的当前位置会在 MapGIS 底图上以小红旗的形式被标记，已经录入的调查点信息也会在底图上被标记。调查人员可以对底图进行拉伸、放大、缩小及旋转，同时也可以对底图进行三指操作，将底图拉伸至三维空间，可以很好地观察地表情形，如图 5.31 所示。

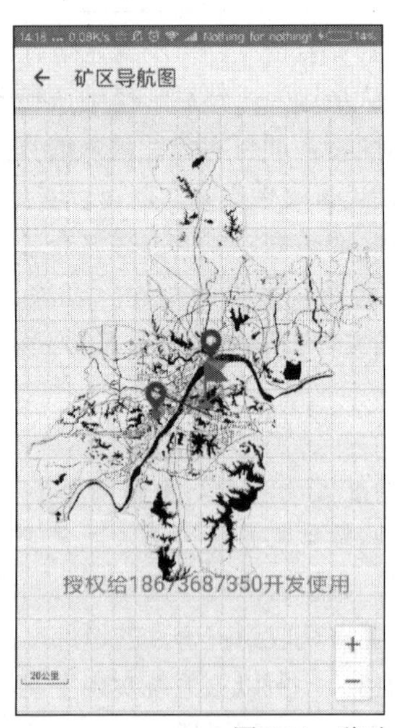

图 5.31　移动 GIS 可视化示例图

第 6 章　军事地质数据组织与管理

6.1　多源军事地质数据管理模式

6.1.1　军事地质数据组织与管理模式现状分析

军事地质信息系统的数据存储管理模式发展阶段与地理信息系统大体一致，这与长期以来绝大部分地质数据库采用 GIS 来存储管理是紧密相关的。其存储结构自 20 世纪 70 年代开始发展至今，大体经历了五代演变：第一代数据文件存储管理模式、第二代混合数据存储管理模式、第三代关系数据库存储管理模式、第四代面向对象数据库存储管理模式、第五代对象-关系型存储管理模式。目前随着大数据管理技术的发展，军事地质数据组织与管理模式也结合非关系型数据库等技术进入分布式大数据管理阶段。

1. 数据文件存储管理模式

由于军事地质空间对象数据的特殊性，不仅包含有空间特征信息，而且包含有很多属性信息。在早期的文件中，由于还没有办法统一空间数据和属性数据的存储格式，一般都将其分开存储。随后，有些系统开始尝试利用关系数据库来存储属性数据，但仍采用文件来存储空间数据，然后通过在空间数据和属性数据之间建立关联来管理和调用，即对数据文件中同一个对象的空间数据和属性数据，用唯一标识（ID 号）来连接。为了便于操作并加快检索速度，一般会设计多种辅助文件来实现数据的添加、修改、删除、查询。其中数据状态记录文件和索引文件是比较常用的重要辅助文件。

众多地理信息系统软件，如 ArcInfo/ArcGIS、MapInfo、SuperMap、GeoStar、MapGIS 的早期版本都采用了这种存储管理模式。由于这种存储管理模式中的空间数据存储比较凌乱，能管理的数据量有限，空间数据与属性数据的一致性及一体化存储管理问题没有解决，无法有效保证数据安全，也不能有效支持并发控制，人们开始探索并建立别的管理模式。但是，文件存储管理模式的数据模型简单、容易处理和应用的优点也使另一些人致力于对其数据管理和调度能力的拓展。经过多年的研发，文件管理模式所存在的这些问题，已经得到了一定程度的解决。

2. 混合数据存储管理模式

混合数据存储管理模式是指空间数据采用文件系统管理，而相应的属性数据采用关系数据库的存储管理模式。20 世纪 80 年代中后期，由于关系型数据库技术的发展，许多空间信息系统平台开发商致力于支持访问商业关系数据库的技术研发，而用户单位则利用这一技术将大量属性信息存储在数据库中，并为属性数据建立较为复杂的数据模型，但其空间数据继续采用数据文件的方式进行存储。

这种混合数据存储管理模式一般采用分层结构管理数据。所谓的分层结构就是把关系数据库和数据文件作为两个子系统，并在这两个管理子系统的基础上增加一层，以实现对各种空间数据类型和属性数据类型的统一分发管理和操作。其要领是将空间数据操作发送给基于文件的空间数据管理子系统，而将属性数据操作发送给基于关系数据库的属性数据管理子系统。在所增设的数据访问层上，空间数据和属性数据对外是一个不可分割的元组。这种结构既保持了传统文件型空间数据存储方便、检索高效的优点，又有效地利用了关系数据库系统的优势。但是，整个数据库系统需要采用一系列接口程序进行分解和合成，全局优化较为困难。

混合数据存储管理模式的优点是能够通过商用关系数据库提供的数据安全、事务处理、索引机制和备份与恢复机制，对属性数据进行高效管理和快速访问。但其缺点很明显，首先在于这种存储管理模式的实质是通过统一接口的功能分发，不便于进行完整（包括空间和属性）的事务处理，容易出现难以清除的数据垃圾；其次，空间数据安全无法保证，很难做到在线同一时间点的数据备份与恢复；再次，如果要实现企业级应用及多用户并发访问，应用开发商还必须补充大量的空间数据管理方面的底层开发，以保证空间数据访问的并发控制和数据一致性。此外，基于文件系统处理和访问海量的空间数据非常困难，也难以建立面向管理对象的复杂数据模型。

3. 关系数据库存储管理模式

关系数据库存储管理模式是针对混合数据存储管理模式的一种改进方案。它将空间数据和属性数据一起存放在关系数据库中。这种模式对属性数据处理方式与混合模式一样，但对空间数据有两种不同的处理方式。第一种是将非结构化的空间数据也分解映射成结构化信息存放在关系数据库表中，采用与属性数据统一的 ID 进行关联；第二种是将空间数据作为一个大字段存放在相关属性数据的数据表中。

这种存储管理模式一般都提供了空间数据引擎，可以对空间数据和属性数据进行统一访问。该模式的优点是能够实现空间数据和属性数据的完整性、一致性和数据备份与恢复的一致性；可以充分利用关系数据库的安全机制保证数据的安全性；能够实现多用户并发访问控制和企业级应用。但是，这种纯关系数据库存储管理模式只是利用关系数据库提供了空间数据存储管理，并不能像处理结构化的属性数据那样提供方便的索引检索机制。为了更好地支持空间数据的查询检索和分析，需要在其中添加众多元数据支持信息，这样就大大增加了数据库系统管理的开销。此外，由于空间对象的类型定义和映射方式不一样，空间数据共享也存在较大问题。

4. 面向对象数据库存储管理模式

由于上面三种常用的数据存储管理模式都存在或多或少的问题，空间信息科学领域的研究者一度对面向对象数据库寄予厚望，期盼能借此管理模式有效地解决空间数据和属性数据的统一存储管理问题。从理论上讲，构建真正的面向对象的空间数据库，是实现军事空间数据与属性数据一体化存储管理、交互查询，以及其充分共享的最有效解决方案之一。面向对象数据库采用面向对象分析和设计方法建立数据存取和处理的新模式，其目标是准确地描述空间对象属性及其行为，将空间数据和属性数据统一存储在对象存储系统中。虽然面向对象已成为目前的主流技术，并且在国内外也已经有许多实现的面向对象数据库系统，如惠普公司的Iris、贝尔实验室的Open-OODB、富士通实验室的ObjectStore等，但这些系统在空间数据管理方面并没有达到实用推广的程度。这种面向对象数据库存储管理模式的优点是建模能力强，缺点是缺少结构化查询语言的支持，很难在军事数据库中进行空间数据查询与分析。

5. 对象-关系型存储管理模式

由于上述前三种常用模式都存在较多问题，而第四种模式的技术还不成熟，军事空间数据的管理问题一直是空间信息领域的研究热点与难点。在20世纪90年代末，国际数据库协会理事提出了使用对象-关系型数据库管理空间数据，而不借助任何中间件，实现在一个数据库中同时存储管理空间数据和属性数据，并兼容关系数据库和SQL（Kim et al.，1995）。但是，迄今为止所出现的对象-关系型空间数据，如Oracle Spatial（有学者认为Oracle Spatial只是属于关系扩展型空间数据库）、ZEUS等，在一定程度上仍存在偏重关系模式支持，而对面向对象模式支持不足的问题。

6.1.2　军事地质数据组织与管理的体系结构

1. 军事地质数据管理系统的实现方式

关系数据库的性能优势在于对海量（简单）数据的检索，面向对象数据库的性能优势在于对复杂数据对象的导航式访问。采用对象-关系型数据库对空间数据和属性数据进行一体化存储管理，是当前军事地质数据管理的常规做法。随着GIS、CAD/CAM、CASE这些既要求检索访问又要求导航访问的非标准应用的不断涌现，对能同时体现关系数据库（relational database，RDB）和面向对象数据库系统（object-oriented database，OODB）性能优势的数据库系统需求也逐渐增多。由于纯粹关系型数据库和面向对象型数据库系统各自的缺陷和不足，以及新的数据库应用要求，部分应用研究开发人员把注意力转向了对象-关系型数据库。于是，一些传统商用RDB如ORACLE、INGRES、SYSBASE、ANSI SQL3、SQL Server等也都向面向对象方向扩充；而OODB也要求进一步成熟起来，并与在市场和应用中占主导地位的RDB保持尽可能兼容，这就导致出现了关系范型和面向对象范型合一的趋势。INGRES和UniSQL/x是目前最能够体现“对象-关系”合一范型特点的典型代表。Won Kim博士甚至直接把自己的UniSQL/x称为对象-关系型数据库（object relational database）。

目前，对象-关系型数据库管理系统的实现途径主要有三种：Gateway方法、Oolayer方法和合一方法。Gateway方法是在OODB应用与RDB服务器之间增加一个能对两者起到“沟通”作用的中间环节。采用这种方法的原因在于 Gateway 本身就是 RDB 的一个普通用户，可以有效地克服 OODB 存在的如下缺点：需求受限过多（面向对象特色难于充分体现）；性能欠佳——对每次服务请求和结果都要进行必要的翻译；可用性差——用户必须了解 2 种不同的 DB。Oolayer 方法是在一个现成的 RDB 引擎（engine）上增加一层“包装”，使之在形式上表现为一个 OODB。其特点是：在 Oolayer 与 RDB 引擎之间有三种接口方式，但翻译的开销仍很高；在实现上，一般不为适应上层 Oolayer 的需要而对下层的 RDB 引擎作相应的修改；由于关系模型和对象模型的独立存在，当涉及复杂的数据库操作时，会导致严重的性能问题，例如模式演进要求对类层次进行的原子性封锁而 RDB 并不支持。Oolayer 方法可作为多数据库系统的一种实现基础，在对象-关系型空间数据库管理系统中用于对外部关系数据库的管理。合一方法是指在模型和系统上把 RDB 与 OODB 集成为一体，使之同时具备 OO 范型和关系范型的特色。对模型上的合一将把下列概念等同起来：关系与类、关系的元组与类之实例、表列（column）与属性（attribute）、过程与方法、关系继承与类继承（关系继承是对 RDM 的新扩充）等。合一方法的特点是：在实现上一般要对 RDB 的存储层和管理层做必要的修改；具备数据与模型一致化（unified）、查询与操纵一致化的特征；支持数据库语言所允许的各种机制，如动态模式更新、自动查询处理和优化、并发控制、恢复、事务管理、授权等；其实现过程相对复杂。

2. 军事地质数据管理系统的总体架构

采用对象-关系型数据库对空间数据和属性数据进行一体化存储管理，是当前军事地质数据管理的常规做法。但是，由于对象-关系型数据库范式理论并不完善，在实际的系统设计与开发中，对于空间数据库的设计通常采用面向对象分析方法，然后将面向对象模型映射到对象-关系模型或关系模型中去；对于属性数据则直接采用关系模型存储，最后，将对象-关系模型或关系模型映射到某一具体的数据库管理系统（如 Oracle 数据库系统）中，并在此基础上构建军事地质数据引擎。

军事地质数据管理系统由军事地质数据库、军事地质数据管理工具和军事地质数据引擎组件三部分组成。作为军事地质数据管理系统软件，应该能够支持多种存储管理模式，在设计过程中必须保证概念模型、逻辑模型的相对独立性。而针对不同的存储管理模式，需要根据逻辑模型设计出不同的物理模型，以便支持文件系统、数据库管理系统及并行系统三种不同的存储环境，如图 6.1 所示。

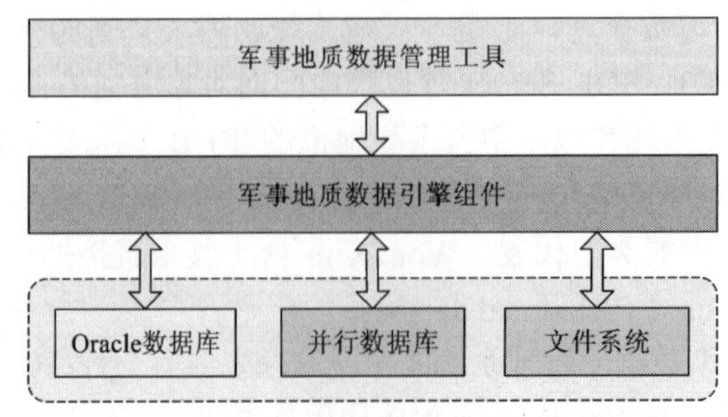

图 6.1　军事空间数据管理系统的总体结构

军事地质数据引擎作为军事地质数据库上层的服务程序，应为客户的请求提供数据查询、访问和数据调度等服务，并可通过缓存管理提高数据调度的性能，在数据库环境下提供对多用户并发的管理，保证多用户并发访问。最上层的地质数据管理工具运行在客户端，系统为用户提供各种数据操作的接口，可方便对地质数据执行建库、更新、备份等各种数据管理操作。系统的逻辑结构如图 6.2 所示。

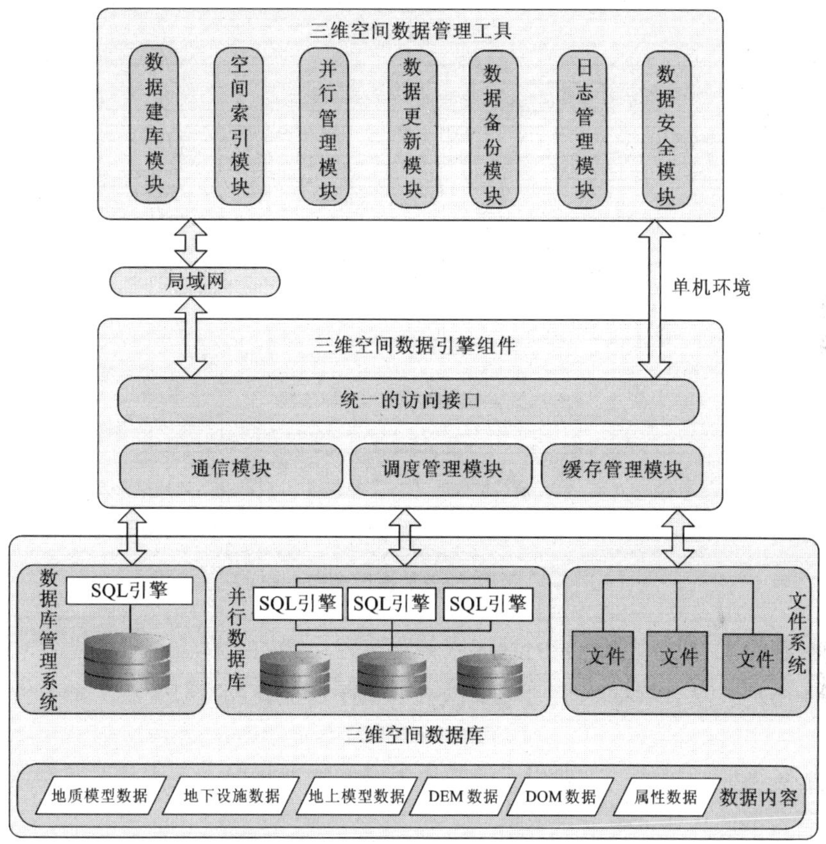

图 6.2　军事地质数据管理系统的逻辑结构

3. 军事地质数据引擎的设计与应用

军事地质数据引擎设计的要点是：利用客户机/服务器计算模式和关系数据库管理海量数据的特点，将军事地质数据加入关系数据库管理系统中，同时支持多用户对数据的并发访问。

军事地质数据引擎组件主要包括以下模块（图 6.3）。

（1）军事地质数据引擎的统一访问接口模块：提供对文件系统、数据库管理系统与并行数据库管理系统的统一访问接口。

（2）通信模块：提供客户端或可视化服务器集群与数据库服务器端的通信连接与数据传输功能。

（3）调度管理模块：提供地质数据的快速访问与高效调度功能。

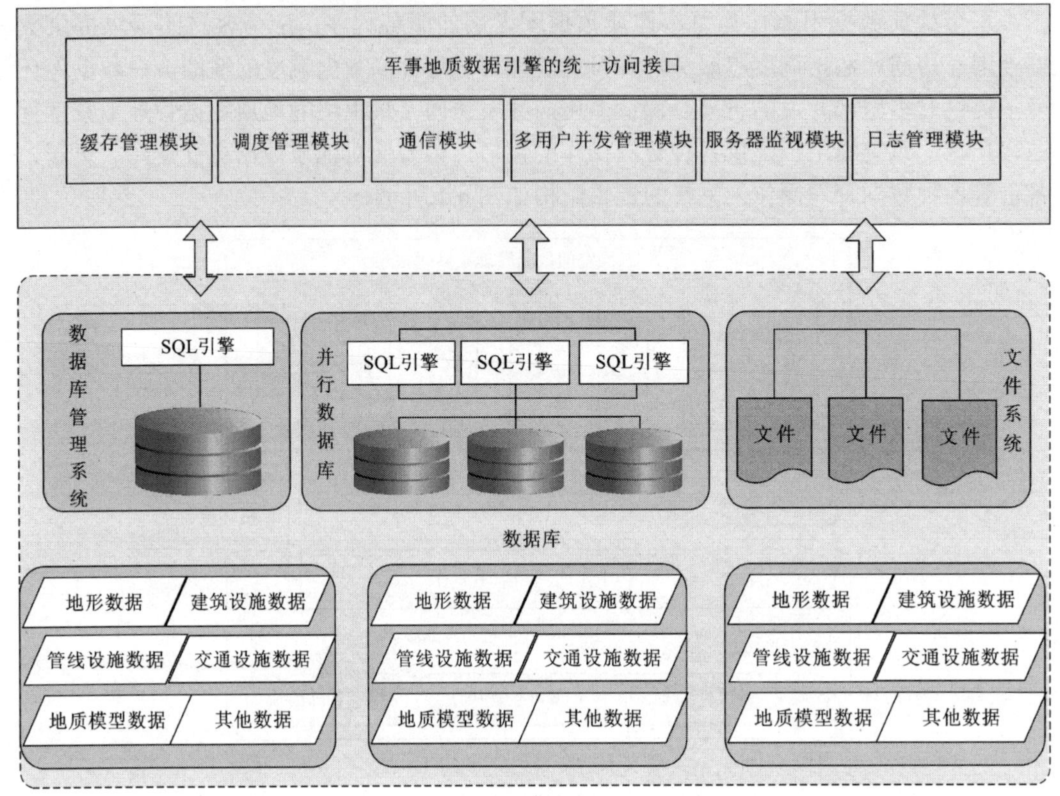

图 6.3　军事地质数据引擎组件组成

（4）缓存管理模块：自适应的管理服务器与客户端的缓存。

（5）多用户并发管理模块：通过连接池、缓存共享等技术对多用户的并发访问进行管理。

（6）服务器监视模块：主要用于监控服务器的物理状况、工作状况及网络流量，为数据库、服务器的优化调整提供依据。

（7）日志管理模块：主要记录空间数据引擎内部操作流程，以确保在特殊情况下实现对空间数据引擎的操作进行恢复，保障军事地质数据库的安全。

军事地质数据的具体管理功能由一系列运行在客户端上的工具软件构成，提供对军事地质数据管理的各种基本操作，使用户方便地完成军事地质数据库的建库、索引的创建、数据的更新等各种操作。军事地质数据管理工具主要包括以下模块。

（1）数据建库模块：包括军事地质体数据建库、属性数据建库等。

（2）空间索引模块：提供各种索引的创建、存储、更新等功能，以及基于索引的查询方法等。

（3）并行管理模块：提供军事地质数据的并行分布、并行索引的创建/更新等功能。

（4）数据更新模块：模型数据更新、属性数据更新（更新方式：局部更新、专题更新或整体更新。更新操作：插入、删除、修改、批量替换等）。

（5）数据备份模块：定期数据备份并异地存放，包括物理备份、逻辑备份等。

（6）日志管理模块：记录系统运行情况、用户登录信息、用户访问的数据内容和提交的功能请求、用户离开时间等信息。

（7）数据安全模块：用户管理、分配用户、用户授权限制等。

上面这些功能是军事地质数据管理的基本工具。在这些基本工具的支持下，可以设计开发更具军事地质特色的地质数据处理功能。

6.2　军事地质数据组织与管理关键技术

6.2.1　顾及细节层次的多维空间索引技术

1. 军事地质数据管理的 LOD 技术

大规模三维军事地质空间数据动态调度的重要基础是多细节层次（levels of detail，LOD）模型。最初发展起来的是离散 LOD 模型，至今在一些实时图形动态调度中仍有应用。其要点是预先针对某一模型数据生成离散的 LOD 模型，供图形绘制时动态选择使用，以便减少图形处理系统的负担，实现高帧速率的实时显示效果。在进行 LOD 模型选择时，要预先在显示环境中设定一定的阈值条件，当条件满足时就调用已经生成好的 LOD 模型。阈值条件包括几何模型与视点距离，投影后的模型在图像空间所占像素面积，以及光照强度等。虽然这种技术能够提高图形处理能力，加快图形绘制速度，但在实时显示中，由于不同级别的 LOD 模型之间在拓扑结构上互不相关，在切换时会在视觉上引起明显的跳跃感。很多学者针对这些问题提出了解决方案，包括减少相邻级别 LOD 对应模型的细节层次差别，或者在距离视点较远的地方进行不同级别 LOD 对应模型的切换。这些方案在一定程度上弥补了视觉抖动的缺陷，但多个级别的 LOD 占用了大量的存储空间。目前，新的连续 LOD 技术正在成为研究的热点。

连续 LOD 技术根据原始模型，通过阈值条件的变化，实时生成拟显示的多分辨率模型。它通过迭代运算进行各种操作，如删除模型中的几个点、几条边或几个三角形等，从精细模型中得到简化模型。由于相邻级别 LOD 模型仅在局部被删除的点、边或三角形附近区域有差别，在模型切换时就不会产生视觉上的明显抖动现象。

与连续 LOD 技术发展的同时，出现了多分辨率模型的概念。不同分辨率模型之间用节点相连，通过对节点的启动来操作相应的部件。多分辨率模型的优点在于可表达复杂的不连续的体模型对象，如将建筑物模型内部的桌、椅、板、凳等作为建筑物 LOD 模型的组件，而建筑物模型则是该模型中进行动态切换的节点。该模型结构已经在 VRML 语言、Multigen Creator 系统和 OpenFlight 数据存储格式中得到广泛应用。

LOD 技术考虑视点对于描述空间实体表面特征的重要性，实现了三维空间模型的简化（魏振华，2011）。相对而言，离散和连续 LOD 技术对于体积较小的物体，简化效果更为满意，如景观树、人造物、动物模型等。其中，离散 LOD 技术通过内存的消耗来提高绘制的速度，而连续 LOD 技术通过处理器的消耗来提高绘制的速度，多分辨率模型则利用了空间对象之间的拓扑关系，将不同的空间对象进行有机组合，增加了空间关系上的复杂度。对军事地质空间数据模型进行 LOD 简化时，要综合考虑多方面的因素，如空间实体之间的拓扑关系、模型复杂程度、数据量及调度速度等，因此需要有针对性地研究适合海量军事地质空间数据动态调度的 LOD 技术。

2. 军事地质数据管理的空间索引技术

海量军事地质空间数据的利用效率，可采用三维空间数据索引技术来提升。由于军事地质空间数据本身的复杂性，以及人们对三维地质空间信息需求的日益增大，高效的三维空间数据索引技术成为军事地质信息系统领域的一项重要研究方向。在三维地质空间中，除了有地上无数的地形、地物和建筑物外，更主要的是有地下复杂的地质体、井巷、硐室和管线等多种要素。如何高效地从三维空间中查询、检索出符合指定条件的地质要素，是真三维军事地质空间索引技术研发的难点所在。

目前在地理信息系统领域，三维空间数据索引方法主要有：对象分割法，主要由层次包围体来实现；规则分割法，主要包括规则网格、KD 树、KDB 树、BSP 树、八叉树、R 树等；组合索引法，针对不断出现的新需求，对各种索引技术进行重组和改进，如 R+树、R*树、LOD-OR 树等。各种三维空间数据索引方法的优缺点见表 6.1。

表 6.1　三维空间数据索引方法优缺点分析

索引名称	索引类型	优点	缺点
层次包围体	对象分割	高效查询，能快速检索到最小像素，有成熟算法支持	算法比较复杂
规则格网	规则分割	组合编码，高效查询，算法简单	数据冗余，单一分辨率，变长记录难以维护
KD 树	规则分割	较低存储需求，高效查询	无法管理海量数据，更新困难，主要用于点对象
KDB 树	规则分割	动态索引，高效查询	删除算法效率较低，浪费空间；线、面索引困难
八叉树	规则分割	算法简单，与空间对象分布相适应	深度较大，对各种操作均有不利影响
BSP 树	规则分割	可控制切割面与分割树的深度，分割更加有效，树的检索速度快	算法较复杂，动态维护性较差，需要预先生成
R 树	规则分割	动态索引结构，存储效率较高	区域之间经常重叠，多路径搜索降低效率
R+树	组合索引	采用 R 树与 KDB 树结合避免了区域的重叠	不同结点存储同一个区域的标识，存储效率降低
R*树	组合索引	减少了节点间的重叠面积，利用了强制重新插入	存在中间结点的索引空间重叠，当失败查找路径较长时，对性能影响很大
LOD-OR 树	组合索引	减轻 R*树插入、删除的开销，提高 R*树查找性能；增加了三维实体的 LOD 信息的索引	算法较复杂
X-List	R 树的超集索引	减少了节点间的重叠面积，利用广义列表特性实现多维空间，有利于实现海量空间数据分析与推理	算法较复杂

地质信息系统领域的三维空间数据索引，可以借鉴上述地理信息系统领域的三维空间数据索引方法。但上述索引方法都各有优缺点，且都有各自的应用范围和适用对象。选取何种索引机制作为军事地质空间数据库的索引，需要根据实际情况和具体应用对象来确定（何珍文，2008）。目前，大多数军事地质信息系统软件采用多种索引机制并存、取长补短的策略（魏振华，2011；何珍文 等，2001），同时进行针对性的探索和研发。

索引技术也一直是数据库领域关注的焦点。许多数据库厂商，如 Oracle Spatial、SQL Server 2008 Spatial、PostgreSQL 等，都在各自的数据库管理系统中，增加了空间数据管理模块。目前绝大多数数据库管理系统都只能支持二维空间数据，Oracle Spatial 11g 最先增加了三维数据类型的支持，使 R 树空间索引扩展到了三维空间，但其三维 R 树索引在处理地势平坦和地物高度小的常见空间数据时，效率往往不如二维空间索引，因此三维索引功能还难以发挥应有的作用。

3. 顾及细节层次的地质体索引技术

R 树空间索引是基于子对象范围驱动的动态索引结构，它不需要预先划分空间数据的范围，这是八叉树等基于全局对象范围驱动的索引结构所达不到的。从理论上讲，R 树具备空间相关性及空间聚类的特征，即同层的节点与节点之间空间差异明显，父节点和子节点之间构成聚类包含关系，它的空间层次结构有利于快速定位和查询空间对象，因此被普遍认为是最有前途的真三维空间索引方法。然而，索引区域重叠及多路径搜索对 R 树的效率也产生了严重影响。为了克服这一问题，国内外许多学者对 R 树进行改进并提出了很多可行性的方法，如 R+树、R*树等。另外，LOD 已成为减少三维场景内绘制数据量、增强绘制流畅性的重要技术手段，而目前大多数空间索引结构却仍不支持直接对 LOD 数据的检索，采用改进的三维 R 树与 LOD 相结合的多层次混合三维空间索引技术，是军事地质空间数据多细节层次表达技术的发展趋势（魏振华，2011）。

6.2.2　军事地质数据的传输与调度管理技术

1. 军事地质数据的压缩与传输技术

实现军事地质空间数据调度时，必然要涉及空间数据的网络传输问题。在有限的网络带宽上传输海量的空间数据，同时又保证良好的可视化效果，是目前空间数据调度比较突出的难题之一。其中的关键问题是高效的数据传输技术和空间数据压缩算法。空间数据压缩是把一组数据 D 编码成较小数据组 ΔD 的过程。由于空间数据在压缩过程中不允许精度损失，即必须保证 ΔD 数据组经解码能完全恢复为原数据组 D，其压缩方式只能采用无损方式。

空间数据压缩包括矢量数据压缩、栅格数据压缩和视频数据压缩。矢量数据尤其是地图数据的无损压缩难度较高，研究进展十分缓慢。其主要原因在于地图数据中拓扑关系（邻接、关联、包含和连通等）的复杂性和空间数据种类的多样性（点、线、面、体、组等）。高效的矢量数据压缩方法要求具备高度的压缩比、保持拓扑一致性、高效的解码方法，以及保持空间对象几何特征的极大相似性。目前，部分学者基于小波变换、簇算法等理论开发出了一些压缩方法，可以有效地实现诸如线性数据压缩等单一类型的空间数据压缩，但还难以面对多源、多分辨率空间数据的压缩。基于栅格表达的空间数据快速压缩和解压缩方法，多应用在多分辨率数据的传输中。比较有代表性的研究成果有基于四叉树方法的压缩、基于小波的压缩和基于 JPEG 的压缩。这几种栅格数据压缩方法在影像数据的特征保留和数据的压缩比方面各具特色，基本代表了国内外目前的最新水平。尤其是 JPEG2000 标准出现以后，以 JPEG2000 为标准的影像压缩已经成为一种工业标准。视频资料压缩方面的研究也已经趋于成熟，推出了一批实用的工业标准，如 MPEG-4 等。

在目前的商业软件中，Google Earth、Skyline 等都采用数据流的方式实现数据的高效传输，Google Earth 的 KMZ 文件，就是典型的无损空间数据压缩文件。同时，国内外学者也提出了一些三维模型渐进传输方法，如渐进网格（progressive mesh，PM）方法、SmoothLOD 渐进编码方法等。这些研究方法都是针对几何模型传输的，而且对数据的组织要求比较高。因此，对于具有多细节层次及带有大量精细纹理数据的军事地质空间数据的高效传输方法，仍是亟待深入研究与开发的重要技术问题。

2. 军事地质数据管理的多级缓存技术

不管采用哪种空间数据存储管理模式，从军事地质空间数据库中动态调度地质数据时，都需要频繁地进行数据库的访问操作。目前，绝大多数数据库管理系统的体系架构都基于磁盘管理，如 Oracle、SQL Server、DB2 等。频繁的磁盘读写操作往往成为影响空间数据动态调度性能的瓶颈，如果将经常被访问的数据保存在内存中，便可以大大降低数据库读取数据的开销。因此，缓存技术备受重视。实践结果表明，对于对响应速度与数据存取性能要求极高的军事地质空间数据库而言，采用缓存技术能够大幅度提高海量三维空间数据并发访问和动态调度能力（孙卡 等，2011；孙卡，2010）。

近年来，国内外对于缓存技术的研究主要集中在客户端数据缓存系统、集中式数据缓存系统、分布式数据缓存系统、虚拟数据缓存系统等几个方面。这些缓存技术的研发都以提高数据利用率和检索效率为目标，所涉及的研究范围很广，研究重点也逐渐从宏观深入到微观。多维军事地质空间数据的固有特点，如海量性特征、复杂的空间结构特征、分类编码特征、非结构化的不确定性特征、多尺度与多分辨率特征、多时态特征，以及军事地质信息处理对海量三维地质空间数据动态调度的特殊需求等，都要求对缓存机制的研究必须具有针对性。其中包括针对缓存数据的选择与存放、缓存数据的组织与索引结构、缓存数据的替换与更新策略等关键问题的研究。

3. 军事地质数据的调度策略

1）军事地质数据并行调度与预调度

为了避免图形绘制操作等待数据加载操作的情况，国内外很多数据动态调度技术都采用了数据加载线程与数据绘制线程分离的做法。数据加载线程负责将空间数据从存储设备中加载到内存缓存，数据绘制线程从内存缓存中获得数据并绘制图形。当数据不能保证在当前帧绘制前加载到内存时，系统便使用该数据的粗层次进行替代，或者忽略当前帧的绘制。该方法要求对需要加载的数据进行视觉重要性加权处理，加权因子通常为空间对象相对于视点的位置，以及空间对象数据量的大小等（孙卡，2010）。这种以绘制数据的重要性来决定数据加载先后顺序的方法，确保了即使在数据不能完全加载的情况下，其所采用的替代数据也不会严重的影响视觉效果。

作为空间数据动态调度技术重要补充的预调度技术，一直是地学领域研究的热点问题之一。目前，国内外许多软件如 Google Earth、Skyline、GeoRaster，都采用调度和预调度有机结合的策略，来实现海量空间数据的调度。预调度的难点在于预测模型的确定，即如何从海量的军事地质空间数据库中选择可被预先调度的对象。为了解决这个问题，二维地学软件常使用基于扩展范围的预测模型，二维地学软件则常使用基于视点的预测模型。前者将与当前可见区域相邻的 8 个未可见区域的数据预调度出来；后者根据当前视点的位置、运动方向、运动速度、角速度等参数建立关于视点的预测函数，然后计算几个可能的视点位置，根据视点进行数据的可见性判断，进而实现空间对象的选择。三维预调度技术的典型应用如德国 Saarland 大学开发的、用于大规模场景射线实时追踪的KD树内外存一体化结构。这种内外存一体的存储结构大多针对开放模型的应用，如Boeing777 飞机模型、北卡的电厂模型及油轮模型等。这类模型的空间范围较小，数据密度较高，通常达几千万个三角形，但数据类型和属性单一，与具有多源、多类、多维、多量、多主题、多时态特点的地质空间数据有很大不同。Oracle 摒弃了数据的空间特性，单纯从面向对象的角度，开发了基于对象关系图的预调度技术。该技术采用面向对象思想，为存在继承、派生、联合、聚合关系的对象建立对象-关系图，并沿此图实现预调度对象的追踪和加载。然而，由于军事地质空间数据的固有特征，如结构信息不完全、参数信息不完全、关系信息不完全、演化信息不完全等，已有的预调度技术和方法都不能完全满足海量军事地质空间数据的调度需求。

2）军事地质空间数据的简化及调度策略

军事地质空间模型的复杂性与军事地质空间模型分布的不规则性，使得用户在进行大场景显示时，必须根据观察的需求来选择并调度数据，而不必追求在一定可视距离下的最精细模型数据。于是，完善的、适用于各种军事地质环境并顾及视点运动特征与视觉观察特征的视点运动预测机制，以及军事地质空间数据的简化及调度策略，成为本领域研究的热点课题。该项研究面向具有多源、多类、多分辨率的属性数据，用于实现在广阔的范围内对分布密度不均匀的三维地质体模型进行动态调度。

6.2.3　并行军事地质数据管理引擎技术

1. 并行空间数据管理技术

空间数据实时可视化与多用户在线应用等，都要求有极高的响应速度和极强的数据存取能力。这一要求对目前的大规模军事地质空间数据库管理性能提出了严峻的挑战。目前，市场上以数据库集群技术为基础的并行数据库，都没有专门针对军事地质空间数据进行设计，更没有考虑军事地质空间数据的特点及其结构的复杂性，难以获得均衡的军事地质空间数据分布效果，也很难发挥军事地质空间数据库的并行性能。因此，以高性能、高可用性和高可扩展性为目标，以大规模并行计算技术为基础的并行军事地质空间数据库管理系统的研究，成为改善军事地质空间数据库性能的趋势和最佳选择。

2. 海量军事地质数据引擎技术

空间数据引擎是一种处于上层应用程序和底层数据库管理系统之间的开放且标准化的中间件技术，它满足了 GIS 软件与数据库管理系统的集成功能，屏蔽了数据库的设计过程及应用软件与数据库的交互过程，可以使用户更加专注于业务功能的开发而不用考虑数据的存取问题。同时，它对数据的存取速度及存取流程也进行了较大的改进和提高。目前，国内外比较典型并且被广泛使用的空间数据引擎有 ESRI 公司的 ArcSDE、MapInfo 公司的 SpatialWare、超图公司的 SuperMapSDX+、Oracle 公司的 Oracle Spatial、IBM 公司在 DB2 数据库上构建的 Spatial Extender、Informix 的空间数据刀片 DataBlade、MySQL 公司的 Spatial Extensions、Microsoft 公司的 SQL Server Spatial 等（表 6.2）。这些空间数据引擎技术，都可以作为军事地质信息系统研发的借鉴。

表 6.2　空间数据引擎及其解决方案的对比分析（汪明冲，2006）

名称	存储模型	空间索引	进程管理	空间查询	SQL扩展	数据缓存	二次开发
ArcSDE	压缩二进制、大对象块(BOLB)、Oracle Spatial 标准化方案与几何数据类型	经过优化的格网空间索引	单独的	异步流模式	不支持	单独的	提供开放的高级 C 和 Java API
Oracle Spatial	一系列存储过程和函数，对 Oracle 数据库的存储和访问	R 树空间索引和四叉树空间索引	利用数据库本身的	两步处理流程(主过滤和次过滤)	支持	数据库自身	提供各种开发接口，如 OCI、OCCI、JDBC 等
Spatial Ware	扩充原有的数据类型	R 树空间索引	利用数据库本身的	基于标准 SQL 的空间运算符	支持	数据库自身	利用 MapX 组件，提供 VB、VC++等的 API
Spatial Extender	扩充数据库原有标准数据类型	基于网格的三层空间索引	利用数据库本身的	空间优化器	支持	数据库自身	提供一系列的存储过程
DataBlade	扩充数据库原有标准数据类型	R 树索引	利用数据库本身的	空间优化器	支持	数据库自身	提供 C、C++、Java 、J++ 的 API
SuperMap SDX+	扩充原有的数据类型	图库＋四叉树＋网格＋三级索引	利用数据库本身的	基于标准 SQL 的空间运算符	支持	多级缓存	提供 VB、VB.Net、C#等的 API

空间数据引擎提供快速的、支持多用户的数据存取功能，还提供开放的应用开发环境和标准的应用编程接口。这就使得海量地质空间数据的管理和调度，有了一种理想的模式，对解决军事地质空间数据的多用户编辑、时态 GIS 数据的存储和管理、多源异构数据的融合等问题提供了很大的支持。采用先进的空间数据引擎技术，包括存储技术、索引技术和查询技术，将大大提升“矢量-栅格数据一体化”“空间-属性数据一体化”“空间-业务数据一体化”“地上-地下数据一体化”“地质-地理数据一体化”等集成式空间数据管理与调度能力。这是海量军事地质空间数据管理领域中的一个值得探索并着力推进的重要方向。中国地质大学（武汉）地质信息科技研究所在国家高技术研究发展计划（国家 863 计划）项目课题“三维空间数据管理系统与分析组件研发”支持下，基于上述理念和三维可视化信息系统平台，设计开发了 QuantyView Catalog，初步实现了军事地质空间数据的上述 5 个一体化管理，可视作该方向的探索性成果。

6.3　军事地质大数据组织与管理模型

6.3.1　大数据管理的系统结构

军事地质大数据按类型分为结构化数据及非结构化数据。数据服务方面，包括原始数据录入查询服务、文本数据录入查询服务、图形数据录入查询服务、图像数据录入查询服务、众源数据录入查询服务及特征数据录入查询服务等，并且对外提供统一的数据访问接口；数据存储方面，结构化数据存储在 Oracle 数据库中，非结构化数据存储在 HDFS 中；数据计算方面，通过运算集群进行相关的数据计算。非结构化数据采用 Beam/Apex/Spark/Flink 分布式计算集群加快相关数据的计算操作；同时采用多级缓存、键值查找、倒排索引及 B 树索引的方法，加快数据调度。系统的整体组织和调度管理体系如图 6.4 所示。

Beam、Apex 和 Spark 计算平台整体相似，因此以 Spark 计算平台为例对系统调度体系涉及的关键核心技术进行说明。

在 Spark 中弹性分布式数据集 RDD 是分布式海量数据集的抽象表达，用以表示 Spark 应用在数据处理过程中所产生的分布存储于多个计算节点的数据。每个计算节点保存 RDD 的一部分，称为 RDD 分片。在一个 Spark 应用中，根据计算逻辑的不同，可以存在一个或多个作业。阶段间的数据传输操作称为 Shuffle，Shuffle 是对数据的传输和混洗。

一个 Spark 阶段内部包含多个任务，并行处理 RDD 数据。依据任务所处的阶段，Spark 将任务划分为初始数据任务和中间数据任务。其中，初始数据任务对应初始阶段的任务，中间数据任务对应中间及最终阶段的任务。中间数据任务的共性特征是它们处理的均为前继阶段产生的中间结果 RDD，且数据分布于各计算节点。

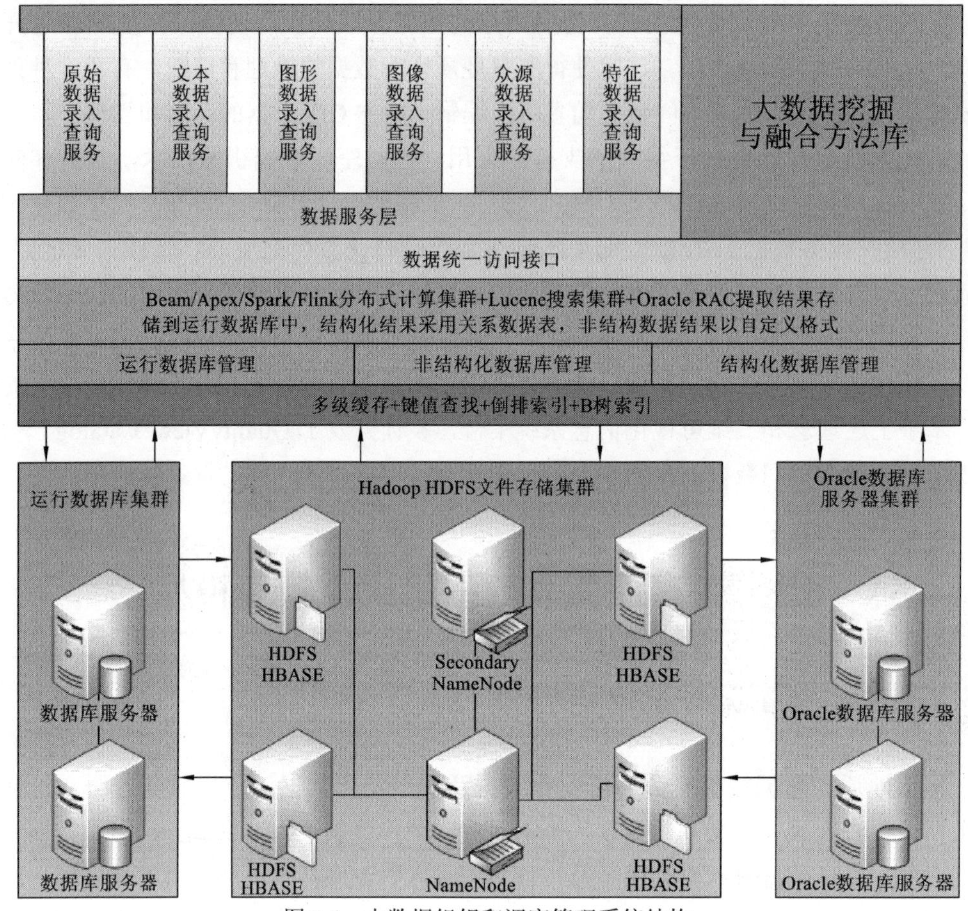

图 6.4　大数据组织和调度管理系统结构

本数据管理与调度平台中 Spark 集群采用 Standalone 模式，其他两种方式分别为 Mesos 及 YARN 模式，区别主要是资源调度管理方式不同，Standalone 采用 Spark 自带的资源调度方式，其他两种分别对应 Mesos 及 YARN 进行资源调度。

在该平台中，任务调度的目标是将任务合理地调度到集群中的各个节点上，从而缩短所有任务的总执行时间。现阶段 Spark 采用延迟调度的方法对中间数据任务进行调度。本系统沿用了 Spark 平台中的调度方法，对泛结构化数据进行高效调度。延迟调度的核心思想是尽量将任务以较高的本地性执行，当前节点无法满足较高本地性处理时进行等待，直到等待时间超过阈值则降低本地性调度执行。

在任务调度方面，本平台对于跨应用程序及在应用程序内调度提供不同方式。跨应用程序调度，在集群上运行时，每个 Spark 应用程序都会获得一组独立的执行器 JVM，它们仅运行该应用程序的任务并存储数据，所有集群管理器上可用的最简单的选项是资源的静态分区。使用这种方法，将为每个应用程序提供可以使用的最大资源量，并在整个过程中保留这些资源。这是 Spark 的独立模式和 YARN 模式及粗粒度的 Mesos 模式中使用的方法。另外，Spark 提供了一种机制，可以根据工作负载动态调整应用程序占用的资源。这意味着，如果不再使用资源，应用程序可以将资源返还给群集，并在以后有需求时再次请求它们，默认情况下，本功能是没有开启的，只有当应用场景为多个应用程序共享 Spark 集群中的资源，则此功能有用。

本集群还可以配置作业之间的公平共享。在公平共享下，Spark 以“循环”方式在作业之间分配任务，以便所有作业都获得大致相等的群集资源份额。这意味着在运行长作业时提交的短作业可以立即开始接收资源，并且仍然获得良好的响应时间，而无须等待长作业完成。此模式最适合多用户设置。

公平调度程序以 Hadoop Fair Scheduler 为模型，可以为作业池中的每个作业分配不同的权重。这对于按作业的重要等级来按需分配资源份额来说是非常有用的，而不是简单地为池中的每个作业均匀分配同等的资源。

6.3.2　数据服务协议与架构

为了适应项目多平台多系统一体化集成访问的需求，基于 Web Service 数据发布技术和 JSON 数据承载标准实现了一种数据服务协议标准。

Web Service 是一种轻量级的与操作系统平台无关的网络应用层通信技术。它能使得运行在不同机器上的不同应用无须借助附加的、专门的第三方软件或硬件，就可相互交换数据或集成，被广泛地应用于互联网的各种场景，尤其是数据服务方面，它的使用可以大大降低开发难度并缩短开发周期。

Web Service 是自描述、自包含的可用网络模块，可以执行具体的业务功能。因此依据 Web Service 规范实施的应用之间，无论它们所使用的语言、平台或内部协议是什么，都可以相互交换数据。这使得各个应用模块和数据基础服务平台之间形成一种低耦合访问关系，大大降低了系统集成及跨平台数据解析上的难度。

随着互联网技术的高速发展，Web Service 的具体实现框架也层出不穷，但从宏观实现上来看，主流的架构风格只有表述性状态传递（representational state transfer，REST）和远程过程调用（remote procedure call，RPC）两种。

RPC 即远程过程调用，是一种服务架构风格，最早是起源于分布式程序设计。在 RPC 架构风格中，服务器被看作是一个过程的集合或者容器，客户端通过网络便可以像执行本地程序一样调用远程服务器中的方法。在 Web Service 设计中，面向服务的架构（service oriented architecture，SOA）是最典型的一种 RPC 风格架构，其消息模型如图 6.5 所示。

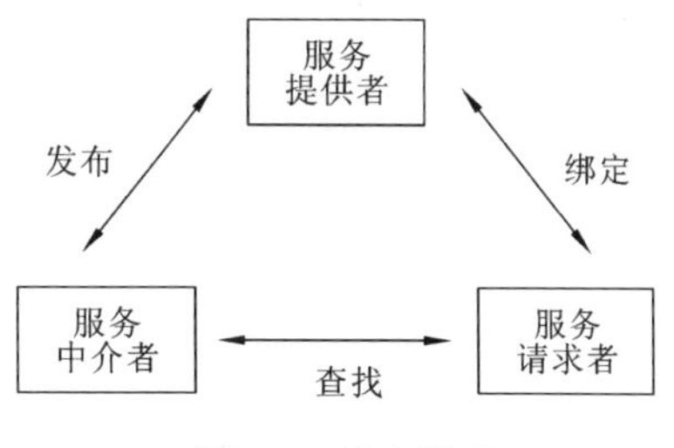

图 6.5　消息模型

REST 可以被称作表示性状态传输，如图 6.6 所示，在 REST 架构中，所有数据或者程序均被抽象成资源，每个资源都被分配唯一的标识符即统一资源标识符（uniform resource identifier，URI），客户端通过统一的接口访问服务器中的所有资源。

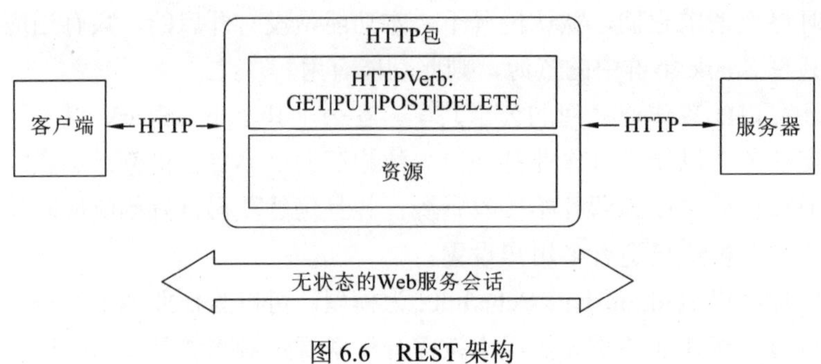

图 6.6　REST 架构

6.3.3　监测数据的管理

本系统为监测数据的管理提供了数据录入、删除、更改和查询接口，均通过模型-视图-控制器模式（model view controller，MVC）的思想进行接口和前后端设计。结构化数据与非结构化数据统一管理调度分为三个部分，其中结构化数据采用全自动的 ORM 框架对数据库进行封装，采用 Hibernate 对数据库进行映射，根据业务要求和实际数据情况生成对应属性和映射文件，进而持久的数据对象能保证数据对象与实际运用场景中的数据特点相符合。这一框架能在开发过程中将数据与操作分离，简化数据操作过程，使得用户可以访问期望数据，而不必理解数据库的底层结构，如图 6.7 所示。

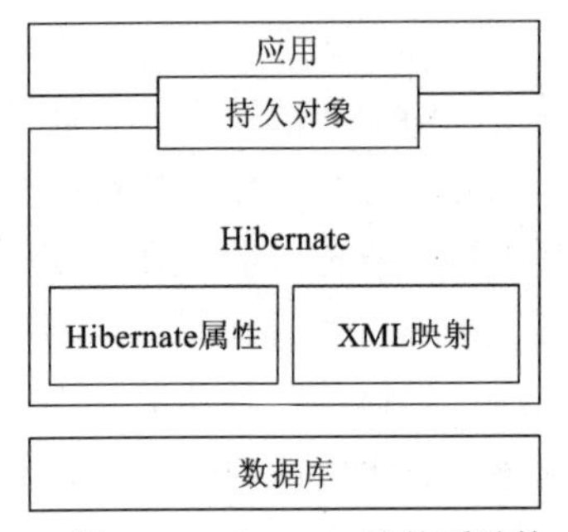

图 6.7　Hibernate 的体系结构

采用 Hibernate 建立持久对象是为了保证输入数据库中的数据符合数据规范。在数据操作过程中为保证系统使用统一接口进行数据操作，采用 MVC 思想对数据进行操作，如图 6.8 所示。

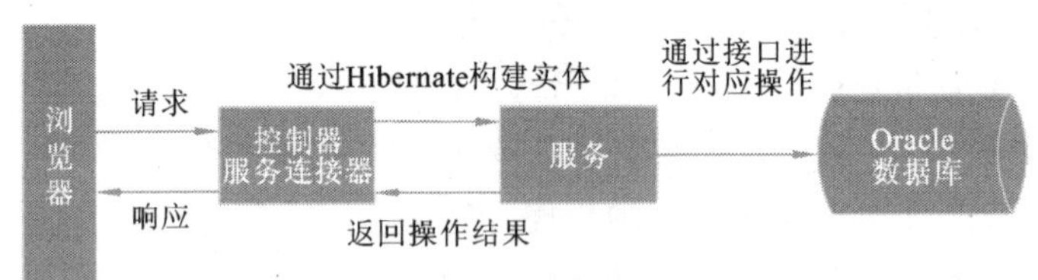

图 6.8　数据操作流程

MVC 模式里的 V 是指视图层，用于做展示；Servlet 即为 C 控制层，是系统的核心控制器；Service 还包括 DAO，即为 M 模型层，是用来与数据库交互的。数据操作流程上，JSP 发送 JSON 数据到 Servlet，Servlet 收到后做解析，根据 Hibernate 模型生成对应的持久化数据对象，再根据数据和操作要求调用相应的 Service 服务，Service 调用数据库并与数据库进行交互，然后返回结果给 Servlet，Servlet 再返回给 JSP，进而实现整个数据操作流程。

为了对结构化与非结构化数据进行统一组织和管理，将采用键值对型（非关系型）数据库进行存储管理。每个键值对包括键值和内容两项。键值约定为：监测对象编号+文档编号+结果名称；内容为数字、字符串或二进制对象。此处需要对数据进行通用的序列化操作，将对象转化为通用的二进制对象，同时我们采用倒排索引及键值对的方法，加快数据调度。

泛结构化数据访问接口包括对结构化与非结构化数据的访问。设计泛结构化数据访问接口的目的是简化数据访问过程，帮助用户正确选择数据访问方式，同时通过构建索引、设计新的查询语言处理器，提高泛结构化数据访问的效率、稳定性和可维护性。

系统建立完成后，用户仅需通过接口传递符合协议的 JSON 字符串即可进行数据的获取和操作，无须关注底层数据如何调度，为后续数据分析提供数据基础。

6.3.4　非结构化原始数据的管理

原始数据的管理与调度是非结构化数据管理的关键，可以根据需要将所有需要入库的各种资料进行存储，有两种解决方案。

1. 采用 BLOB 方式全部存放在 Oracle 数据库中

BLOB 是 Oracle 包含的大型对象（LOB）类型中的一种。Oracle 内置的 LOB 数据类型 BLOB、CLOB、NCLOB（存储在内部）和 BFILE（存储在外部）可以存储大型非结构化数据，如文本、图像、视频和空间数据等，能够高效、随机、分段地访问和操作数据。BLOB、CLOB 及 NCLOB 的数据大小可以达到 4 GB×（LOB 存储块参数的值）。如果数据库中的表空间是标准块大小，并且在创建 LOB 列时使用了 LOB 存储块参数的默认值，那么它所能存储的大小相当于（$2^{32}-1$ 字节）×（数据库块大小）。BFILE 数据最多可以存储 $2^{64}-1$ 字节，不过这个最大值一般会受到操作系统的限制。

CLOB 数据类型存储单字节和多字节字符数据，NCLOB 数据类型存储 UNICODE 类型的数据，两者均支持固定宽度和可变宽度的字符集。

BLOB 数据类型存储非结构化的二进制数据大对象，它可以被认为是没有字符集语义的比特流，一般是图像、声音、视频等文件。

BFILE 数据类型是二进制文件，存储在数据库外的系统文件，只读属性的，数据库会将该文件当二进制文件处理。

对比 4 种类型，显然 CLOB、NCLOB 主要存储字节数据，而非结构化数据多为二进制数据，并不适合。BFILE 只支持读，不支持写，对文件的写需要在本地进行操作，同时关联数据库容易发生本地与数据库的不一致性。而 BLOB 的设计就是用来存储非结构化的二进制数据大对象，能够很好地满足要求。

SQL BLOB 是一种内置类型，它将二进制大对象作为列值存储在数据库表的一行中。默认情况下，驱动程序使用 SQL 定位器（BLO）实现 BLOB。

服务器在接收到用户传输过来的 JSON 数据后，需要解析其中的文件信息与文件，文件需要通过 Base64 编码进行解析。解析完之后我们需要通过对不同的文件采用不同的方式进行数据提取，供后面的 Lucene 分词使用。因为数据库的文档数据记录表中的文档位置字段对应了原始文件记录表中的文件编号字段，是其外键，所以需要进行文件的存储。首先获取数据库连接，创建 BLOB 对象，将文件转换为 BLOB 二进制对象，通过 PrepareStatement 进行 SQL 组合，将数据插入原始文件记录表中，然后获取其返回的自增主键。然后编写文档数据记录数据，并将文档位置添加到里面去，生成 SQL 语句，并将其插入到数据库中。

2. 文档的描述信息存放在 Oracle 数据库中，文件的内容信息存放在 HDFS 上

HDFS 是 Hadoop 抽象文件系统的一种实现。Hadoop 抽象文件系统可以与本地系统、Amazon S3 等集成，甚至可以通过 Web 协议（WebHDFS）来操作。HDFS 的文件分布在集群机器上，同时提供副本进行容错及可靠性保证。例如，客户端写入读取文件的直接操作都是分布在集群各个机器上的，没有单点性能压力。运行在 HDFS 上的应用程序采用流式的数据访问方式。HDFS 基于这样的一个假设：最有效的数据处理模式是一次写入、多次读取数据集，经常从数据源生成或者拷贝一次，然后在其上做很多分析工作。分析工作经常需要读取其中的大部分数据。因此读取整个数据集所需时间比读取第一条记录的延时更重要。HDFS 是一个高度容错性的系统，能够运行于商业硬件上。可运行于普通商用机器（可以从多家供应商采购）。在集群中（尤其是大的集群），节点失败率是比较高的，HDFS 的目标是确保集群在节点失败的时候不会让用户感觉到明显的中断。

单纯使用数据库进行非结构化数据的管理在大数据的情况下可能会存在负载过高等问题，因此需要借助 HDFS 进行管理，但是如果只是使用 HDFS 进行数据存储，则对数据的约束性和确定性较差，难以实现精准的操控。因此这里提出了在大数据的情况下，文档的描述信息存放在 Oracle 数据库中，文件的内容信息存放在 HDFS 上，即使用 Oracle 来存储部分数据，同时管理 HDFS 上的文件内容信息，如图 6.9 所示。

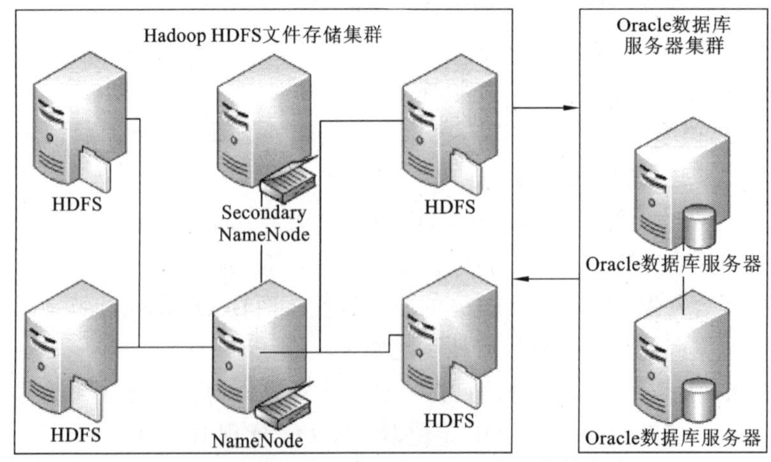

图 6.9　非结构化 Oracle 与 HDFS 交互存储方式

非结构化数据的基本信息全部存储于关系型数据库中，通过“文档编号”或“文档标题”在 Oracle 数据库中找到对应的“文档位置”、“资源位置”或“文档摘要”等信息，之后基于数据访问接口查找到存储在 HDFS 中的相关数据。

6.4　军事地质时空数据管理模型

军事地质信息系统中静态地记录和显示地质空间的地层结构、矿床分布、井巷开挖等地质环境情况，其实质是表达地质勘查或开发工作在某个特定时期的状态。然而，随着地质工作中大量传感器实时监测等高新技术的应用，在实际工作中通常要考虑一段时间内地质对象状态的空间和属性变化情况，或者需要及时地对勘查或开发过程中的实时信息进行处理，构建实时的地质信息系统，加强对地质过程和环境变化的分析和研判。这个过程中所形成的动态+静态、多源异构的海量数据构成了地质大数据的基础，并促使地质信息系统的研发和应用向智能化的阶段迈进(周永章 等，2017；吴冲龙 等，2016；黄少芳 等，2016；赵鹏大，2015；严光生 等，2015)。对于记录地质对象变化的地质时空数据需要针对性地进行数据管理模型研制。

地质时空过程是指某个时间段内，某个地质对象或对象集合随着时间推进而演变的历程，是具有多时间粒度的产生事件和响应事件的过程。现有的基于事件和事件驱动的时空数据模型，在表达具体地质时空过程时，虽然能够表达时空变化的因果关系，却不能表达引起事件变化的诸多内部因素，不能描述发生事件间的关系，而且事件类型难以从具体过程中抽提。针对这些问题，本节介绍了面向地质过程分析的时空数据模型，能够支持“动态过程模拟和实时表达”和大规模地质时空数据管理，具体包括：①建立能够描述在自然地质过程（地层构造演化、塌陷、滑坡、泥石流监测等）和地质开发过程（资源开采或地质工程）中，不同空间对象在时空变化条件下的统一概念模型和逻辑模型；②根据所设计的上述概念模型和逻辑模型，定制模型的物理存储方案（刘刚 等，2020；田善君，2016；阙翔，2015）。

6.4.1　地质时空大数据表达的概念模型

1. 地质时空数据模型概念框架

针对地质空间对象的几何、属性、空间关系、语义表达等综合表达问题，该概念模型由时空过程类、地质对象类、事件类、状态类、要素类、观测类及地质模型类组成。事件是由对象定期或者不定期根据观测数据或者其他逻辑判断等条件产生的。结合地质时间、空间、变化及动态采掘和监测等一般地质过程的特点，提出一种面向动态过程模拟和实时表达的地质时空数据模型，其概念模型共分为四层（图 6.10），分别为时空过程模型层、几何模型层、模型及尺度层、语义层。时空过程模型层：在通用时空 GIS 模型基础上，结合地质事件多因素驱动模型及其代理对象构成，扩展模型核心部分。几何模型层：提供实体对象空间和形态的几何表示，扩展模型基础的部分。模型及尺度层：基于前两者，根据应用需求构建支持多时空尺度的四维时空地质模型。语义层：借助时空地质对象，表达时间、空间和地质专题语义。四个层次相互依赖、相互协调，自底向上逐步构建，能够较全面地支持多尺度的地质空间对象、多层次观测数据接入、多级别事件和多时间粒度的复合时空过程的表达。

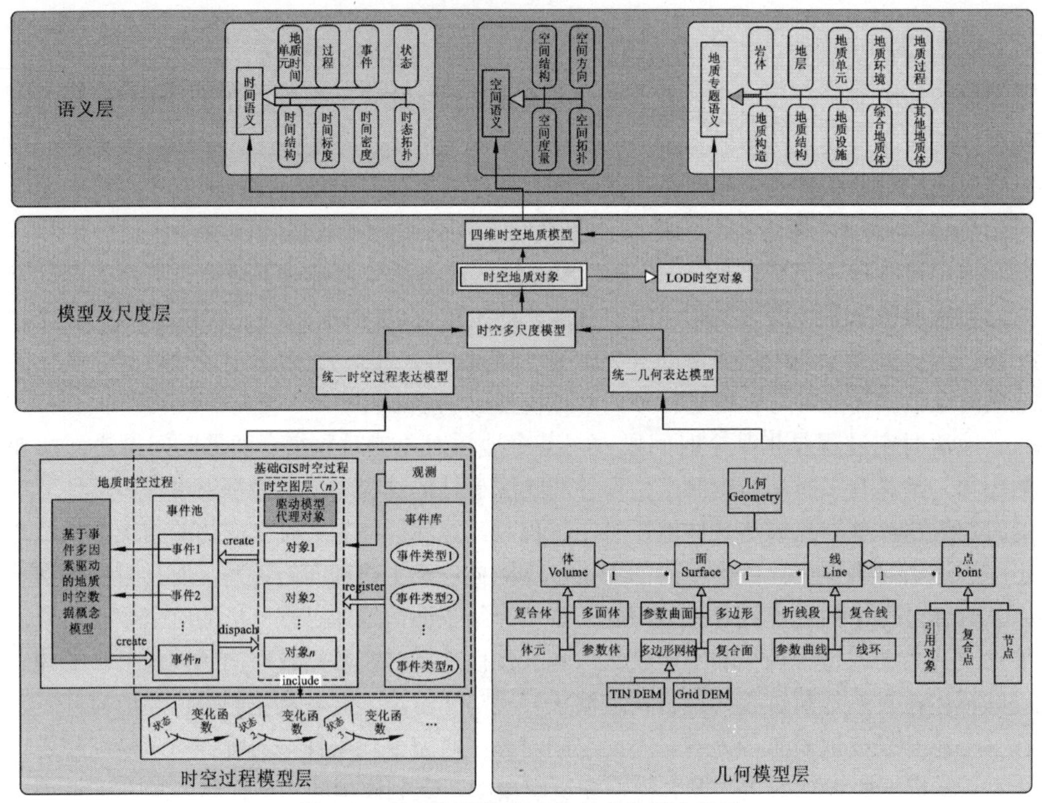

图 6.10　地质时空数据表达的总体概念模型

时空过程模型层的主要概念描述如下。

（1）地质对象（geological object）：现实世界的地质空间环境中，作为地质现象分析、地质过程研究客体的人工或自然形成的、有明确或者不明确几何边界的物体或现象。

（2）地质事件（geological event）：是地质对象（集合）的非正常变化引起的地质时空过程演变。事件由地质对象或地质事件多因素模型触发，并由过程分发给注册的能对该事件响应的地质对象或多因素驱动模型代理对象，接收事件的对象根据接收的事件，按照一定的机理，做出响应。地质事件划分为原子事件和复合事件。原子事件是指在过程模拟中最先创建的未经过地质事件多因素驱动模型处理的事件（通常是直接监测到对象参数变化的事件）。复合事件是指原子事件至少经过一次多因素驱动模型处理的，通过模拟运算或依据约束规则被其他事件触发的事件。每个地质事件都含有一个事件的层次计数器和广度计数器，记录该事件在模拟过程中的层次级别和广度级别。

(3)地质事件多因素驱动模型对象(geological event multi-factor driven model object)：主要负责同事件池进行交互，维护事件队列，管理事件队列在地质事件驱动模型中的分发，以及维护管理模拟模型管理和约束规则管理所产生的发出事件队列。

(4) 地质时空过程 (geological spatiotemporal process)：某个时间段内，所研究的某个地质对象（集合）或地质现象随着时间推进而演变的历程。地质时空过程大致分为三类，简单时空过程、关联时空过程和复合时空过程。

(5) 状态 (state)：空间对象变化过程中，某个时刻的特征集合。

(6) 特征 (feature)：状态的组成部分，用于表达地理对象在该状态的空间和专题属性。

(7) 传感器 (sensor)：一种物理装置，能够探测、感受外接的信号、物理条件（如光、热、湿度）或化学组成（如烟雾），并将感知的信息传递给其他装置，通常由敏感元件和转换元件组成。

(8) 观测 (observation)：观察属性的行为。

(9) 变化函数 (change function)：根据行业科学计算或相关经验，利用已经观测的数值，在有效时间范围内，反映数值变化规律的函数。

2. 基于事件多因素驱动的地质时空数据概念模型

龚建雅等 (2014) 提出了实时 GIS 时空数据模型，分析借鉴了以往各种类型的时空数据模型的优缺点，全面考虑了地理时空过程中各种地理要素的特点及存储管理要求。这一模型采用面向对象的设计思想，使得模型具有良好的可实现性和扩展性，为各个领域的扩展应用提供基本框架（如图 6.10 中“基础 GIS 时空过程”的虚框线内模型所示）。本节所提出的面向地质大数据表达的时空数据模型采用面向对象、基于事件的思想在实时 GIS 时空数据模型基础上进行了扩展。

为增强对地质系统演化、地质过程模拟等地质现象、地质过程的语义表达，给出了基于事件多因素驱动的地质时空数据概念模型(event multi-factor driven geological spatio-temporal data model，EMDGSDM)，如图 6.11 所示。

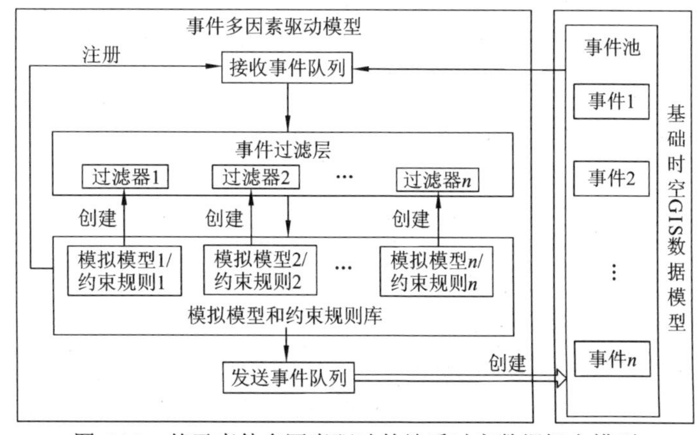

图 6.11　基于事件多因素驱动的地质时空数据概念模型

多因素是指地质过程发展中所涉及的多种相关影响要素或者变化过程。不同的因素触发不同的事件，这些事件又会作用于相应的对象，促使其改变当前状态。该模型类似于地质过程模拟分析相关事件的加工厂。各类事件进入该模型后，经过过滤、约束、模拟运算等“工序”加工后，可以生成一些更高层次级别和广度级别的事件。各类事件由事件池按照时间的先后顺序进行统一存储管理，当事件池内的事件与事件接收队列中已注册的事件类型相符合时，将事件放入事件接收队列；事件接收队列中的事件经各个事件过滤器检验后记录；若某个事件过滤器需要的事件已经全部存在，从事件接收队列中提取相关事件，递交到模拟模型或者约束规则进行运算处理；模拟模型产生的结果以事件的形式存在，与其他事件一起由事件池进行存储管理。

该模型主要的运行机制描述如下。

（1）由用户向模拟模型库中装载时空过程模拟需要的模拟模型和约束规则。

（2）用户向模拟模型库装载模型和约束规则时创建相应的事件过滤器，并放入事件过滤层中。

（3）根据模拟模型库中的模型需要输入的参数及约束规则需要的输入事件，向接收事件队列注册所需接收的相关事件。

（4）当事件池中的事件满足接收事件队列需要的事件类型时，接收事件并放入接收事件队列中，并遍历事件过滤器事件到达。

（5）当事件过滤器所需事件全部到达时，从接收事件队列中获取相应的事件，传入事件过滤器对应的模拟模型或约束规则产生相应的结果。

（6）模拟结果以新事件的形式传出，如果属于接收事件队列已注册事件，则放回接收事件列表中，并放回到事件池中。

（7）当多因素驱动模型发出一些特殊事件（一般对象无法响应该类型事件），对象层中的多因素驱动代理对象接收此类事件，并对相应的特殊事件进行处理。

与一般的时空数据模型相比，它不仅可以解决地质过程中多对象状态同时变化的问题，而且可以处理多层级事件产生问题。该模型可以支持解决事件的层次、粒度划分、事件触发新的子过程、复杂地质时空过程的定量评估等诸多问题，能支撑多层次语义表达（简单时空过程、关联时空过程和多层次复合时空过程）的时空数据模型，处理历史观测数据、实时监测和模拟数据，而且支持动态过程的监测管理和实时可视化。

6.4.2 大规模地质时空数据存储管理的逻辑模型

1. 基于对象与事件的地质时空数据存储管理逻辑模型

采用面向对象与事件的思路，设计的地质大数据存储管理模型整体如图 6.12 所示。

在时空数据模型中，地质数据时空对象对数据进行分层次的管理，不同级别的时空对象，负责管理不同层次的系统内部或数据库中的存储空间；三种地质数据对象分别为一级对象、二级对象和三级对象，分别对应着数据库中表/集合、行/文档、单元格/字段层次的数据。其中一级对象可以包含若干二级对象，并负责对二级对象进行管理。二级

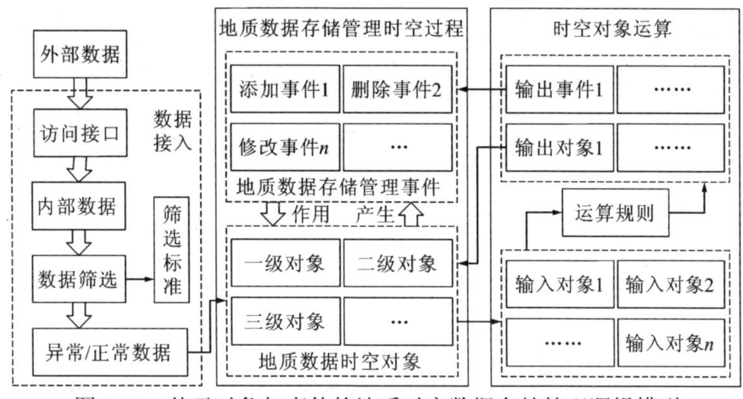

图 6.12　基于对象与事件的地质时空数据存储管理逻辑模型

对象可以包含若干二级对象和三级对象，并负责管理。地质数据存储管理事件主要借助地质数据时空对象产生，包括添加事件、删除事件、修改事件等，并可以作用到其他的地质数据时空对象；地质数据存储管理事件被递交到系统内相关的地质数据时空对象后，时空对象可以根据所接收到的地质数据存储管理事件，对自己所管辖的数据库空间进行操作，完成地质数据的存储管理；地质数据时空对象和地质数据存储管理事件由地质数据存储管理时空过程进行统一管理，事件的传递、接收、响应，推动着整个数据存储管理过程的运转。时空对象的运算将根据现有时空对象，生成新的时空对象。可将时空对象的运算划分为数据层的运算和地理地质实体对象的运算。数据的运算由数据库中各条数据的添加、修改、删除操作组合而成，是数据维护、筛选时的必要操作，也是提取新数据的手段；地理地质实体对象由数据组成，但层次要高于单条的数据，因而不能直接使用数据运算的方式。实体对象几何形态上的变化，可视为当前地理地质对象在某些规则的约束下，生成新的时空对象。

2. 基于系统工程库的管理结构

根据时空过程的概念模型框架，采用系统工程的思想，设计工程库管理结构（图 6.13），其主要功能为：总体上负责程序及各个过程协调运行，维护各种观测类信息、模型要素集和对象版本等配置数据。该设计结构能够使系统有效地利用观测类分发事件，保障事件经过多因素驱动模型加工后，作用于对象版本管理的地质要素集，并改变要素几何或属性状态这一流程顺利运行。从其管理内容上看，它除了能管理传统静态数据模型中的材质、纹理、地质要素、拓扑结构、LOD 模型、索引等信息外，还可以支持动态变化信息管理。具体可分为：空间对象模型管理、过程管理、观测管理、事件管理、版本管理和多因素驱动管理六大部分。

3. 地质时空对象管理

根据地质对象的空间特征及其在时空模型中的作用，将地质时空对象结构分为时空对象列表和时空对象操作两部分进行存储和管理。该结构具有两大特点：①时空对象管理，负责维护某时空范围内（或不同类型）的时空对象列表，并支持对象列表的状态

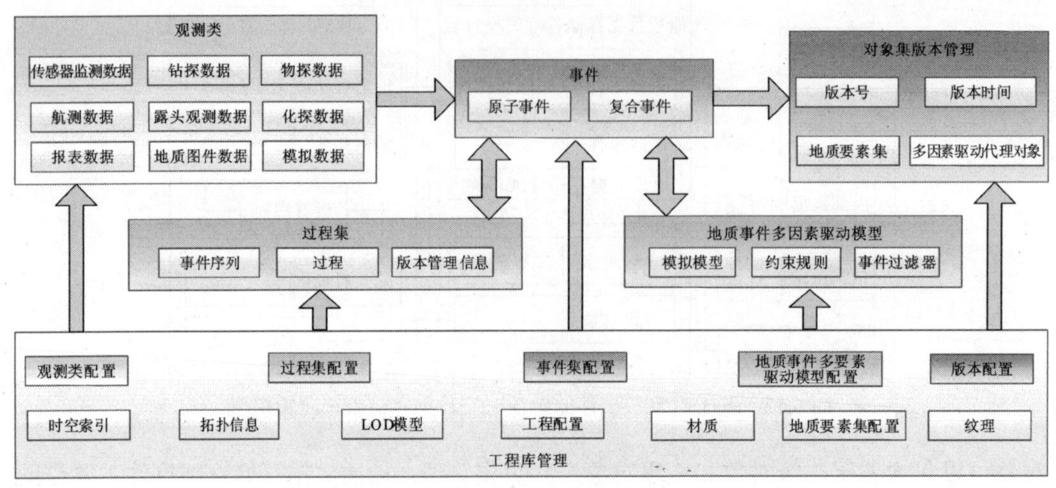

图 6.13　基于系统工程库的管理结构

操作、传感器观测绑定和事件响应等操作；②时空对象可以根据某一状态值快速检索相关联的几何模型和属性，操作相应地质对象模型。

时空地质对象（StGloObject）（如图 6.14 所示）是由地质空间类（GloSpatialObject）和地质时间类（GloTemporalObject）构成。

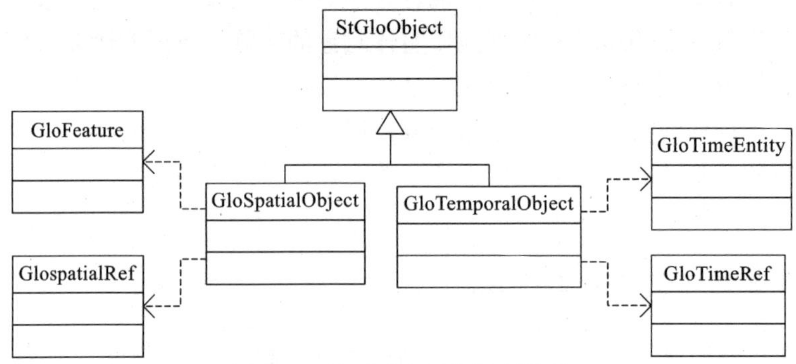

图 6.14　地质时空对象管理模型

地质空间对象（GloSpatialObject）是一个组合对象类，包含地质要素（GloFeature）和地质空间参考（GlospatialRef），前者描述地质要素的几何、纹理、材质、多细节层次等信息，后者描述空间参考系信息。其中，几何要素信息只有在一定的空间参考下才具有定位意义。

地质时间（GloTemporalObject）是一组合对象类，包含地质时间实体（GloTimeEntity）和地质时间参考（GloTimeRef），前者描述时间、日期、时间段或时间间隔等信息，后者描述时间参考系信息。考虑时间轴，GloTimeEntity 表达时间轴的特定部分，时间域通过 GloTimeRef 定义，而时间轴上的取值由 GloTimeEntity 定义。

6.4.3　地质时空数据模型设计

面向地质大数据存储管理的时空数据模型的首要任务是，同时适应于关系型数据库和非关系型数据库。时空数据模型的存在形式，应根据实际需要进行：有的用户可能不希望时空数据模型作为数据管理的唯一入口，则时空数据模型应作为一种方便挂载的模块存在；有时系统功能的实现十分依赖于时空数据模型，则时空数据模型则可能需要嵌套在系统内部。

1. 整体框架

分析地质数据的存储管理过程可以发现，只有在新的数据到来时，才需要对数据库进行添加、修改、删除等操作。这一机理与面向对象与过程的时空数据模型中事件与对象的作用原理类似。在该时空数据模型中，事件是驱动对象产生时空变化的因素，是时空过程维持运转的动力，如图 6.15 所示。

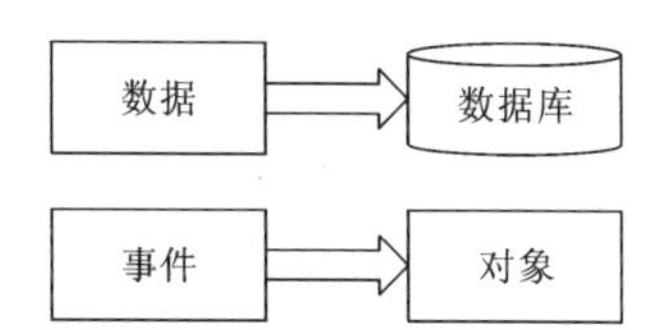

图 6.15　数据-数据库与事件-对象有着类似的对应关系

对于地质数据库而言，在没有新的地质数据产生时，地质数据库维持原有状态不变；通过接入新的地质数据，地质数据库进行添加、删除、更改等操作达到新的状态。因此，地质数据是驱动地质数据数据库产生时空变化的因素，是维持地质数据存储管理这一时空过程的动力。

因此，本节采用面向对象与过程的理论思路作为时空数据模型的基础，其整体框架如图 6.16 所示。

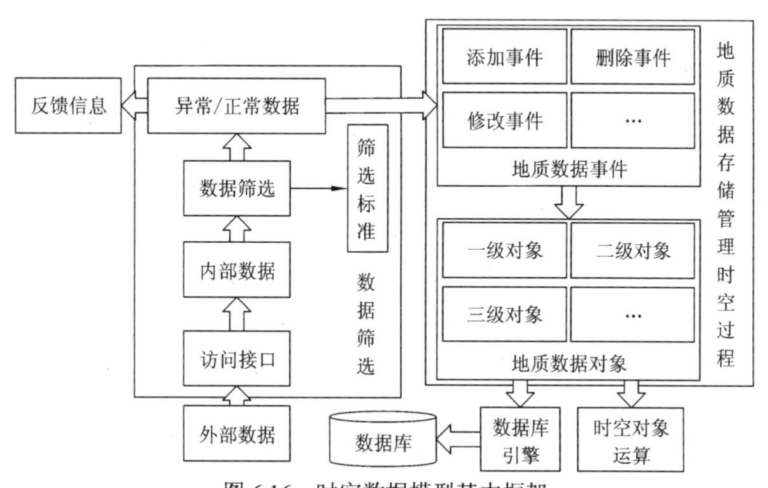

图 6.16　时空数据模型基本框架

时空数据模型的主体由地质数据对象与待存储管理数据提取转化得到的地质数据存储管理事件组成，整个流程由地质数据存储管理时空过程进行管理。

待入库的外部数据，由专门的访问接口进行读取，转换为系统的内部数据；内部数据可以存储于数据库的临时空间中，以方便在对内部数据进行处理时调用数据库提供的各项工具；转换得到的内部数据首先要根据预定义的筛选标准进行筛选，以区分出正常数据和异常数据；数据筛选完成后，需要将得到的异常数据信息反馈到数据提供者，提醒其对其中的异常进行修改；正常数据和异常数据在存储管理之前会被拆解为若干地质数据存储管理事件，包括添加事件、删除事件、修改事件等；地质数据存储管理事件被递交到系统内相关的地质数据对象。地质数据对象对数据库中的数据进行分层次的管理，并且可以根据所接收到的地质数据存储管理事件，对自己所管辖的数据库空间进行操作，完成地质数据的存储管理。

此外，在某些环节或应用中可能会涉及时空对象的运算，即根据现有时空对象，生成新的时空对象。大体上，可将时空对象的运算划分为数据层的运算和地理地质实体对象的运算。数据的运算由数据库中各条数据的添加、修改、删除操作组合而成，是数据维护、筛选时的必要操作，也是提取新数据的手段；地理地质实体对象由数据组成，但层次要高于单条的数据，因而不能直接使用数据运算的方式。

例如，在多种时空数据模型中，会涉及时空对象变化部分的提取；许多以时空过程模拟为研究内容的时空数据模型，在应用阶段，都会涉及地理地质实体对象形态的变化，这些都可视为当前地理地质实体对象在某些规则的约束下生成新的时空对象，即时空对象的运算过程。

2. 地质数据对象

关系型数据库和非关系型数据库，其数据存储均有一定的层次性。例如，在一个关系型数据库实例中，数据首先被分为若干个表空间，每个表空间又被分为若干行，每一行又有若干个单元格。

地质数据对象的定义需要以便于管理数据库中的数据为目的进行，因此，本节设计了多层次的地质数据对象，与数据库的存储层次相对应。每个层次的地质数据对象只负责管理数据库中相应的存储层次。

非关系型数据库的存储层次与以 Oracle、SQL Server 等为代表的关系型数据表、列、行的存储层次有着一定的差异，这里以 MongoDB 数据库为例，其数据存储层次如图 6.17 所示。

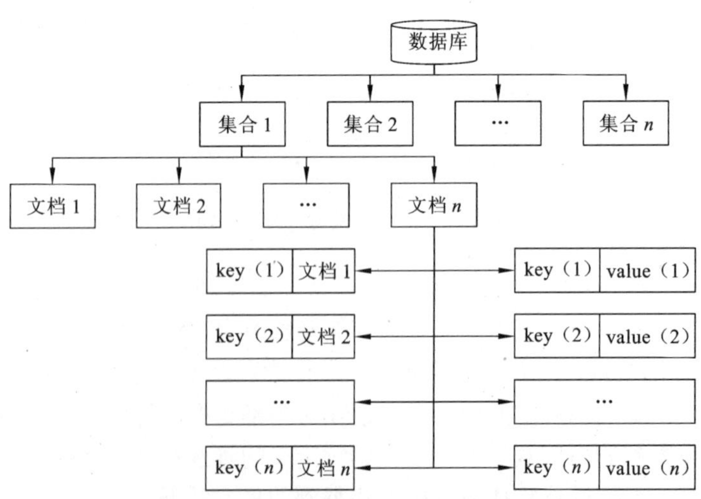

图 6.17 非关系型数据库数据存储层次

MongoDB 数据库中不同的存储结构层次分为集合（collection）、文档（document）、字段（field），集合中包含若干文档，文档中包含若干字段。

字段是 MongoDB 数据库中的最小存储单位，以键-值对（key-value pair）的形式存在。其中 key 必须为字符串类型，value 可以为基本类型，如 string、int、float、timestamp，binary 等，也可以为数组类型，也可以是一个文档。字段中的 value 类似于关系型数据库中的单元格，key 类似于单元格的字段名（即列名）。

多个字段有序地放置在一起构成一个文档。除了用户添加的字段外，每一个文档都有一个系统分配的 ID 进行唯一性标识。文档是 MongoDB 中数据的基本单元，关似于关系型数据库中的行，但比行要复杂。关系型数据库中同一表中的两个行需要具有相同的结构，而 MongoDB 数据库中同一集合内的两个文档被允许具有不同的结构。

放置在一起的一组文档构成集合。集合类似于关系型数据库中的表，不同的是关系型数据库中的表需要定义固定的结构，而集合不需要定义任何模式。

多个集合一起构成一个 MongoDB 数据库。

关系型数据库和非关系型数据库可以被大致分为三个层次：表/集合，行/文档，单元格/字段。

本节定义三种地质数据对象分别为一级对象、二级对象和三级对象，分别对应着数据库中表/集合、行/文档、单元格/字段层次的数据，如图 6.18 所示。其中一级对象可以包含若干二级对象，并负责对二级对象进行管理。二级对象可以包含若干二级对象和三级对象，并负责管理。

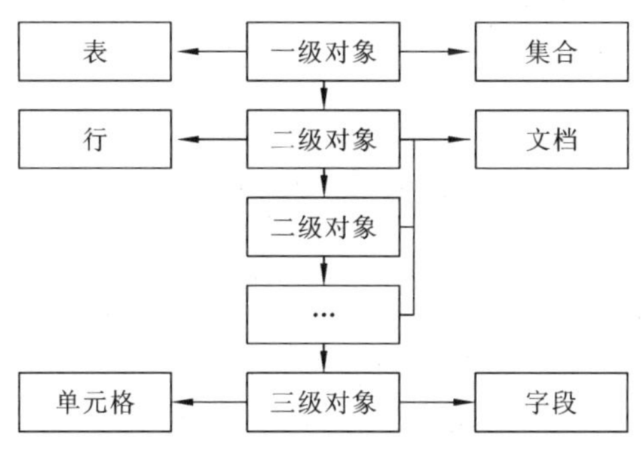

图 6.18　地质数据对象结构层次

一级对象的结构组成如图 6.19 所示。每一个地质数据对象都应该有一个标识符，以与其他对象进行区分。标识符可以是字符串，也可以是数字，随着用户的需求而改变。一级对象与关系型数据库中的表和非关系型数据库中的集合相对应，因此，需要定义一个成员变量用于存储其所负责的表或集合的名称。需要定义一个成员列表，用于存储当前一级对象管理的二级对象的索引或是标识符信息。某些情况下，历史数据被当作重要的备份，因此需要定义一个历史数据列表。此外，一级对象应当具备对表和集合进行操作的功能，通过响应地质数据存储管理事件参与到时空过程中。

二级对象的结构组成如图 6.20 所示。与一级对象类似，二级对象也需要一个对象标识符与其他对象进行区分。一级对象对应一张表或是一个集合，因此只需要一个成员变量存储表或集合的名称。而二级对象对应着多个行或文档，因此需要定义一个列表用于存储其负责管理的行或文档的主键信息。与一级对象只能管理二级对象不同，二级对象除可管理三级对象外，还可管理若干二级对象，因此需要各定义一个二级对象列表和三级对象列表，用于存储其负责管理的二级对象和三级对象的索引信息或是标识符信息。与一级对象类似，二级对象也需要一个历史数据列表用于存储历史数据。此外，二级对象应当具备对行或文档进行操作的功能，以响应地质数据存储管理事件，参与时空过程的运转。

三级对象的结构组成如图 6.21 所示。三级对象也有一个标识符以与其他对象进行区分。二级对象负责管理行内的单元格或是文档中的字段，因此需要一个字段列表用于记录相应的字段信息。三级对象以下不再有更低层次的对象，因此不需要定义次级对象列表，但是用于记录历史数据的历史数据列表仍然是需要的。此外，三级对象应当具备对字段进行操作的功能。

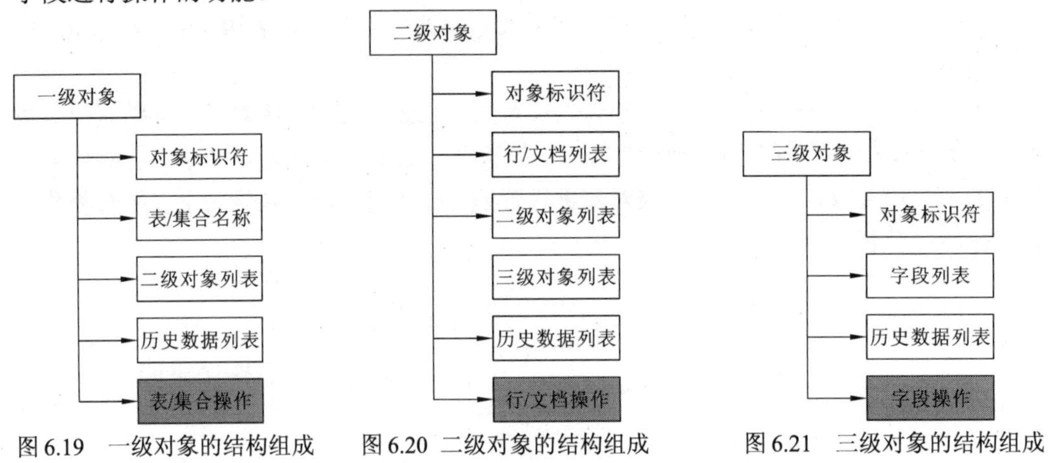

图 6.19　一级对象的结构组成　图 6.20　二级对象的结构组成　图 6.21　三级对象的结构组成

3. 地质数据存储管理事件

在处理地质数据存储管理的过程中，数据操作方式主要有三种：将新的数据添加到数据库中、将旧有数据从数据库中删除、修改数据库中原有数据。三种数据库操作行为的背后，一般存在相应的地质数据进行驱动。在时空数据模型中，视驱动数据库操作行为产生的地质数据为地质数据存储管理事件，并可以划分为三种：添加事件、删除事件和修改事件。

视当前数据库中的数据为上一版本，数据提供者再次提交的数据为下一版本，则通过对比两个版本的数据，可以总结出三种地质数据存储管理事件产生时的条件，即哪些数据会产生何种的地质数据存储管理事件。对于存在于上一版本而不存在于下一版本中的正常数据和异常数据，不同的用户根据数据处理情况的不同存在着不同的选择，有的用户会选择删除这两部分的数据，而有的用户则会选择保留这两部分的数据。与之对应的，地质数据存储管理事件的产生也会有两种不同的情况：前者会产生删除事件，后者不会产生任何事件。本节以前一情况为前提，开展后续分析。

各种数据变化情况与其所产生的地质数据存储管理事件如图 6.22 所示。

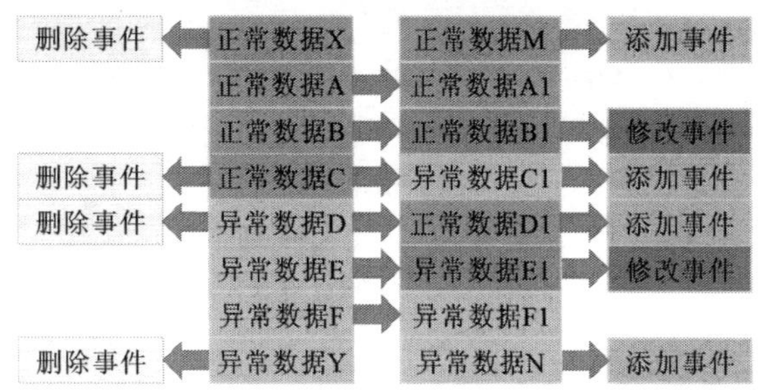

图 6.22　地质数据存储管理事件产生条件

从图 6.22 中可以看出，与正常数据删除事件产生有关的数据有：只存在于前一版本中的正常数据；被修改为后一版本中异常数据的前一个版本中的正常数据。与正常数据添加事件产生相关的数据有：只存在于后一版本中的正常数据；由前一版本中异常数据修改而来的后一版本中的正常数据。与正常数据修改事件产生相关的数据有：由前一版本中的正常数据修改得到的后一版本中的正常数据。

与异常数据删除事件产生相关的数据有：只存在于前一版本中的异常数据；被修改为后一版本中正常数据的前一个版本中的异常数据。与异常数据添加事件产生相关的数据有：只存在于后一版本中的异常数据；由前一版本中的正常数据修改得到的后一版本中的异常数据。与异常数据修改事件产生有关的数据有：由前一版本中的异常数据修改得到的后一版本中的异常数据。

一般情况下，修改事件可以被分解为删除事件和添加事件，如图 6.23 所示。

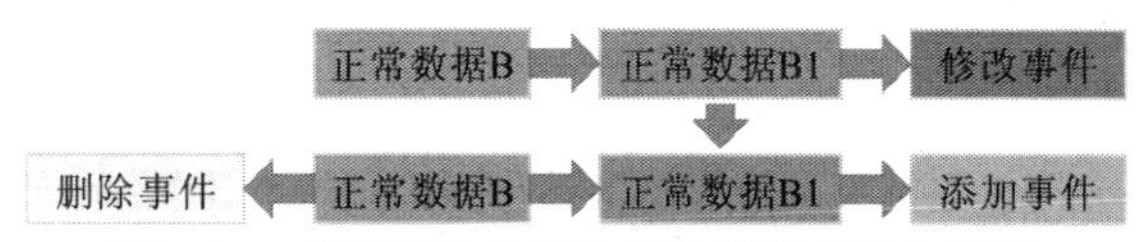

图 6.23　修改事件分解为删除事件和添加事件

上一版本中的正常数据 B 被修改后变更为下一版本中的正常数据 B1，因而导致正常数据修改事件的产生。将该修改事件分解为删除事件和添加事件后，删除事件用于从数据库中删除上一版本中的正常数据 B，添加事件用于向数据库中添加下一版本中的正常数据 B1，其结果也完成了正常数据 B 向正常数据 B1 的转变。与此类似的，可将异常数据修改事件分解为异常数据删除事件和异常数据添加事件。

将修改事件分解后的各数据变化情况与其所产生的地质数据存储管理事件如图 6.24 所示。

在地质大数据存储管理过程中，数据存储管理事件的类型和提取方法千差万别，随研究目的和应用领域的不同而不同。本节仅就其中一种可能的情形进行说明，同时也为其他情况下的地质数据存储管理事件的定义和提取，提供了思路。

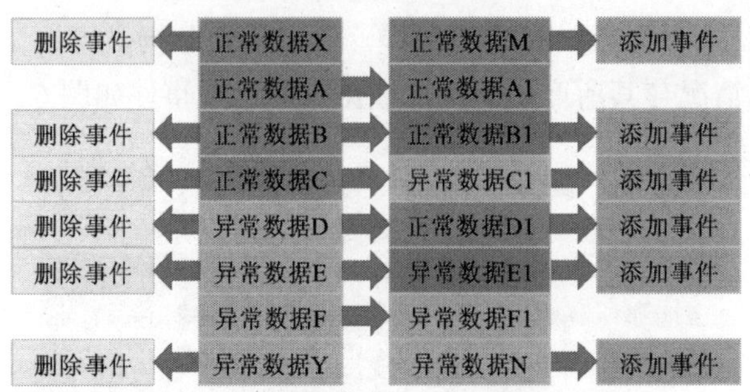

图 6.24　地质数据存储管理事件的产生

4. 地质数据存储管理时空过程

在某些论文中，将地理地质现象中所包含着的地理地质对象沿着时间轴变化的过程称为时空过程。对于地质数据存储管理过程而言，将待存储管理数据、数据库中现有数据、数据库的管理者等都可看作对象，在这些对象的相互作用下，数据库中的数据经添加、修改、删除等操作，不断更新为新的状态，可将这一过程视为地质数据存储管理的时空过程，如图 6.25 所示。

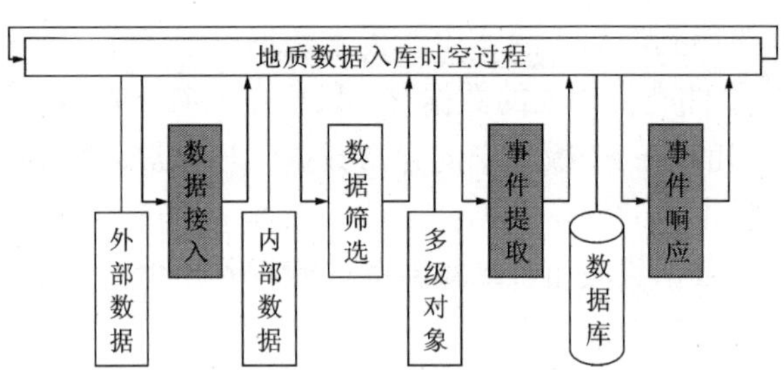

图 6.25　地质数据入库时空过程的结构组成

地质数据存储管理时空过程是一个不断循环的过程，由若干阶段组成，包括数据接入、数据筛选、事件提取、事件响应等；每个阶段中，时空过程利用当前阶段预定义的方法对当前阶段所涉及的数据、对象或数据库进行处理。当所有的阶段都执行完成后，时空过程会回到开始的阶段，进行一个新的循环。若某一阶段运行过程中因遇到异常情况而中断，时空过程需要等待异常排除后，继续当前阶段，或是重新开始当前时空过程，一般不能跳过当前阶段而执行下一阶段。

时空过程在软件系统中也是作为一个实例而存在，具有一定的数据结构和功能，如图 6.26 所示。

时空数据模型的整个运转过程都有时空过程的参与，因此，时空过程的数据结构组成较为复杂。外部数据信息：主要用于存储外部数据的存放路径、外部数据的文件名称、外部数据的格式等。筛选规则信息：主要用于存储导入的数据在使用前应执行的数据筛选规则，或是数据筛选规则存储的位置信息。事件提取信息：主要用于存储地质数据存储管理事件的具体提取方案，或是提取方案存储的位置信息。对象信息：主要包括系统中所涉及的地质数据对象，以及各对象所能接收响应的事件类型等。数据库信息：主要包括数据库的地址、数据库的名称、用户名、密码等信息。

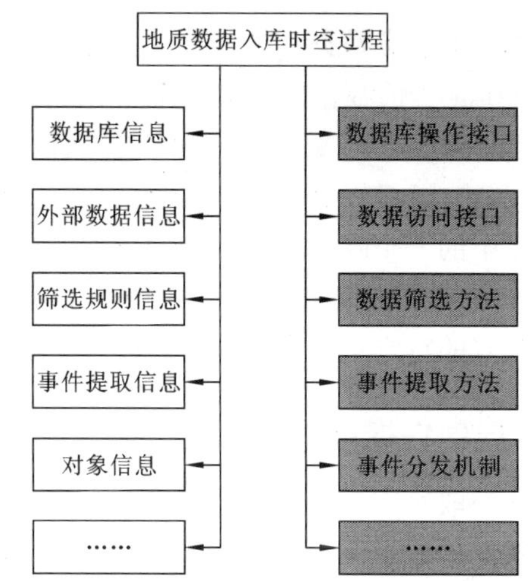

图 6.26　地质数据存储管理时空过程数据结构与功能

需要为时空过程设计相应的功能函数，对上述成员数据进行维护管理。数据访问接口：根据当前接入外部数据的路径、格式等，实现外部数据的导入、转换。数据筛选方法：根据与当前数据相应的筛选规则，对导入的数据进行筛选、分类，实现正常数据和异常数据的分离。事件提取方法：根据事件提取方案，利用分离的数据进行各类地质数据存储管理事件的提取，并将提取完成的事件存入相应的存储空间。事件分发机制：根据各类地质数据对象所能接收响应的事件类型，将提取完成的相应事件分发到特定的地质数据对象。数据库访问接口：根据当前数据库信息，完成到数据库的连接，为地质数据对象、事件等对数据库的访问提供服务。

5. 数据接入

地质数据的接入，需要满足多种文件格式的需求，包括表格化的结构化数据和字段长度可变的非结构化数据。针对特定的文件格式，需要借用或是自己编写操作访问接口。

以结构化数据为例，许多地质数据都会被存储于 Excel 表格中。在 C++编程环境下对 Excel 文件的读写，有许多工具可供选择，但这些工具往往需要移植后才能在特定的软件平台上运行。

此外，在各种语言的编程环境下，都可以对文本文件进行较为便捷地读取。其他如图像、声音、视频、三维模型、图件等非结构化数据，一般都有相应的读取工具可以选择。

6. 数据筛选

数据筛选的主要目的是区分出数据源中的正常数据和异常数据，并将其中的异常数据反馈给数据提供者，提醒其对异常进行处理。针对特定的数据库实例，需要制定一个特定的数据筛选方案，确定什么样的数据才能进入数据库中。一般需要从数据的格式、数据可否为空、数据的精度等多个方面综合制定筛选方案。

无论是结构化数据，或是非结构化数据，每一条数据都可以抽取出其中的一部分作为标识符，以与其他的数据进行区分，称为主键。主键可由数据中的一个或多个字段组成，可以唯一地标识数据集中的一条数据。

在数据筛选时，首先要确定当前数据的主键，并对主键进行检查，包括：是否为空、是否重复等。主键存在异常的数据，需要立即向数据提供者进行反馈，经修正后方可执行后续操作。

可以将数据置于数据库中的一个临时空间，利用数据库提供的各项工具对内部数据进行筛选，可大大提交工作效率和准确度。筛选出的异常数据除要提交给数据提供者进行反馈外，也需要利用数据库的特定空间进行备份，以方便后续的对比、维护等操作。

7. 地质数据存储管理事件提取

地质数据存储管理事件提取时需要通过对比前后两个版本的数据，找出产生相应事件的数据，然后利用所得数据构建事件。事件在构建时，只需提取出各条数据的主键，这一过程可视为地质数据对象的运算。两地质数据时空对象在预定规则和方法下相互作用，产生新的地质数据对象，即地质数据存储管理事件。

以前一版本数据作为横轴，以后一版本数据作为纵轴，有些数据同时属于前后两个版本，而有些数据则只属于其中一个版本，对比前后两个版本数据所得情况见表 6.3，数据编码如图 6.22 所示。

表 6.3　相邻版本地质数据对比情况

项目	前一版本正常数据	前一版本异常数据	NULL
后一版本正常数据	未修改的数据 A、A1，正常修改为正常的数据 B、B1	异常修改为正常的数据 D、D1	只存在于后一版本的正常数据 M
后一版本异常数据	正常修改为异常的数据 C、C1	未经过修改的数据 F、F1，由异常修改为异常的数据 E、E1	只存在于后一版本的异常数据 N
NULL	只存在于前一版本的正常数据 X	只存在于前一版本的异常数据 Y	

对比前后两个版本所得不同类型的数据，对应着不同类型的地质数据存储管理事件，数据在前后两个版本中的分布情况与各类型地质数据存储管理事件对应关系见表 6.4。

表 6.4　各类型地质数据存储管理事件产生情况

项目	前一版本正常数据	前一版本异常数据	NULL
后一版本正常数据	NULL /正常数据修改事件	正常数据添加事件 &异常数据删除事件	正常数据添加事件
后一版本异常数据	正常数据删除事件 &异常数据添加事件	NULL /异常数据修改事件	异常数据添加事件
NULL	正常数据删除事件	异常数据删除事件	

由表 6.3 和表 6.4 可以看出，地质数据存储管理事件的产生，总是与同时处于前后两个版本中的数据，或是只处于一个版本中的数据有关。据此定义两个操作符号+和–，

以辅助地质数据存储管理事件的提取。

假设有两组数据 A 和 B。定义运算式 $A+B$ 的结果为数据 C，C 的主键同时存在于 A 和 B 中。定义运算式 $A-B$ 的结果为数据 D，D 的主键只存在于 A 中而不存在于 B 中。

分析表 6.3 和表 6.4 可以发现，所有的地质数据存储管理事件都可以借助前后两个版本中的数据和运算符-、+的运算结果进行提取。

前一版本正常数据+后一版本正常数据，所得结果如图 6.27 所示。

正常数据A → 正常数据A1
删除事件 ← 正常数据B → 正常数据B1 → 添加事件

图 6.27　前一版本正常数据+后一版本正常数据所得结果

前一版本异常数据+后一版本异常数据，所得结果如图 6.28 所示。

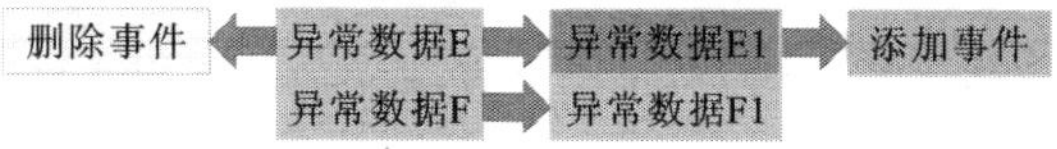

删除事件 ← 异常数据E → 异常数据E1 → 添加事件
异常数据F → 异常数据F1

图 6.28　前一版本异常数据+后一版本异常数据所得结果

从图 6.27 和图 6.28 中可以看出，前一版本正常数据+后一版本正常数据和前一版本异常数据+后一版本异常数据这两个运算式包含了并不需要进行处理的数据。因此需要定义第三个运算符*，运算式 $A*B$ 的结果为 E，E 的主键同时存在于 A 和 B 中，但除主键以外的数据存在不同。

在此基础上，本节总结了能够提取所有地质数据存储管理事件的运算式如下。

（1）前一版本正常数据*后一版本正常数据，所得结果如图 6.29 所示。

删除事件 ← 正常数据B → 正常数据B1 → 添加事件

图 6.29　前一版本正常数据*后一版本正常数据所得结果

（2）前一版本正常数据+后一版本异常数据，所得结果如图 6.30 所示。

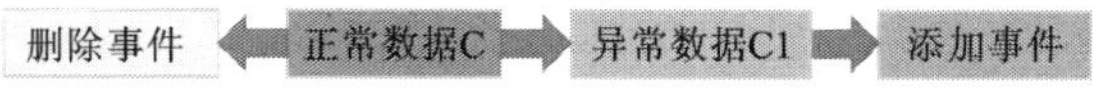

删除事件 ← 正常数据C → 异常数据C1 → 添加事件

图 6.30　前一版本正常数据+后一版本异常数据所得结果

（3）前一版本异常数据+后一版本正常数据，所得结果如图 6.31 所示。

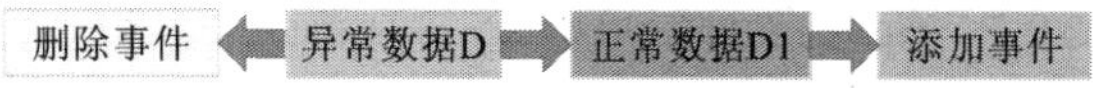

删除事件 ← 异常数据D → 正常数据D1 → 添加事件

图 6.31　前一版本异常数据+后一版本正常数据所得结果

（4）前一版本异常数据*后一版本异常数据，所得结果如图 6.32 所示。

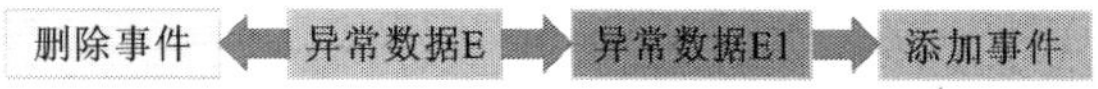

删除事件 ← 异常数据E → 异常数据E1 → 添加事件

图 6.32　前一版本异常数据*后一版本异常数据所得结果

（5）前一版本正常数据-后一版本正常数据，所得结果如图 6.33 所示。

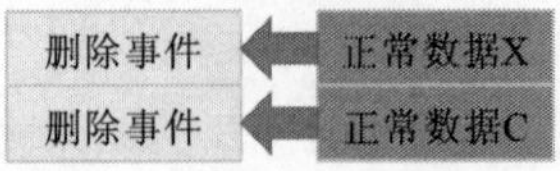

删除事件 ← 正常数据X
删除事件 ← 正常数据C

图 6.33 前一版本正常数据-后一版本正常数据所得结果

（6）后一版本正常数据-前一版本正常数据，所得结果如图 6.34 所示。

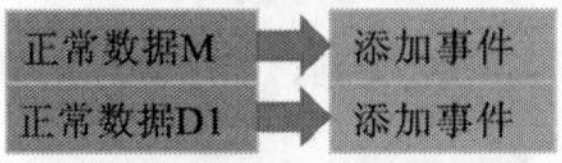

正常数据M → 添加事件
正常数据D1 → 添加事件

图 6.34 后一版本正常数据-前一版本正常数据所得结果

（7）前一版本异常数据-后一版本异常数据，所得结果如图 6.35 所示。

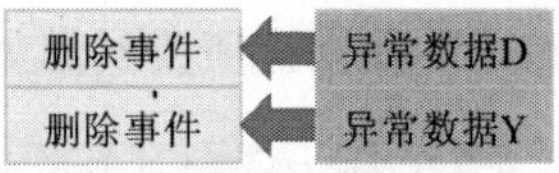

删除事件 ← 异常数据D
删除事件 ← 异常数据Y

图 6.35 前一版本异常数据-后一版本异常数据所得结果

（8）后一版本异常数据-前一版本异常数据，所得结果如图 6.36 所示。

异常数据C1 → 添加事件
异常数据N → 添加事件

图 6.36 后一版本异常数据-前一版本异常数据所得结果

统计各个运算式所得结果在前后版本数据中的分布情况，见表 6.5。运算式提取的数据中，前一版本中的正常数据和异常数据总是产生删除事件，后一版本中的正常数据和异常数据总是产生添加事件。

表 6.5 各运算式所得结果于前后版本中分布情况

编号	运算式	前一版本 正常数据	前一版本 异常数据	后一版本 正常数据	后一版本 异常数据
1	前一版本正常数据*后一版本正常数据	B		B_1	
2	前一版本正常数据+后一版本异常数据	C			C_1
3	前一版本异常数据+后一版本正常数据		D	D_1	
4	前一版本异常数据*后一版本异常数据		E		E_1
5	前一版本正常数据-后一版本正常数据	X C			
6	后一版本正常数据-前一版本正常数据			D_1 M	
7	前一版本异常数据-后一版本异常数据		D Y		
8	后一版本异常数据-前一版本异常数据				C_1 N
		正常数据 删除事件	异常数据 删除事件	正常数据 添加事件	异常数据 添加事件

从表 6.5 可以看出，8 个运算式可将涉及地质数据存储管理事件产生的数据全部提取，但会重复提取某些数据，涉及异常变更为正常或是正常变更为异常的数据 C、C_1、D、D_1 都会被提取三次。

因此，并不需要所有的运算式的结果都用来产生地质数据存储管理事件，各运算式及其可产生的存储管理事件见表 6.6。

表 6.6　各运算式与存储管理事件对应关系

编号	运算式	运算结果	产生的事件
1	前一版本正常数据*后一版本正常数据	B	正常数据删除事件
		B_1	正常数据添加事件
2	前一版本正常数据+后一版本异常数据	C	
		C_1	
3	前一版本异常数据+后一版本正常数据	D	
		D_1	
4	前一版本异常数据*后一版本异常数据	E	异常数据删除事件
		E_1	异常数据添加事件
5	前一版本正常数据-后一版本正常数据	X	正常数据删除事件
		C	正常数据删除事件
6	后一版本正常数据-前一版本正常数据	D_1	正常数据添加事件
		M	正常数据添加事件
7	前一版本异常数据-后一版本异常数据	D	异常数据删除事件
		Y	异常数据删除事件
8	后一版本异常数据-前一版本异常数据	C_1	异常数据添加事件
		N	异常数据添加事件

在地质大数据存储管理过程中，数据存储管理事件的类型和提取方法千差万别，随研究目的和应用领域的不同而不同。本节仅就其中一种可能的情形进行说明，同时也为其他情况下的地质数据存储管理事件的定义和提取，提供了思路。

8. 存储管理事件响应

地质数据存储管理事件提取完成后，由时空过程分发到相应地质数据对象进行响应。不同等级的对象对事件的响应方式各不相同，如图 6.37 所示。

一级对象在接收到分发的地质数据存储管理事件后，主要针对表或集合进行操作，操作的内容包括对表或集合进行备份，对表或集合的相关信息进行增加、修改、删除。

二级对象主要针对表中的行或集合中的文档进行操作，每个二级对象可以负责管理表中的多行数据或集合中的多个文档。在接收到地质数据存储管理事件后，二级可以对所管理的行或文档数据进行备份，添加若干新的行或文档，删除若干现存行或文档，或是对现有的行或文档中的数据进行修改。

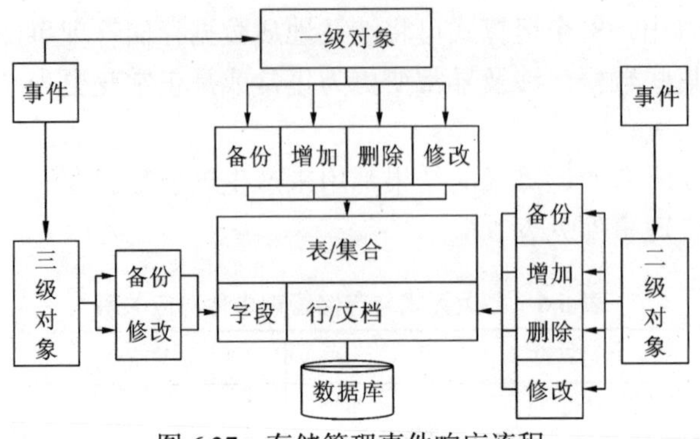

图 6.37　存储管理事件响应流程

三级对象主要负责管理行中的单元格或是文档中的字段，在收到地质数据存储管理事件后，三级对象只能进行备份或是修改的操作，而无法对当前单元格或字段进行增加、删除的操作。

9. 关键类定义

为了更清晰地表达时空数据模型中时空过程、数据对象等模块的结构及各模块间的关系，本节利用简要的 UML 类图对各个模块间的关系进行描述，关键类及其关系抽象如图 6.38 所示。

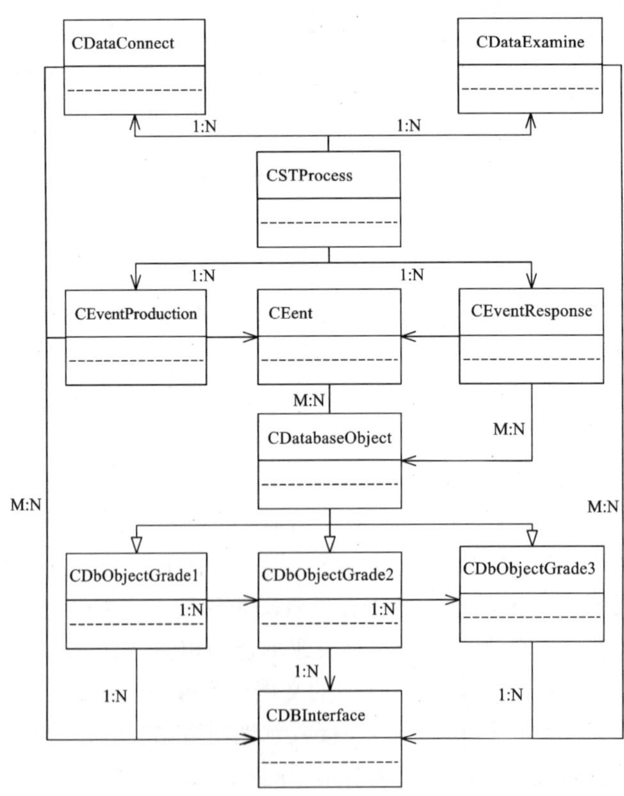

图 6.38　时空数据模型所包含关键类

各个类的设计与上文所述地质数据存储管理时空过程的各个阶段或数据存储结构相对应，较为关键的类包括时空过程类（CSTProcess）、数据接入类（CDataConnect）、数据筛选类（CDataExamine）、事件提取类（CEventProduction）、事件响应类（CEventResponse）、数据库接口类（CDBInterface）、事件类（CEent）、数据对象类（CDatabaseObject），其中（CDatabaseObject）类又派生出三个子类一级对象类（CDbObjectGrade1）、二级对象类（CDbObjectGrade2）、三级对象类（CDbObjectGrade3）。

在一个完整的地质数据存储管理时空过程中，可以存在一个或多个数据接入阶段、数据筛选阶段、事件提取阶段、事件响应阶段，而且这些阶段都由时空过程类进行管理，因此，CSTProcess 与 CDataConnect、CDataExamine、CEventProduction、CEventResponse 存在着一对多的关联关系。

数据接入和筛选阶段需要对数据库进行操作，而且一个特定的阶段可能用到不同的数据库接口，多个不同的阶段又可能用到同一个数据库接口，因此，CDataConnect、CDataExamine 与 CDBInterface 存在多对多的关联关系。

一个事件提取或响应过程可能涉及多个不同的事件，同一个事件又可能被多个事件提取或响应阶段涉及，因此 CEventProduction、CEventResponse 与 CEvent 存在多对多的关联关系。同时，事件提取过程中可能用到多个数据库接口，不同的事件提取过程也可能用到同一个数据库接口，因此 CEventProduction 与 CDBInterface 存在多对多的关联关系。事件响应过程中，需要将不同的事件分发给不同的数据对象，不同的事件响应过程可能将事件分发给同一个数据对象，同一个事件响应过程可能将事件分发给不同的数据对象，因此 CEventResponse 与 CDatabaseObject 存在多对多的关联关系。

一个数据对象可以接收响应多个事件，同一个事件也可以分发给不同的数据对象进行响应，因此 CEvent 与 CDatabaseObject 存在多对多的关联关系。

一级对象、二级对象、三级对象都由数据对象基类派生而来，因此 CDbObjectGrade1、CDbObjectGrade2、CDbObjectGrade3 与 CDatabaseObject 存在继承关系。

一个一级对象可以对应多个二级对象，一个二级对象可以对应多个三级对象，反过来则不可以，因此 CDbObjectGrade1 与 CDbObjectGrade2、CDbObjectGrade2 与 CDbObjectGrade3 存在一对多的关联关系。

一级对象、二级对象和三级对象都可以使用多个数据库接口对数据进行管理，因此 CDbObjectGrade1、CDbObjectGrade2、CDbObjectGrade3 与 CDBInterface 存在着一对多的关联关系。

第 7 章　军事地质数据服务技术体系

依托于云计算技术，构建一个面向多地质主题的一体化的数据云服务平台，提供统一标准的数据服务，是充分发挥数据作用和优化数据管理体系的重要环节，也是当前军事地质工作信息化发展的主流方向之一。针对地质数据管理的“信息孤岛”、数据中心建设中存在的分散重复建设、只注重基础设施即服务（infrastructure as a service，IaaS）建设及系统扩展性差等主要问题，以云计算理论框架中微服务体系结构和容器虚拟化为基础，给出了基于微服务体系结构和面向多地质主题的数据云服务平台建设的解决方案，重点解决微服务体系下地质数据模型分类方法问题，以及合理的服务粒度划分和地质数据服务在微服务体系下的可扩展性（横向和纵向维度）问题。

7.1　地质云平台建设概述

关于地质云平台（或被称为地质大数据平台）没有一个统一的标准定义，地质信息化相关领域的学者和研究人员在基于对云计算技术的理解与认识之上，综合地质信息科学的学科、领域和面临的问题同时，结合自身所面对的业务，提出了不同的地质云平台的建设方案与原型架构，为地质云平台的研究和开发提供了丰富的思路，同时在完善地质云平台的标准和定义方面做出了重要的探索（陈建平 等，2015；朱正平，2015；康承旭和汪新庆，2014；何文娜，2013；刘威，2013；诸云强 等，2013）。

何文娜（2013）从地质资料服务与管理集群化、产业化的思路出发，以求提升地质资料资源的处理、集成、共享及服务模式的转变。在基于已经建设的存储资源的基础上，采用中间件与接口技术来连接各个异构系统从而完成数据的集成与共享，构建“虚拟地质云”平台。该思路和方法的好处是能最大限度地利用现有的海量地质数据库，避免了大量的数据库重建设，节省人力与物力成本。但存在显著的问题，地质数据通常是机密数据，对安全性要求较高，而通过中间件很难保证数据在查询、浏览和传输中的安全性。针对地质图件等大块非结构化数据在没有建立有效的缓存基础上查询效率低下。

陈建平等（2015）提出的地质云建设就是在利用地质、地球物理、遥感、地貌、建筑、灾害、矿产、地球化学、地形、植被水文等地表的数字化地质数据（包括结构化和非结构化数据），以云计算背景下的地质数据应用与服务为主线，以云计算技术和地质产业发展为指导，以地质信息资源的挖掘为目的，在地质数据采集、集成、服务等相关技术的研发和聚合基础上，构建地质云。所构建“地质云”与当前基于互联网、物联网的其他领域云平台有所不同，地质学属于数据密集型科学，其数据具有多源、多元、异构、方向性、随机性、非线性等特征。除此之外，地质数据具有专业性和保密性，“地质云”是一种需要在专业局域网中构建的私有云。

针对地质环境信息服务与共享问题，诸云强等（2013）开展了中国地质环境信息服务平台的设计研究，提出了“分布集成、统一管理、集中服务”模式的地质环境信息云服务平台（如图 7.1 所示）。其中分布集成是指依托中国地质环境信息网络，形成国家-省（市）-区（县）3 个层级的分布式数据集成系统，实现地质环境数据的有序共享。统一管理指在分布式数据集成系统的基础上，构建数据服务支撑系统，为平台中的上层应用业务系统和第三方系统提供基础数据和功能服务。集中服务是指在前述两个系统基础上，构建面向地质环境智能感知、地质环境综合评价和地质环境一张图服务三个应用系统。

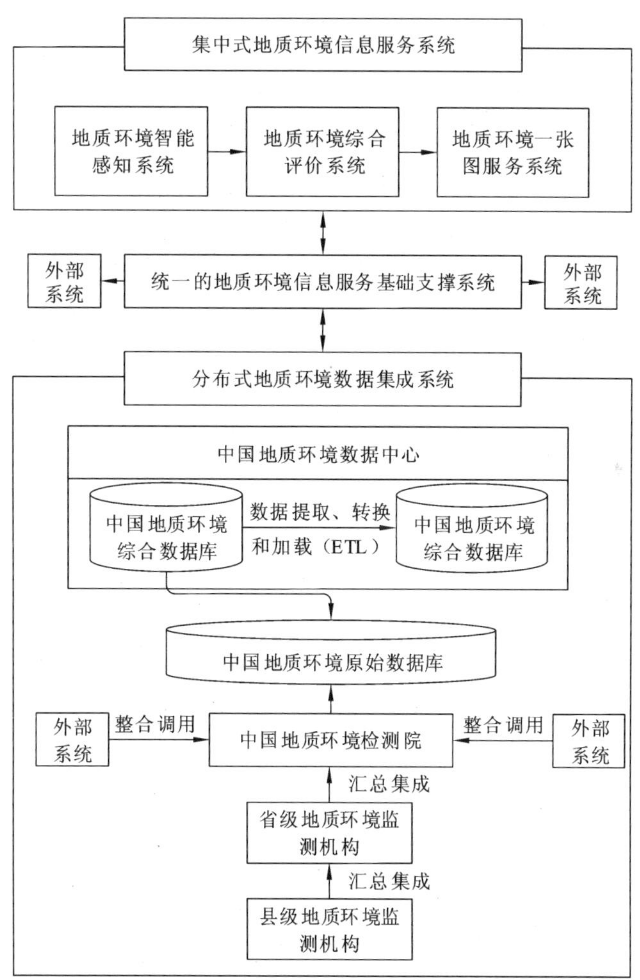

图 7.1　中国地质环境信息服务平台总体架构（诸云强 等，2013）

地质环境信息云服务平台的研究是在地质环境领域信息服务与共享的一次探索，该研究通过基于行政层级(国家-省-区)的分布式数据集成系统实现环境数据分级汇聚。该平台能较好地保证数据集成与服务的安全性和效率性，但是存在着扩展性不足的问题，只能解决地质环境领域数据集成与服务问题，很难在其他地质领域完成数据集成。

各行政层级数据集成系统数据模型一致，容易实现数据的分层汇聚，而在其他地质领域，存在着数据模型异构问题，无法简单通过数据集成系统 ETL 实现数据集成。

中国地质调查局提出“国家地质云”（地质大数据）建设技术方案，对于地质云的概念架构与总体内容组成做出了阐述，提出了基于物理隔离内网+外网的“混合云”体系架构，为地质调查内部和社会大众提供地质数据资源和软件资源。其总体目标要建成以高弹性、高效率、高可靠、高度智能化为特征的国际一流的地质大数据中心和地质云；全面实现已有地质数据共享和正在工作数据的动态共享（赵林林 等，2019）。

7.2　军事地质云平台结构

在构建军事地质云平台时，应充分考虑军事地质本身的特殊性：①数据严格保密性；②涉及主题类型众多，需要在不同的地质主题间进行数据的互联互通、充分共享；③需要大量的民用地质调查数据支撑；④军事地质主题层次内的业务实体（军事地质调查要素）需要不断扩展等特点。在总结以往关于地质云平台建设的基础上，结合军事地质业务的实际情况，进行地质云平台的体系结构设计。整个体系结构自上而下分为服务接口层、业务应用层和数据资源层、功能服务层、基础设施层，以及面向云计算地质信息规范与标准、地质云服务管理平台两个子模块，如图 7.2 所示。下面对各层的功能进行阐述。

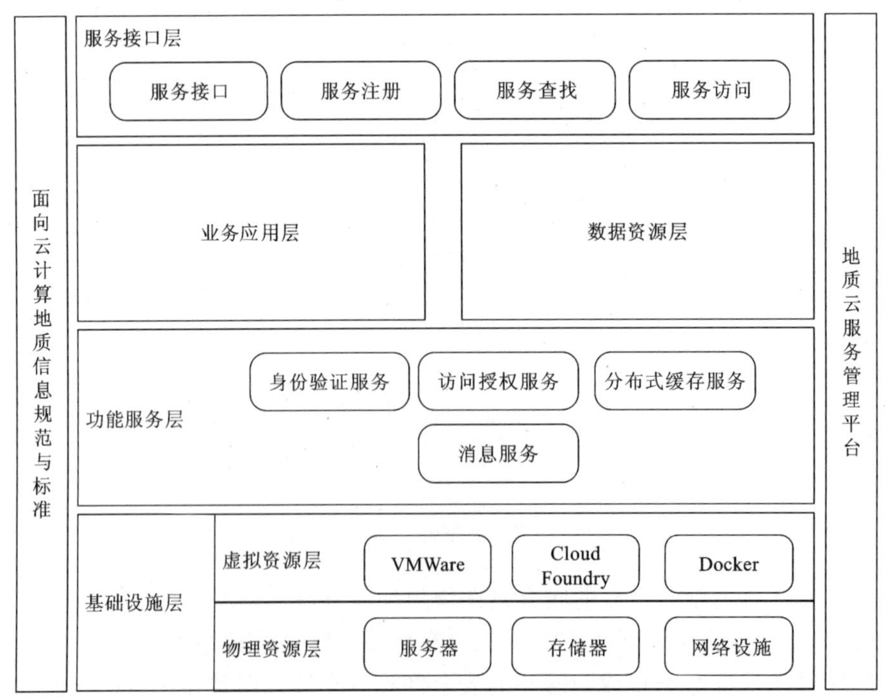

图 7.2　军事地质云平台概念体系架构图

（1）基础设施层：该层又分为物理资源层和虚拟资源层，前者是地质云平台系统运行的硬件基础设施，包括各类实体服务器（数据服务器、计算服务器）、存储器和网络设备等；后者是将物理资源层中的物理设备进行资源化，主要是基于操作系统、虚拟机及虚拟化工具，通过采用虚拟化技术，将分布式的物理资源整合成资源池，然后以服务的形式提供给用户使用，运行在资源池中的数据、服务和软件是脱离于物理资源的。使用这种方式，就有效实现了应用服务与物理资源的分离，屏蔽了物理资源层的细节，集合了物理资源，提高了物理资源利用的便捷性和效率。

（2）功能服务层：云平台中功能性的服务层，可以理解成云平台的内部服务层。该层的功能性服务提供给云平台中应用软件及服务模块，主要包括身份验证服务、访问授权服务、分布式缓存服务及消息服务，为系统提供服务运行管理环境和功能支撑。

（3）业务应用层：是负责云平台中的业务分析与处理。主要负责承担数据资源层和终端用户之间的桥梁。地质数据（特别是原始数据）本身并无明显特征，需要运用软件或者算法模块进行预处理、处理、分析与挖掘得出用户需要的结果展现。业务应用层中主要包括：地质云软件、相关算法单元及可视化应用，同样以服务的方式提供给用户。

（4）数据资源层：负责数据存储、管理与调度，为云平台提供高性能、契约化的数据资源服务。该层分为数据源层和数据集成层。数据源层负责数据源管理与抽象，通常数据源在物理结构上呈位置分散状态。数据源抽象指将数据服务接口和物理数据源隔离开来，使得数据访问逻辑与数据源的数据结构、数据格式及数据交换协议解耦；数据源管理指数据源的动态添加、删除等操作。数据集成层负责数据源的聚合。聚合是指多数据源的数据聚合，包括同构数据源与异构数据源聚合。聚合可以在两个数据库之间进行，也可以在一个数据库和一个 XML 文档之间进行。这让数据服务可以将结构化的数据和半（或非）结构化的数据组合起来。

（5）服务接口层：是与用户最为接近的层次，是用户访问和获取云平台中的资源的方式和途径。据上述可知地质云平台中的资源以服务的形式供用户访问，由于平台中的服务数量很多（数以百计甚至更多），为保障服务的质量水平及通过统一的入口方便用户进行服务查询，必然需要有一个中心化的组件完成对各个服务的整合，即将分散于各处的服务进行汇总。汇总服务信息包括服务模块名称、地址、数量等，当本组件内的某个服务的状态变化时报告至中心化的组件进行状态的更新。服务的调用方在请求某项服务时首先到中心化组件获取可提供该项服务的组件信息（IP、端口等），通过默认或自定义的策略选择该服务的某一提供者进行访问，实现服务的调用。

军事地质云平台体系架构的设计涵盖了云计算所涉及的基础设施、平台功能服务、数据资源管理和业务应用服务。自下而上，通过虚拟化技术（Docker、Cloud Foundry）管理数据和计算资源，通过功能服务（分布式缓存、消息服务）支撑平台业务应用与数据服务。该架构设计具有较好的普适性，通过业务应用层与数据资源层的划分，在一定程度上适用于各地质领域的数据和应用模式。

7.3　军事地质主题的微服务体系结构

7.3.1　微服务体系结构概述

微服务的起源是由 Peter Rodgers 博士于 2005 年在云端运算博览会提出的微 Web 服务（micro-Web-service）发展而来（Wikipedia，2017），Juval Löwy 则是与他有类似的想法，将类别变成细粒服务（granular services），以作为 Microsoft 下一阶段的软件架构，其核心想法是让服务是由类似 Unix 管道的存取方式使用，而且复杂的服务背后是使用简单 URI 来开放界面，任何服务，任何细粒都能被开放。这个设计在惠普的实验室被实现，具有改变复杂软件系统的强大能力。

2014 年，Martin Fowler 与 James Lewis 共同提出了微服务的概念（Wikipedia，2017），定义了微服务是由单一应用程序构成的小服务，自己拥有自己的行程与轻量化处理，服务依业务功能设计，以全自动的方式部署，与其他服务使用 HTTP API 通信。同时服务会使用最小的规模的集中管理（如 Docker）能力，服务可以用不同的编程语言与数据库等元件实现。

Balalaie 等（2016）认为微服务架构是一种原生云架构，旨在通过一系列小服务的方式实现软件系统，该方式极大地契合云计算平台特别是 SaaS 包容万象、按需扩展等特点。各个服务可独立的部署在操作系统异构、语言异构的云环境，运行在各自单独的进程中，服务之间通过轻量级机制（基于 RPC 或 REST 的 API）进行通信。

由以上的定义和描述可得，微服务架构是一种和云计算有着紧密联系的原生云软件架构，其核心思想是通过深度模块化结合服务的方法来设计软件系统。将应用程序细化为在结构上无关联的服务，各服务之间通过轻量级的通信协议进行交互协同以完成相对复杂的业务功能。此架构和云计算按需扩展的特点相结合，精准地在相应服务单元进行功能或业务扩展，避免整个系统/软件都扩展。

微服务运用了以业务功能的设计概念，应用程序在设计时就能先以业务功能或流程设计先行分割，将各个业务功能都独立实做成一个能自主执行的个体服务，然后再利用相同的协定将所有应用程序需要的服务都组合起来，形成一个应用程序。若需要针对特定业务功能进行扩充时，只要对该业务功能的服务进行扩展就好，不需要整个应用程序都扩展；同时，微服务是以业务功能导向的实作，因此不会受到应用程序的干扰。微服务的管理员可以视运算资源的需要来配置微服务到不同的运算资源内，或是布建新的运算资源并将它配置进去。

微服务的另一个对比是单体式应用程序（monolith）。单体式应用表示一个应用程序内包含了所有需要的业务功能，并且使用像主从式架构（client/server）或是多层次架构（N-tier）实作，虽然它也是能以分散式应用程序来实作，但是在单体式应用内，每一个业务功能是不可分割的。若要对单体式应用进行扩展则必须将整个应用程序都放到新的运算资源（如虚拟机器）内，但事实上应用程序中需要运算资源的仅有某个业务部分

（如分析报表或是数学算法分析），但因为单体式应用无法分割该部分，所以无形中会有大量的资源浪费的现象。

单体式应用向微服务架构的发展转变，除了上述因素外，还有一个主要的驱动力是微服务的按需应变的能力（on-demand capability），该能力具体的衡量指标为：①可重用性的需要（the need for reusability）；②分散化数据管理的需要（the need for decentralized data governance）；③系统自动化部署的需要（the need for automated deployment）；④系统内置模块可扩展性的需要（the need for built-in scalability）（Almonaies，2010；Knoche，2016）。

7.3.2　面向地质主题的微服务体系结构

采用微服务架构构建复杂应用系统，特别是分布式系统，具有优异的可扩展性和开发效率。这些优势和特性与面向地质主题的数据云服务系统的需求非常契合。所谓地质主题指地质学科或生产业务方面的应用主题，如从学科方面分为基础地质、矿产资源和能源、地球物理、地球化学、遥感、水文地质、工程地质、地质环境和地质灾害等，从生产业务方面分为钻孔数据管理、成矿-成藏条件评价、地下水评价、工程地质条件评价等。从总体来看，地质主题应用处于发展状态，与以往传统地质主题不同的数据分析和处理正逐渐地被开发和应用，特别在大数据背景下，基于地质科学大数据挖掘技术的从地质数据中寻找并抽取隐含知识和关系的应用越来越得到地质科研人员的关注。我们通过数据服务的方法来抽象地质主题应用，单个服务与主题应用形成一一映射，如图 7.3 所示，整体系统中每一个微服务单元（地质主题应用）之间边界分明，独立运行，服务的扩展不会对其他服务单元和整体系统造成额外的影响和负担。每个服务单元的开发分开单独进行，开发团队之间相对特立独行，团队之间的交互基于服务对外的接口开发。这种划分为以服务为单位的开发团队在一定程度上提高了整个系统的开发周期，消除了“木桶短板”效应，服务单元独立部署，已经开发完成的服务即可接入到系统中，不会因为某个模块的开发滞后而影响到整个系统的部署运行周期。该特性对于面向多地质主题的数据云服务系统具有重要意义。开发地质主题服务本身复杂性不一，有些地质主题服务如成矿-成藏条件评价的复杂性可能大大高于其他的主题服务如钻孔数

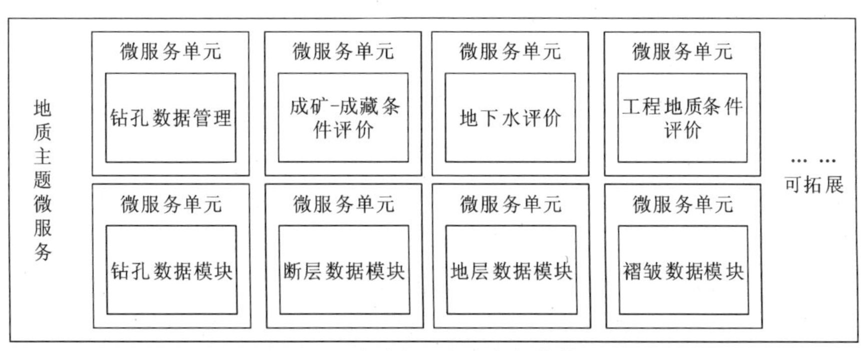

图 7.3　地质主题微服务架构模型

据管理。以往的单体式应用架构系统必须要所有的模块开发完成之后才能部署，而微服务架构则支持服务单元的独立部署，复杂性较低的优先开发完成的服务能够链入系统，复杂性较高的开发滞后的服务不影响整体系统运行。

7.3.3 地质主题微服务契约构建方法

地质主题微服务模型在抽象概念上分为两个层次，基础业务实体层和主题服务层，针对现阶段地质数据集成与服务现状，构建基于分布式数据云服务系统的一种较好的折中。为了适应将来数据服务接口的发展趋势，我们采用了基于超媒体应用状态引擎HATEOAS接口技术。

REST（Representational State Transfer）已经被广泛作为软件系统接口设计规范，目前绝大部分基于Web的应用都已采用REST作为服务端的接口规范，已成为实际上的标准。REST 是一种架构设计风格，它包含了一个分布式超文本系统中对组件、连接器和数据的约束，是由 Roy Fielding（2000）在他的博士论文 *Architecture Styles and the Design of Network-based Software Architectures* 中提出。REST 作为互联网自身架构的抽象而出现，其关键在于其定义架构上的各种约束。只有满足这些约束，才能称之为符合 REST 架构风格。REST 的约束包括以下几点。

（1）客户端-服务器结构。通过一个统一的接口来分开客户端和服务器，使得两者可以独立开发和演化。客户端的实现可以简化，而服务器可以更容易满足可伸缩性的要求。

（2）无状态。在不同的客户端请求之间，服务器并不保存客户端相关的上下文状态信息。任何客户端发出的每个请求都包含了服务器处理该请求所需的全部信息。

（3）可缓存。客户端可以缓存服务器返回的响应结果。服务器可以定义响应结果的缓存设置。

（4）分层的系统。在分层的系统中，可能有中间服务器来处理安全策略和缓存等相关问题，以提高系统的可伸缩性。客户端并不需要了解中间的这些层次的细节。

（5）统一接口。该约束是 REST 服务的基础，是客户端和服务器之间的桥梁。该约束包含以下 4 个子约束。

资源标识符。每个资源都有各自的标识符。客户端在请求时需要指定该标识符。在 REST 服务中，该标识符通常是 URI。客户端所获取的是资源的表达（representation），通常使用 XML 或 JSON 格式。

通过资源的表达来操纵资源。客户端根据所得到的资源的表达中包含的信息来了解如何操纵资源，比如对资源进行修改或删除。

自描述的消息。每条消息都包含足够的信息来描述如何处理该消息。

超媒体作为应用状态的引擎（HATEOAS）。在服务器提供的超媒体内容中包含了链接信息和动态内容，客户端根据链接发现可以执行的动作，进行状态转换。

HATEOAS（hypermedia as the engine of application state，超媒体作为应用状态的引擎）是 REST 架构风格中最复杂的约束，也是构建成熟 REST 服务的核心。它的意义在于打破了客户端和服务器之间严格的契约，使得客户端可以更加智能和自适应，而 REST 服务本身的演化和更新也变得更加容易。

从 REST 成熟度模型中可知，使用 HATEOAS 的 REST 服务是成熟度最高的，也是推荐的做法。使用 HATEOAS 的 REST 服务中，客户端可以通过服务器提供的资源来智能地发现可以执行的操作。当服务器发生变化时，客户端并不需要做出修改，因为资源的 URI 和其他信息都是动态发现的。

实现 HATEOAS 接口约束可使服务接口通过资源 URI 智能发现该服务可以执行的操作，遍历该服务下所有的资源，总的来说，也就是使服务具有可发现性和自描述的特性。

因此，基于 HATEOAS 的数据服务接口对于构建面向地质主题特别是业务实体层的微服务具有重要指导意义。通过超文本应用程序语言（hypertext application language，HAL）实现 HATEOAS。它以 XML 和 JSON 为基础，让 API 具有更高的可读性，很容易根据 HAL API 返回的当前数据查找与其相关的数据。

本节用数据云服务原型系统中关于勘探模型的服务接口来详细阐述实现的细节，该接口是在 Spring-Data-JPA、Spring-Data-REST 及 Spring-Data-HATEOAS 等技术框架支撑下以 HAL 实现地质实体层的微服务 HATEOAS 接口。所谓地质实体业务数据指以软件工程领域的面向对象软件开发方法对地质学科领域相关概念的对象化抽象，一般包括地质实体本身、勘探开发过程中得到的数据或者地质活动中形成的管理文档数据。图 7.4 表示的关于油气资源勘探开发模型的数据抽象，其中 Model 勘探模型，是一个虚拟的概念，表示石油勘探开发区块，其属性包括区块的位置、大小、地质情况、勘探层系等关于区块的概括描述信息。除此之外，勘探模型中囊括地质实体（钻井、层位和断层）和地质业务实体（油气储量、三维工区和油气成藏条件）等。HATEOAS 接口约束能将面向对象模型设计通过 HAL 方式暴露给用户。

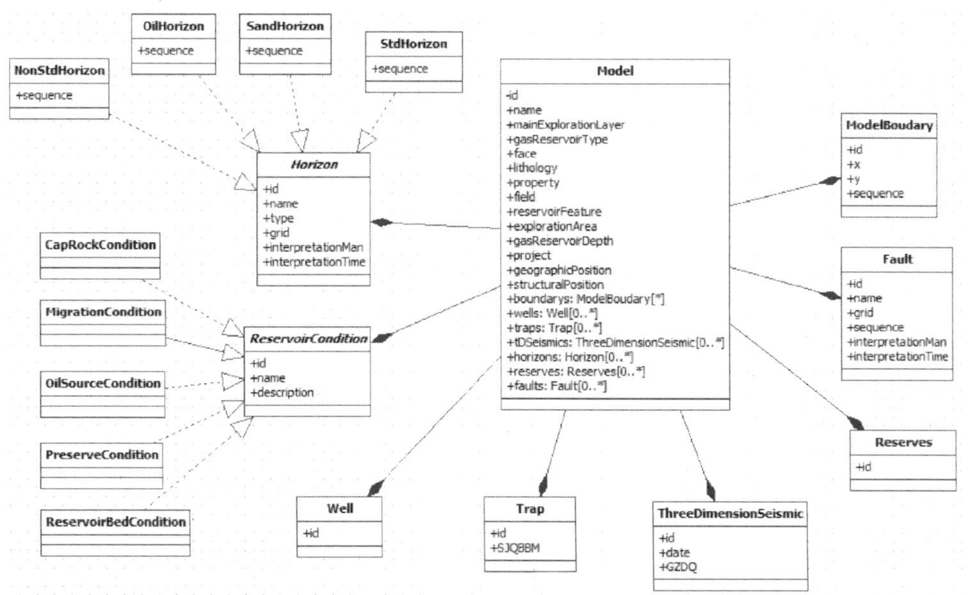

图 7.4　勘探模型微服务资源类图

该图描述数据云服务原型系统中勘探模型相关模块的业务类图设计

图 7.5 的 JSON 格式数据是通过 HTTP GET 请求访问 http://localhost:8080/api/（服务根入口），其中 Links 标签里列出的链接是勘探模型相关的地质业务实体服务。包括成藏条件（reservoir conditions）、圈闭（traps）、层位（horizons）、储层（reserveses）、断层（faults）、勘探模型（models）、钻井（wells）、三维工区（ThreeDimensionSeismics）及接口信息（profile），和指向它们的 href 也就是统一资源标识符。


```
{
  -"_links": {
    -"reservoirConditions": {
        "href": "http://localhost:8080/api/reservoirConditions{?page,size,sort}",
        "templated": true
    },
    -"traps": {
        "href": "http://localhost:8080/api/traps{?page,size,sort}",
        "templated": true
    },
    -"horizons": {
        "href": "http://localhost:8080/api/horizons{?page,size,sort}",
        "templated": true
    },
    -"reserveses": {
        "href": "http://localhost:8080/api/reserveses{?page,size,sort}",
        "templated": true
    },
    -"faults": {
        "href": "http://localhost:8080/api/faults{?page,size,sort}",
        "templated": true
    },
    -"models": {
        "href": "http://localhost:8080/api/models{?page,size,sort}",
        "templated": true
    },
    -"wells": {
        "href": "http://localhost:8080/api/wells{?page,size,sort}",
        "templated": true
    },
    -"threeDimensionSeismics": {
        "href": "http://localhost:8080/api/threeDimensionSeismics{?page,size,sort}",
        "templated": true
    },
    -"profile": {
        "href": "http://localhost:8080/api/profile"
    }
  }
}
```


图 7.5　HATEOAS 约束勘探模型服务接口入口（JSON 格式）

图 7.6 的 JSON 格式数据是通过请求上述 Model 关系对象对应的 URI：http://localhost:8080/api/models，该返回 JSON 数据体表示以列表形式展示所有的勘探模型数据，embedded 标签体内嵌入了所有的 model 实体数据，与图 7.5 中 Link 标签不同，图 7.6 所示 model 数据中 Link 标签表示的是每个勘探模型关系对象的链接，如图 7.4 中 Model 与之关联的地质业务实体对象。

根据上述的阐述可得，通过 HAL 语言实现的 HATEOAS 约束接口能较好地表达地质业务实体数据服务，使服务接口具有良好的结构，极大地提升了接口的可阅读性。只需要给终端用户提供一个接口入口，从入口出发，用户能根据约束，详尽且程序可读的自描述信息，以及资源关联关系遍历并获取所有地质业务实体数据。

```
{
 -"_embedded": {
   -"models": [Array[4]
     -0:  {
            "name": "王955-吴",
            "mainExplorationLayer": "沙四段",
            "gasReservoirType": "滩坝",
            "face": "滨浅湖",
            "lithology": "西灰东砂",
            "property": "陆源碎屑岩",
            "field": "王家岗油田",
            "reservoirFeature": "",
            "explorationArea": "29Km2",
            "gasReservoirDepth": "1990m",
            "project": "现河项目",
            "geographicPosition": "王科98东南",
            "structuralPosition": "王家岗-八面河",
            "boundarys": [Array[0]],
          -"_links": {
             -"self": {
                 "href": "http://localhost:8080/api/models/2a52744d-e6ce-48a0-9c2c-c2036bc3b276"
              },
             -"model": {
                 "href": "http://localhost:8080/api/models/2a52744d-e6ce-48a0-9c2c-c2036bc3b276"
             -"traps": {
                 "href": "http://localhost:8080/api/models/2a52744d-e6ce-48a0-9c2c-c2036bc3b276/traps"
              },
             -"wells": {
                 "href": "http://localhost:8080/api/models/2a52744d-e6ce-48a0-9c2c-c2036bc3b276/wells"
              },
             -"tDSeismics": {
                 "href": "http://localhost:8080/api/models/2a52744d-e6ce-48a0-9c2c-c2036bc3b276/tDSeismics"
              },
             -"horizons": {
                 "href": "http://localhost:8080/api/models/2a52744d-e6ce-48a0-9c2c-c2036bc3b276/horizons"
              },
             -"reserves": {
                 "href": "http://localhost:8080/api/models/2a52744d-e6ce-48a0-9c2c-c2036bc3b276/reserves"
              },
             -"reservoirConditions": {
                 "href": "http://localhost:8080/api/models/2a52744d-e6ce-48a0-9c2c-c2036bc3b276/reservoirConditions"
              },
             -"faults": {
                 "href": "http://localhost:8080/api/models/2a52744d-e6ce-48a0-9c2c-c2036bc3b276/faults"
              }
          }
      },
     -1:  { ... }
     -2:  { ... }
     -3:  { ... }
   ],
 },
 -"_links": {
   -"self": {
       "href": "http://localhost:8080/api/models{?page,size,sort}",
       "templated": true
    },
   -"profile": {
       "href": "http://localhost:8080/api/profile/models"
    }
 },
 -"page": {
     "size": 20,
     "totalElements": 4,
     "totalPages": 1,
     "number": 0
  }
}
```


图 7.6　HATEOAS 约束所有勘探模型实体返回数据（JSON 格式）

7.3.4 数据服务平台接口网关

面向地质主题的微服务系统是由多服务模块组成，需要解决几个问题：①如何管理这些众多的服务入口；②如何给用户提供统一的服务入口机制；③如何处理微服务单元地址动态变化（服务发现）。针对上述三个问题，可以使用微服务接口网关（API gateway）方法来解决。接口网关是一个服务器，也可以说是进入系统的唯一节点。接口网关封装内部系统的架构，并且提供API给各终端用户。如图7.7所示，终端用户并不直接向地质云服务系统内部各微服务单元直接发起请求或交互，而是通过接口网关中间层做一次请求转发，然后再间接地将请求转发到用户需要的各微服务单元。接口网关通过中间层实现了终端用户与各微服务单元之间的解耦及统一的服务入口机制。接口网关并不是单纯的一个通信交互转发节点（图7.8），而是一个复杂的功能组合体，包括服务注册中心、微服务单元管理、请求路由转发等，各个模块协同完成上述的微服务单元的服务管理及服务发现问题。

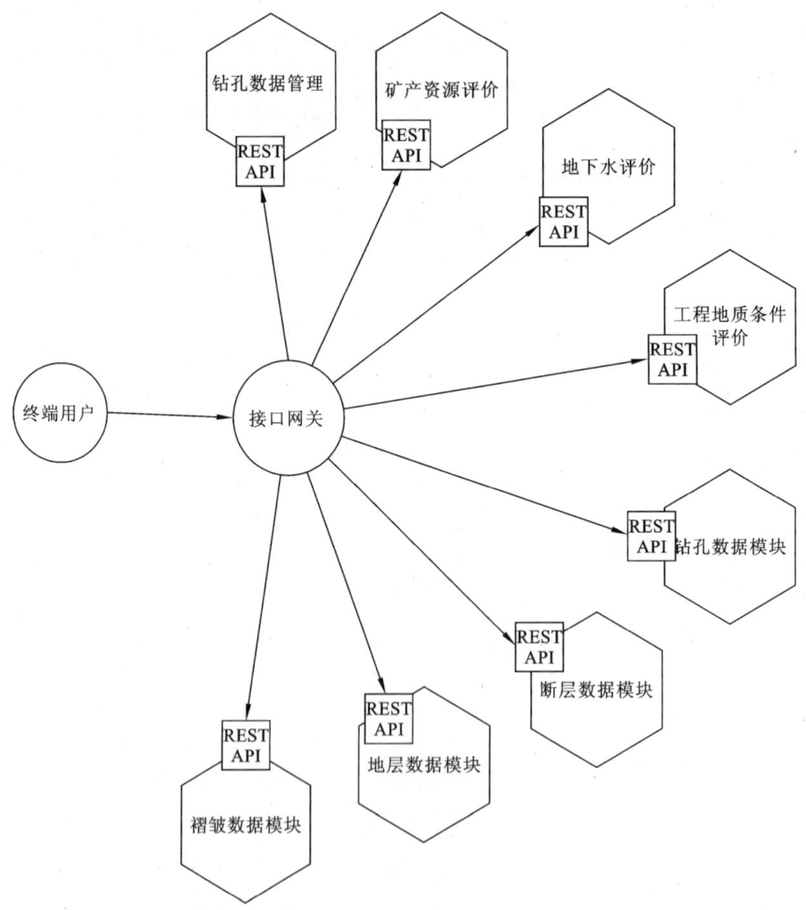

图7.7 面向地质主题的微服务接口网关示意图

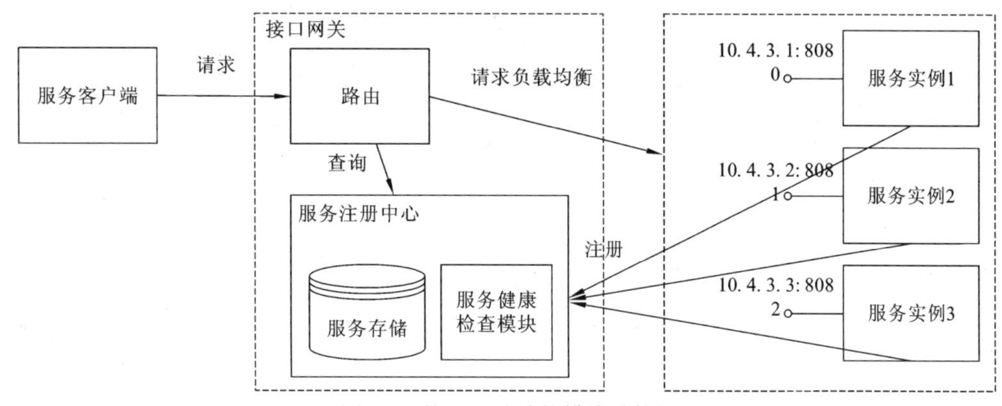

图 7.8 接口网关功能模块结构图

采用接口网关为面向地质主题数据服务平台带来诸多好处。

（1）监控系统中微服务单元的状态。服务注册中心通过定期对微服务单元中服务实例做健康检查，使 request 不能到达离线的服务实例，保持整个系统各服务模块的健康。当服务实例从上线时，将实例重新纳入服务池。

（2）统计各服务单元的访问量。通过接口网关各个微服务单元的访问量都能被准确地统计，通过单位时间访问量信息，能够识别哪些服务单元是当前访问热点，结合服务器容器热部署机制，使微服务实例数量根据客户端访问量动态扩展和伸缩。

（3）统一系统的对外接口。接口网关封装应用内部结构，相比调用指定的服务，客户端直接跟接口网关交互更直接与简单；接口网关提供给每一个客户端一个特定 API，这样减少了客户端与服务器端的通信次数，也简化了客户端进行专题研发的工作量。

7.3.5 军事地质主题微服务

在军事地质研究中，依照军事地质要素划分方法，可将军事地质要素划分为基础业务实体和地质主题业务实体。其中基础业务实体数据指原始数据（饶杨安和贺怀建，2010）、野外采集数据或针对这两种数据整理抽象后的地质实体数据，如军事地质要素中岩体、构造等通过野外采集的数据，在数据库中以独立实体形式存储。地质主题业务实体指按照地质学科或地球学科进行划分的主题或专题，如民用地质领域的工程地质、水文地质，军事地质领域的军事工程地质，军事地球物理等。该类主题业务实体是在基础业务实体的基础上，结合主题应用进行的地质实体组合和描述。采用此分类数据结构的重要原因是为了契合现阶段地质行业数据现状。例如，油田企业中，数据通常因各部门业务导向而以各部门地质实体的形式存储（朱正平，2015；王庆龙 等，1996），所存储的钻井、地层等信息属于基础业务实体。在传统地质行业中的数据库建设时，通常针对自身行业的应用需求，在数据库概念模型设计时是以基础业务实体形式存储的。

军事地质所需要的信息是从不同地质主题（专题）中抽提出来的。长期以来，民用地质主题，或是军事地质领域的六大主题，都是以自身专业需求出发，建设主题数据库，对于上层应用体系提供自身主题相关的数据服务，或称为地质主题数据服务，如军事水文地质主题的地下水评价数据服务。为了应对多主题地质数据为军事应用服务，则首先需要将各主题数据进行合理的存储；其次开展相应的主题内的基础业务实体数据服务；然后将基础业务实体数据服务进行合理的编制和编排，形成对应主题需求的数据服务；最后将多个地质主题下的服务进行综合，形成符合与军事应用为目的的数据服务。

在地质调查领域，数据是原始数据或者野外采集数据的形式存储（黄少芳和刘晓鸿，2015；李超岭 等，2015）。为了更加平滑地完成与现有各类军事信息应用系统的数据对接和集成，需要设计军事地质基础业务实体数据服务层。其中的服务接口规范设计则是完成与现有系统对接交互和在数据云服务系统中为上层面向地质主题服务提供数据支撑的重要部分。以军事地质所设计的六大军事地质主题为例，军事地质主题微服务结构如图 7.9 所示。

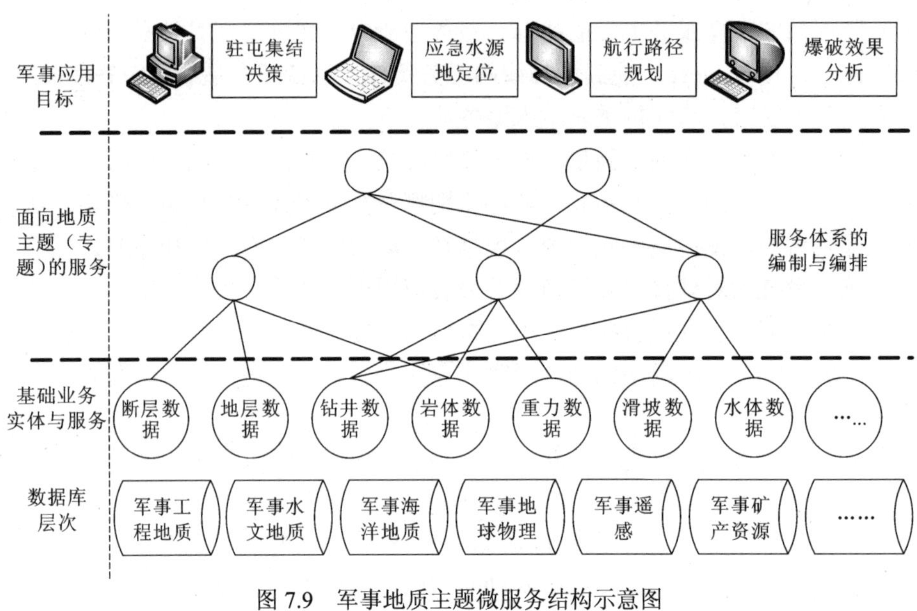

图 7.9　军事地质主题微服务结构示意图

7.4　军事地质数据服务平台体系结构

各地质主题数据应用于军事需求时，需要将多个主题的数据进行充分共享、联合分析。搭建基于微服务体系结构和面向多地质主题的数据云服务平台，实现地质数据集成与共享平台体系，可以有效地解决多个地质主题间的数据互联互通、充分共享，以及进行多主题联合分析的需求问题。从图 7.9 中可以看出，数据云服务平台是一个类似资源池结构，各类多元、异构、海量的地质业务实体数据库通过虚拟化及面向服务等技术抽象为独立的服务资源，各个服务资源在平台内部通过分布式消息队列实现互联互通，外部提取地学资源数据的组件只知数据云服务平台的接口，而不知道内部数据的具体格式，以及存储位置。通过组合不同的地质业务实体数据资源而形成各类面向地质主题的业务所需一体化数据，并通过不同的终端技术显示。各类不同角色的用户仅适用与平台交互的终端，并不需要知道地质数据云服务平台的存在。

7.4.1 数据服务平台体系结构

基于微服务和面向地质主题数据云服务平台体系结构，如图 7.10 所示，自上而下分为客户端层、接口层、地质主题服务层、功能服务层、业务实体服务层、数据资源层及分布式消息队列。

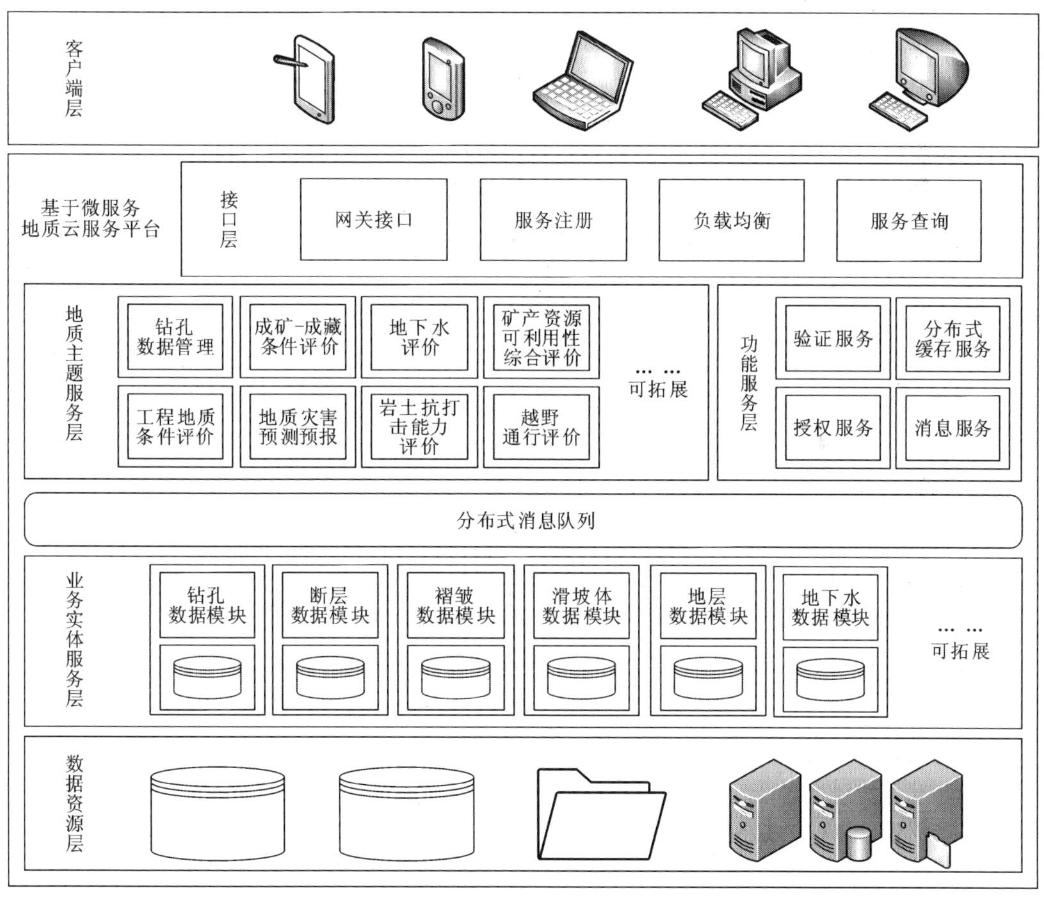

图 7.10　基于微服务和面向地质主题数据云服务平台体系结构

（1）客户端层：该层主要将地质云服务平台经过服务聚合汇拢之后的数据通过图形化界面、表格等多种形式进行显示。用户会以 C/S 或者 B/S 模式应用程序方便与数据服务平台进行交互。该层采用一站式门户和多终端设计理念，基于 RIA（Rich Interface Application）富客户端和多终端思想实现对多地质主题数据云服务资源消费的门户。客户端的 UI 通过 HTTP 协议与平台网关接口地质数据服务进行通信、交互。

（2）接口层：该层是地质云服务平台对外交互的总枢纽，包含网关接口、服务注册、负载均衡及服务查询 4 个组件。接口网关采用外观模式（facade pattern）设计思想，聚合多个微服务结果以暴露一个粗粒度 API 给客户端。服务注册负责平台内微服务元数据信息（主机 IP，端口号，服务名称）的记录、存储。服务查询负责将服务注册中心的微服务信息发布，给客户端提供服务菜单以挑选需要的服务。

（3）功能服务层：为平台内其他微服务单元提供功能性服务，包含验证服务、授权服务、分布式缓存服务及消息服务，保证平台有序稳定的运行环境。

（4）地质主题服务层：是平台核心层，提供面向各地质主题服务。该层的服务单元以业务实体服务层中服务或本层中其他主题服务为数据支撑，在经过相应的数据解析、融合、汇聚之后形成全新的、定制化的地质主题服务。此外，该层的服务在横向上和纵向上支持动态扩展。

（5）业务实体服务层：是平台核心层和数据支撑层。该层是对基础业务实体数据提供数据服务的服务层。该层中的服务包含实际的地质基础业务实体数据，基础地质业务实体是对各类地质活动（地质调查、勘探开发等）中对所获得的数据的分类和抽象，对地质对象和勘探实体的描述，如钻孔数据、断层数据、滑坡体数据及地层数据等，这类数据通常是其他地质应用所需分析、处理的基础数据。该层的微服务单元以地质业务实体为单位基础，构建以 HTTP 协议和 REST 接口风格为基础的 Web 服务。

（6）数据资源层：是平台的数据资源存储层，采用关系型数据库、NoSQL 数据库及基于局域网分布式文件系统来存储结构化数据、半结构化数据及非结构化数据，作为地质云服务平台的数据源。

数据服务平台的体系架构是设计的核心部分，与其他地质云平台的不同之处是地质主题服务层和业务实体服务层的设计。这两层由基于 Docker 容器引擎的可动态部署的微服务进程组成，使得在理论上可以构建无限扩展的地质主题应用与基础业务实体服务（在计算资源与存储资源可扩展的前提下），也将分治法的思想用在了地质云平台设计与实现中，通过构建单一主题或基础实体服务进程组合成整体平台。

7.4.2 基于微服务架构的服务单元划分

基于微服务架构的服务单元划分的理论基础是地质信息分类或者是地质数据库模式（database schema）设计。现阶段地质数据库模式设计（地质信息分类）分为基于地质主题分类与基于地学学科分类。

基于地质主题分类方法，涵盖地质工作中所涉及的所有类型的数据源，结合专业类型可分为基础地理、基础地质、工程地质、水文地质、环境地质、地质资源、地质灾害、地球物理、地球化学及遥感地质等。在此基础之上，采用二级分类方法进一步细分，直至划分为研究领域内无须再细分的地质实体层次。

基于地学学科分类以地质学科术语为依据，对地质信息进行分类，如第一级按学科划分为古生物学、环境地质、区域地质调查、岩石学等 31 个分类，在此学科基础之上，根据学科内常用的术语总结出地质信息数据模型。

以上两种分类方式，其理论基础及分类原理是从总体出发，试图将整个地质信息的各个方面数据进行梳理和划分。这样做法的优点是：可以面面俱到对所有地质信息数据模型进行概括，使地质数据模型更加全面。缺点是：数据模型使用率不高，大量数据集中在少数的信息模型中，而大多数的信息分类几乎没有数据或者很少使用。此外，实际地质活动及生产生活中的地质信息大都基于各企业单位所面临的业务信息而构建的数据模型。

基于以上的阐述，地质信息数据模型标准不一，规则不明，各地质专业使用各自的数据模型及数据库模式，很难用规则分类的方式建立统一的数据标准。例如：在油气勘探开发领域，石油企业关注的重点是与油气勘探开发相关的地质对象或勘探信息；在地质调查领域，区域地质调查与军事地质调查因为其本身业务不同，调查的地质对象不同，数据模型也不一致。

基于实际地质信息数据模型的多变性、不统一性及地质业务相关性，可以运用基于动态地质业务实体微服务单元来解决该问题。该方法的特点是依据数据模式动态协同添加微服务单元，单元中的数据模式与待添加数据模式保持一致，借助地质 ETL 或 SOAP 接口技术完成数据转存，如图 7.11 所示。通过此方法将数据转入数据云服务平台，有以下优点。

（1）在不改变数据模式的情况下，数据的转换节省了海量转换工作量。在不改变地质业务实体的方式下，原本建立的应用系统和软件能够无缝移植到数据云服务平台。

（2）基于动态业务实体微服务单元能较好地应对数据模型扩展问题，当平台面对新增的地质业务实体模型时，只需要构建新的模式一致的微服务单元。

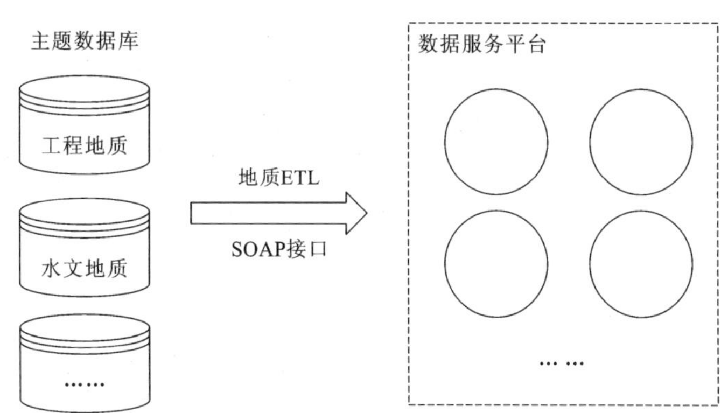

图 7.11　地质主题数据库中数据向服务平台转换模式

7.4.3　基础业务实体横向扩展机制

在地质信息化领域，基础业务实体指原始数据抽象模型，包括野外数据采集获取的第一手数据资料，既有结构化的，也有半结构化的和非结构化的，以表格化的属性字段、矢量化素描、照片、音频及视频为主（吴冲龙 等，2016）。换言之，就是指通过设备或人工勘查获得未经处理、分析过的地质对象数据或描述数据。

基础业务实体具有独立性、领域性，实体之间的依赖性弱、数据耦合性低。根据基础业务实体构建微服务单元，便于清晰地定义简明统一的服务契约，在依托于 Docker 容器虚拟化及 RESTFul 接口约束的 Web Service 技术堆栈上，借用持续交付（continuous delivery）、敏捷开发（agile development）及容器动态部署实现基础业务实体服务单元的横向扩展机制。

基础业务实体横向扩展机制方式如图 7.12 所示。横向指的是服务单元之间没有数据依赖性，服务单元能够原子性（具有不可分割性的单元）地添加到平台的基础业务实体服务层。从软件工程的持续交付和敏捷开发的观点来分析，基础业务实体横向扩展机制是以用户的需求进化为核心，采用迭代、循序渐进的方法进行软件开发。平台的基础业务实体服务层在构建初期被定义成多个子项目（基础业务实体服务单元），各个子项目经过独立测试，具备可视、可集成和可运行的特征。换言之，也就是把平台作为一个大项目分为多个相互联系，但也可独立运行的小项目，并分别开发完成，在此过程中系统一直处于可使用状态。当新的基础业务实体被提出后，可以作为子项目进行独立开发，开发完成后，可在系统使用状态中动态接入。

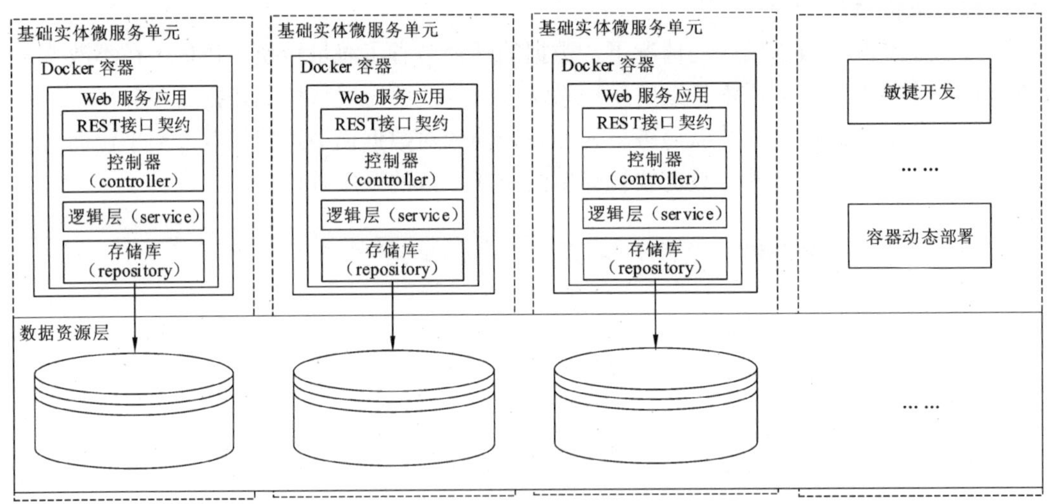

图 7.12　基础业务实体横向扩展机制方式

7.4.4　地质主题纵向扩展机制

地质主题应用的纵向扩展是在对其他服务单元的数据依赖性上进行扩展，包括基础业务实体和其他地质主题应用服务单元，其本质是在其他服务单元的数据服务基础之上，构建新的主题应用数据服务。与基于基础业务实体横向扩展机制相同，纵向扩展也是通过 Docker 容器动态部署实现服务单元在系统运行时的动态增量扩充。与之不同之处在于纵向扩展机制在除了 Web 应用容器动态部署外，还涉及基于 RESTFul 契约约束的服务编制（orchestration）与编排（choreography）。

编制面向可执行的流程：流程编制使用一个可执行的中心流程来协同内部及外部的 Web 服务交互。通过中心流程来控制总体的目标、涉及的操作、服务调用顺序。这种集中化管理使 Web 服务能够在不了解彼此影响的情况下进行添加和删除，还允许在出现错误和异常的情况下进行补偿。其结果可以看作一个新的 Web 服务。

编排面向合作：更多地强调协同工作和业务合作能力，通过消息的交互序列来控制各个部分资源的交互。参与交互的资源都是对等的，没有集中的控制。

基于地质主题服务单元纵向扩展在某种程度上来说是通过对平台中已存在服务的编制与编排来完成面向特定主题应用的服务，其中已存在服务就是指集成业务实体服务和地质主题服务，借用软件工程学科中的模块化编程思想。图 7.13 展示了地质主题应用服务单元与其他服务单元的依赖关系，以及服务单元内部主题数据融合通用模式。主题应用服务单元的依赖关系指的是主题应用对数据的依赖，构建新的主题应用方式，与横向扩展机制一致，是基于持续交付和敏捷开发的增量开发模式，通过分析主题所涉及数据服务单元（包括基础业务实体和其他地质主题），调用其 RESTFul 契约获取数据，解析其数据模型，分析转换后依据新的主题进行数据融合。

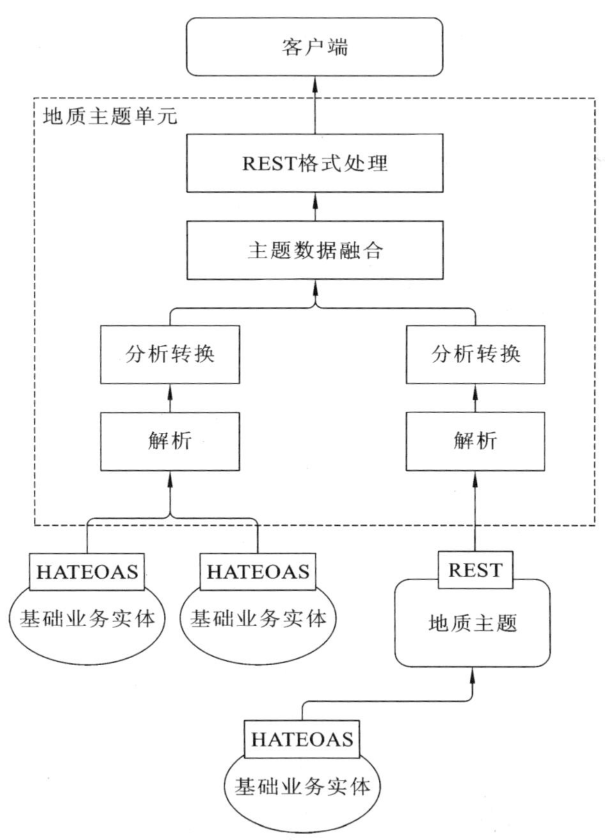

图 7.13　地质主题纵向扩展中的服务编制与编排

7.4.5 多终端数据服务平台应用

采纳一站式多终端门户技术与设计理念，基于多终端 Web 程序、桌面 Client 程序和移动 APP 程序综合技术实现对数据服务平台中数据资源消费的门户。各终端通过 HTTP 协议与“云端”微服务网关接口进行通信、交互，在平台内部经过若干个微服务单元的聚合和编排形成专有主题的数据结果集，将结果返回给终端。各终端对数据服务平台返回的结果进行相应的处理和格式化，并将结果以图形、数据表、统计图等多种格式进行显示。最终，用户可以在各个终端同时同步以各种形式和效果查看和显示各地质主题数据。

相对于单一终端技术而言，采用多端技术，实现地质数据在不同终端上以多样式、多规格的显示，以及实时查询、实时汇聚具有重要意义。

第 8 章　军事地质信息管理系统建设与应用

8.1　军事地质信息管理系统总结架构

军事地质信息管理系统总体架构设计包括系统的总体功能结构设计、系统网络结构设计、数据库总体结构设计、系统运行软硬件环境设计及系统安全策略设计五大部分。

本着科学性、实用性、实时性、开放性和安全性的原则，依据地质行业的规范文件和信息系统建设的标准，以增强军事地质信息管理的科学性为指导思想，采用原型化与结构模块化相结合的设计方法，设计了军事地质信息管理系统总体框架，如图 8.1 所示。

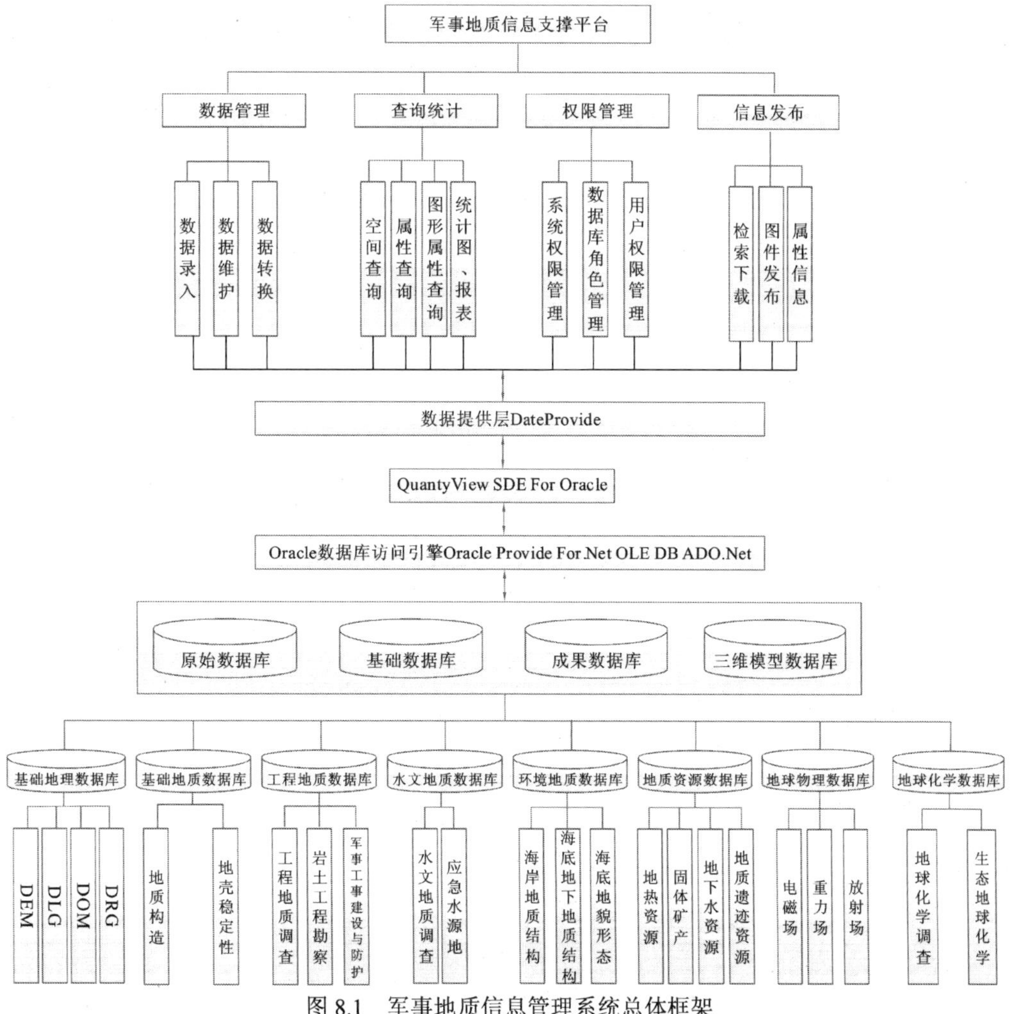

图 8.1　军事地质信息管理系统总体框架

8.1.1　军事地质信息管理系统功能结构

建立一个完整的军事地质信息管理系统是一项复杂的系统工程，其中最为关键的是军事地质数据管理平台的研发与建设。没有这一平台，军事地质信息管理系统的一切功能将无从发挥。图 8.2 为军事地质数据流向与处理过程，其中共用地质数据平台起到了核心支撑作用，系统功能涵盖军事地质数据采集、组织管理和应用支持。

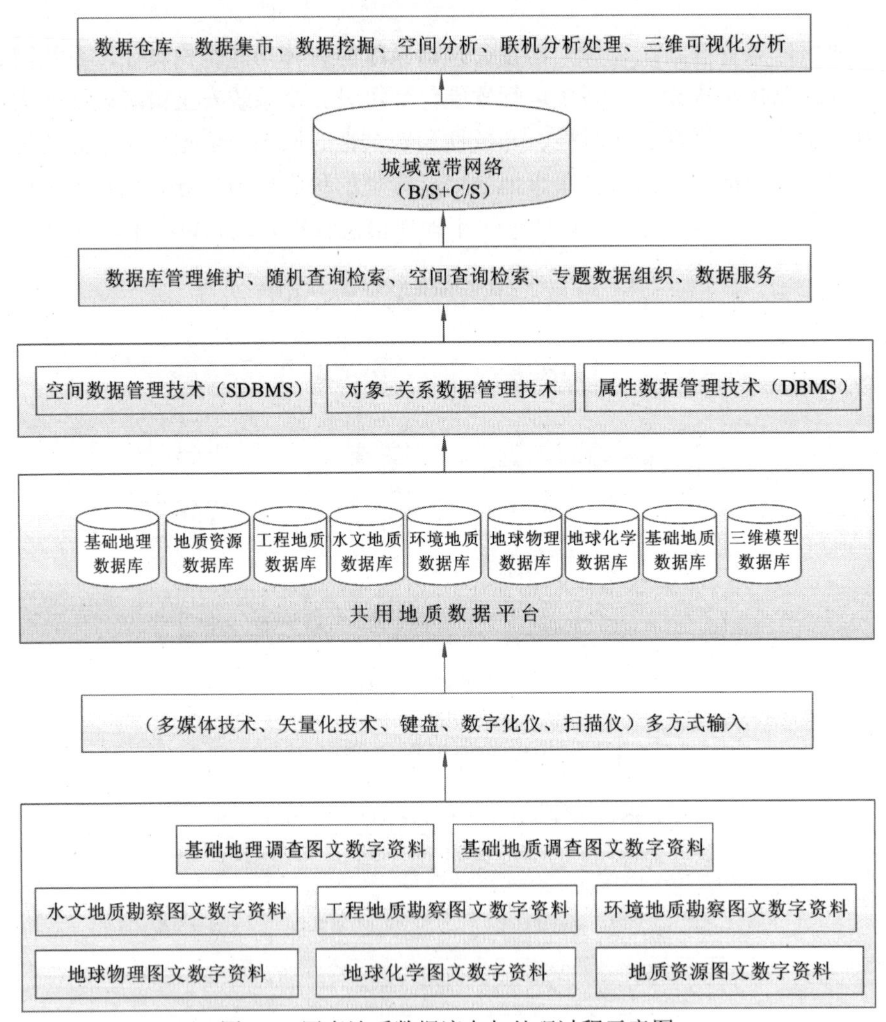

图 8.2　军事地质数据流向与处理过程示意图

8.1.2　军事地质信息管理系统软件架构

软件架构分为数据层、业务层及应用层三个层次（图 8.3）。

（1）数据层：基础地理数据、地质原始数据、地质基础数据、地质成果数据均利用

图 8.3　系统软件环境与组件分布图

Oracle 11g 进行管理。利用 QuantyView SDE 访问空间数据。其中 QuantyView 是拥有自主知识产权的国产地质信息系统平台软件。

（2）业务层：基于 QuantyView2D、QuantyView3D 进行业务组件开发。

（3）应用层：基于业务组件构建数据管理、信息应用与分析等相关系统。

8.2　军事地质数据中心建设

数据中心承担着信息资源采集、存储、管理及服务功能，通过统一的数据定义及命名规范，实现数据共享与服务。数据中心建设是信息化建设中十分重要的基础建设工作。军事地质数据中心遵循规范化、网络化、实用性、可扩展性、安全性原则，从数据标准化、数据采集、数据存储、数据管理、共享发布、交换应用几方面开展数据中心建设。

军事地质数据中心由数据获取系统、数据存储管理与维护、数据库、数据仓库、数据交换系统及数据冗灾备份系统组成，依据国内外通用规定，遵循规范化、网络化、实用性、可扩展性、安全性原则进行设计和建设。

8.2.1 数据中心总体设计

军事地质数据中心体系结构如图 8.4 所示。数据中心的基础支持环境是连接各战区地质环境中心的网络系统、计算机服务器、磁盘阵列，有线、无线通信设施，系统软件等。从数据获取到数据管理再到信息应用与服务，其依据是相关的标准与规范，并全程实施安全防护。

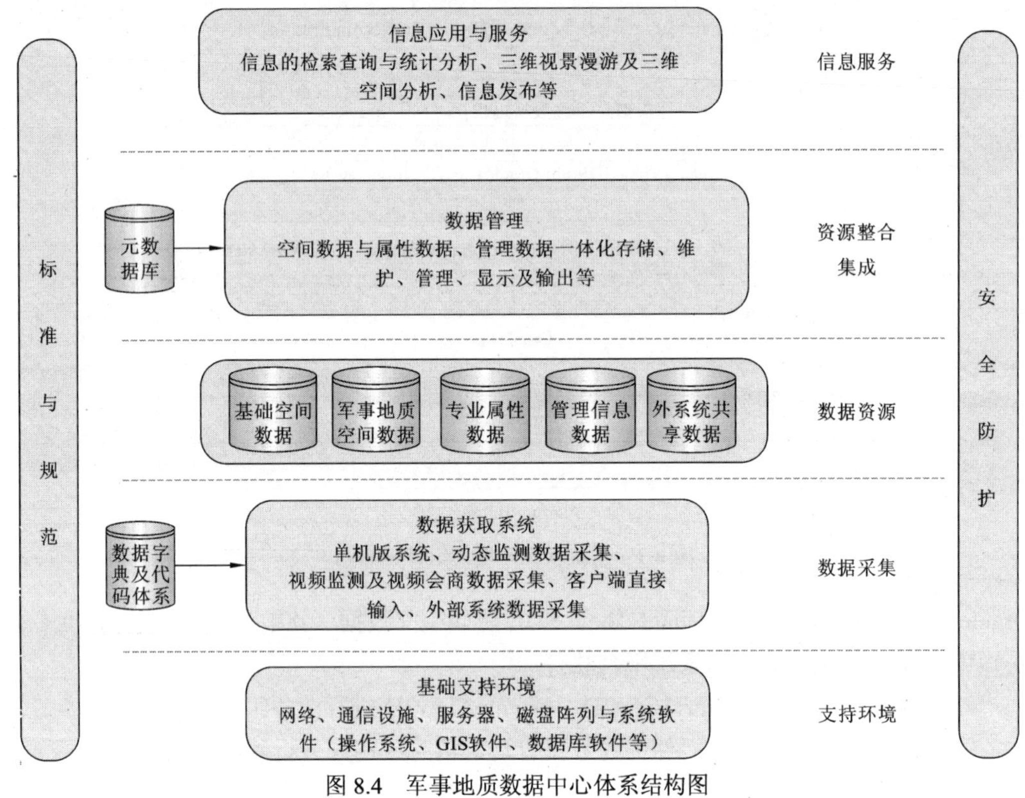

图 8.4　军事地质数据中心体系结构图

8.2.2 军事地质元数据

元数据是关于数据的内容、质量、条件和其他特征的数据，是用于描述、组织、查询和整合原始数据的一种数据。由于元数据也是数据，可以用类似数据的方法在数据库中存储和获取。在本数据中心元数据存储在特殊的文件——数据字典中，它包括数据库中的每个文件的结构、每个数据项的存储格式和数据类型、数据的完整性约束等。元数据应用于数据文档建立、数据发布、数据浏览、数据转换等方面，是数据发挥作用的重要条件。

从元数据的广义定义来看，元数据描述对象——“数据”可以是任意层次的资源对象。所有与军事活动有关的信息和资源都应包含在军事地质内容体系中。军事地质元数据分为以下几个层次：数据元数据、数据库元数据、模型方法元数据、系统模块元数据。对元数据进行统一管理，保证元数据的完整性、准确性及共享性。

1. 数据元数据

数据元是用一组属性描述其定义、标识、表示和允许值的数据单元，是一个组织管理数据的基本单元，是组织内部数据库和文件设计，并用于建立与其他系统进行交流的事务集的组成部分，是信息传输的公共单元。系统数据库或文件由记录、段和元组等组成，而记录、段和元组则由数据元组成。数据元本身包含有字符、图像、声音等多类数据。

军事地质数据元数据主要是按照交换、共享、服务和应用的需求，并参考《信息技术 元数据注册系统（MDR)》(GB/T 18391.1—2009～GB/T 18391.6—2009)、《地质矿产术语分类代码》(GB/T 9649— 2009）等国家标准进行提取、定义和标识，并在此基础上建立军事地质数据元字典。

在 GB/T 18391—2009 系列标准中规范了数据元注册需登记的数据元基本属性，见表 8.1。

表 8.1　数据元数据结构标准

属性种类	属性名称	约束	提交机构	主管机构	注册机构
标识类	名称	M	提交	审定	审定
	标识符	M*			赋予
	版本	M*			赋予
	注册机构	M*	提交		审定
	同义名称	O	提交		审定
	相关环境	M*	提交		审定
定义类	定义	M	提交	审定	审定
关系类	分类模式	O	提交		审定
	关键字	O	提交		审定
	相关数据参照	O	提交		审定
	关系类型	C	提交		审定
表示类	表示类别	M	提交	审定	审定
	数据元值的数据类型	M		提交	审定
	数据元值的最大长度	M			审定
	数据元值的最小长度	M			审定
	表示格式	C			审定
	数据元允许值	M			审定
管理类	主管机构	M*	提交		审定
	注册状态	M*			赋予
	提交机构	M*	提交		审定
	备注	O	提交		审定

注：“约束”列中，M 表示必选，C 表示一定条件下必选，O 表示可选。

为了完成数据元的注册，部分在表 8.1 中是“一定条件下必选”或“可选”的属性在这里变成了“必选”，这部分属性的约束用加*的 M 标识。

对数据元的定义、命名和标识是数据元的最基本的特性，依照《信息技术 元数据注册系统（MDR）》（GB/T 18391.1—2009～GB/T 18391.6—2009）中给出的数据元定义规则为：

（1）一个数据元定义在它所出现的任何数据元字典中都应该具有唯一性；

（2）用单数形式阐述；

（3）要阐述其概念是什么，而不是阐述其概念不是什么；

（4）用描述性的短语或句子阐述；

（5）仅可使用人们普遍理解的缩略语；

（6）表述中不要加入不同的数据元定义或引用下层概念。

2. 数据库元数据

数据库元数据是关于数据库数据本身信息的数据，即关于数据的结构、来源、质量、类型、内容及各种状况和特征的信息。其主要作用如下。

（1）提高信息的规范化程度，为数据的获取、存储、查询、检索、转换、分析和利用提供依据，为数据库的数据模式管理、复用和建立及数据库的有效管理和维护提供支持。

（2）建立信息的数据目录和数据交换中心，为用户提供良好的数据共享条件与环境。通过数据目录和数据交换中心等提供的元数据内容，使用户在众多的数据库资源中查找到数据所在的数据库及其属性，主要包括数据库标识、数据库内容信息、数据库质量信息、数据库限制信息及联系信息等。通过信息目录及元数据内容，使用户易于接受和理解数据，可以共享数据集、查询和维护数据结果、并与自己的数据集集成等，实现真正意义上的共享。

军事地质数据库包括原始数据库、基础数据库（含敏感数据库）、成果数据库，其元数据内容有所差异，依据《地质信息元数据标准》（DD2006-05）进行定义、提取及管理，并根据需要作了必要的扩展。军事地质数据库元数据分为空间数据库元数据及非空间数据库元数据两类。空间数据库元数据为对空间数据进行描述的数据，通常是由若干复杂或简单的元数据项组成的集合，它与非空间数据库元数据的主要区别在于其内容包含了大量与空间位置有关的描述性信息。

《地质信息元数据标准》（DD2006-05）由中国地质调查局于 2006 年 12 月发布，该标准定义了描述地质信息所需要的元数据的内容和结构。它提供描述地质信息的标识、质量、内容、空间参照系、分发等信息，适用于各类以空间数据为主的地质数据集，以及非空间信息数据集的描述、数据集信息的发布及网络交换。地质信息元数据以标准类图和元数据字典相结合的方法描述地质信息元数据。其元数据结构采用《国土资源核心信息元数据标准》（TD/T 1016—2003）的结构作为标准的基本结构，在内容上通过数据字典和代码表对元数据的特征（子集/实体名、元素名、英文名、英文缩写、定义、约束/条件、出现次数、类型和值域）进行详细描述。

地质信息空间数据元数据由 7 个子集（相对应的 7 个子集表）和 14 个代码表构成。图 8.5 描述了地质信息元数据的概念结构。每个元数据包包含一个或多个实体及元数据元素。其中，元数据信息、标识信息、数据质量信息、内容信息是必选子集，空间参照信息、分发信息、引用信息和负责单位联系信息是可选子集。引用信息和负责单位联系信息是公用信息子集。地质信息元数据标准并制定了非空间地质信息核心元数据内容。

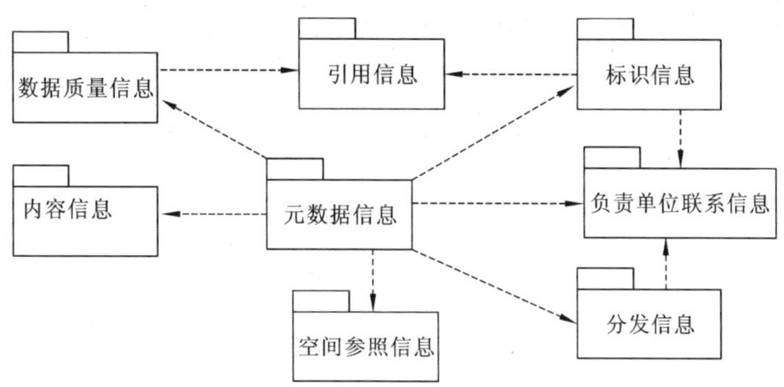

图 8.5　地质信息元数据的概念结构

军事地质空间数据库元数据根据《地质信息元数据标准》（DD2006-05）进行提取和存储。由于地质信息系统空间数据存储于基础数据库与操作数据库中，对应的空间数据在两数据库中的差别在于操作数据库中空间数据已按统一规定（例如：大地基准统一采用 1980 西安坐标系，高程基准采用 1985 国家高程基准，分带方式采用 3°分带，投影方式采用高斯-克吕格投影）进行转换处理，图层及属性表均按统一规定进行命名，使不同空间参照系、不同比例尺空间数据在操作数据库中实现基于金字塔架构的管理，见表 8.2。

表 8.2　军事地质空间数据元数据参照系信息表

基础数据库空间参照系信息	基于坐标的空间参照系	坐标参照系名称	SC_水平坐标参照系代码
		坐标系类型	SC_坐标系类型代码
		坐标系名称	字符型
		投影参数	字符型
	垂向坐标参照系	垂向坐标参照系名称	SC_垂向坐标参照系代码
	基于地理标识的空间参照系	名称	字符型
操作数据库空间参照系信息	基于坐标的空间参照系	坐标参照系名称	1980 西安坐标系
		坐标系类型	大地坐标系（经纬度）
		坐标系名称	经纬度坐标系
		投影参数	高斯-克吕格投影，3° 带投影
	垂向坐标参照系	垂向坐标参照系名称	1985 国家高程基准
	基于地理标识的空间参照系	名称	

军事地质非空间数据库、主要专业属性数据库及管理信息数据库也根据《地质信息元数据标准》（DD2006-05）建立元数据库。由于非空间数据中专业属性数据表有多张，数据表中数据分布在各战场工程上，由多个数据采集单位采集。同一种数据表、各数据点（体）数据表记录数，数据入库时间各不相同，也采用元数据表与数据字典结合方式

说明数据库中数据状况，见表 8.3。

表 8.3　军事地质非空间数据元数据参照信息表

子集	实体	元素	数据类型	备注
元数据信息		元数据编号		
		元数据名称	字符型	
		元数据创建日期	日期型	
	联系信息	负责单位名称	字符型	
		负责人姓名	字符型	
		职责	字符型	
标识信息	引用	名称	字符型	
		日期	日期型	
		语种	字符型	缺省为“汉语”
	关键词	关键词	字符型	标识数据库主题的关键词
		摘要	字符型	内容摘要
		状况	字符型	数据库建设状况（完成、连续更新、作废、正建设中等）
		数据表示方法	字符型	缺省为“文本”
		专题类别	字符型	
	时间范围信息	起始时间	日期型	
		终止时间	日期型	
	数据集限制	使用限制	字符型	
		安全限制	字符型	公开、国内、内部、秘密、机密、绝密
	数据集格式	格式名称	字符型	Access、Oracle 等
		格式版本	字符型	
	维护信息	维护更新频率	字符型	
数据质量信息	数据质量说明	验收说明	字符型	
	数据志	数据源说明	字符型	
		处理步骤说明	字符型	
内容信息	内容描述	要素（实体）类型名称	字符型	
		属性列表	字符型	
分发信息	分发联系方	分发单位名称	字符型	
		负责人姓名	字符型	
		职责	字符型	

3. 模型方法元数据

模型方法元数据是关于模型方法的描述信息，用来说明模型方法所面对的问题、适用范围、原理、输入输出要求等内容。其作用主要有以下几点。

（1）实现对各种模型方法元数据的快速检索及定位，便于进行模型与方法类别的属性查询，也便于用户了解模型的使用范围。

（2）实现对所有模型与方法进行比较分析，以找出最为适合的模型或方法，并实现各模型方法的优化组合或集成。

（3）有利于现有模型方法的充分利用和不同专业用户的交流，明确本领域的研究空白，减少模型方法的重复构建。

（4）实现更为有效的知识和信息共享。详细的模型元数据可使用户充分了解模型的应用范围和局限性，并恰当估计其对特定应用的有效性，以减少知识共享和应用共享的障碍。

4. 系统模块元数据

系统模块元数据是关于系统内部广义模块的描述信息，用来说明模块的功能、相关的模型方法、输入输出要求、接口等内容。用户通过对该类元数据进行检索，可以快速浏览和查找相关的系统功能模块，了解其功能、运行条件等相关信息，便于用户对其进行有效的利用。其作用主要有以下几个方面。

（1）实现对系统中各个模块元数据的快速检索和定位，进行比较分析，了解系统模块功能。

（2）在系统开发阶段，找出新系统所需要的相同、相似及相关的模块，实现模块源代码的重用性。

（3）在系统运行阶段，便于及时发现模块中的问题，通过对模块的修改和管理，从而实现对系统的维护。

（4）在系统应用阶段，找出对当前决策最有效的支持信息的相关模块，并实现各模块的快速调用和合理组织。

（5）实现更为有效的知识和信息共享。

8.2.3　数据中心的数据库管理与维护

基于 GIS 技术、Oracle 技术、Web 技术、Spatial 空间数据处理技术，采用统一的建库标准，为空间数据建立符号库及元数据库，将数据按统一要求转换入库实现空间数据、属性数据、多媒体文件等各类数据的总体集成与一体化存储、管理，提高资源共享度，实现海量数据的纵横调度、组合与分析利用。

数据维护模块功能是允许授权用户对数据库中的数据进行增加、删除、修改操作。对于属性数据，可以借助系统提供的查询功能，对指定数据表中的记录和字段进行维护，可对单个数据维护，也可对批量数据维护。地质灾害防治部分数据具有分级维护、分级管理特点，系统通过对用户权限的控制进行管理。对相关数据项的维护，通过设置触发引擎，对数据字典进行操作实现；空间数据的维护则主要采用图示方式，通过对空间图形的编辑而实现。

8.2.4 数据仓库及管理

数据仓库是面向主题的、集成的、稳定的、随时间变化的数据集合，用来支持运营管理中的决策制定，为用户提供各种手段从数据中获取有用的信息。它的根本任务是对大量的业务数据进行归纳整理及重组，然后提供给决策管理人员。

数据仓库是依赖于数据库进行数据存储和管理的，所以数据库是整个数据仓库的核心。相对于传统数据库来说，数据仓库最突出的特点是对海量数据的支持和快速的检索技术，最具代表性的是 Teradata 公司的 Teradata 数据库。数据仓库平台是数据库和其他各种软件工具整合的一套数据仓库软件。

8.2.5 数据交换系统

数据库建设最重要的目标之一就是实现数据共享，支持搭建共用数据平台。具体而言，军事地质数据共享要实现与野外数字化调查、专题应用系统、辅助决策支持等相关系统间的数据共享。而实现这些系统间数据共享的关键是数据交换。

按照行业安全要求，内、外网间需采用物理隔离和网闸产品，通过物理隔离确保那些密级很高的数据绝对安全，通过网闸安全隔离设备交换密级一般的数据。通常网闸安全隔离设备会提供以下两种应用级别的数据交换技术。

（1）基于数据文件的数据交换技术。这是网闸安全隔离设备交换数据最基本的方式，内外网间通过数据文件交换数据。只要保障数据文件内不会含有病毒等就可达到完全的安全。

（2）基于数据库同步技术的数据交换技术。这是在基于数据文件的数据交换技术基础上而提供的高级交换功能，通过采用数据库同步技术，达到应用的完全透明。

8.3 军事地质信息管理系统应用实例

8.3.1 军事地质大范围场景地上-地下一体化管理及分析

地下战场环境建设的基础是地下三维空间数据的存储和组织管理，并要求能够实现地上下一体化的大场景分析和应用。如何实现高效的军事地质三维空间数据组织、调度管理及分析处理是军事地质信息管理系统的核心与关键技术问题。军事地质信息管理系统针对军事场景大规模的地上-地下、室外室内三维空间数据管理与高性能分析问题，突破大规模地上地下、室外室内三维空间数据一体化管理，高效三维空间索引与动态调度等核心技术，为军事地质中大规模地上地下、室内室外三维空间数据管理提供新思路、新方法和实用有效的管理工具。

1. 基于数据内容的大范围三维场景数据多磁盘存储

军事地质信息管理系统存储与管理海量的三维空间数据，不仅要保证数据处理的高性能以满足三维空间数据的快速检索与实时可视化，还要确保三维空间数据的安全性、可靠性及三维数据集的可扩展性。但是，传统单服务器上数据库系统的性能只能通过扩展服务器硬件配置得到有限的提升，多用户的并发访问往往会引起服务器瓶颈及系统性能的严重下降，而且一旦服务器发生故障，整个系统都将瘫痪，因而单数据库系统在性能、可用性和可扩展性方面都存在极大的局限。因此，基于多机并行的数据库集群成为关注的热点，它以高性能、高可用性和高可扩展性为目标，在高性能计算、海量数据存储与管理都有广泛的应用。

由于磁盘读取效率的提升相对于 CPU、内存来说非常缓慢，磁盘 I/O 往往成为影响数据库性能的主要因素，虽然 Oracle RAC 集群等提供了缓存融合等技术提高数据读取的效率，但是针对 TB 级的军事地质海量三维空间数据，内存远远小于 TB 级三维空间数据的数据量，因此磁盘读取的性能必然成为影响海量三维空间数据读取效率的关键影响因素。虽然基于 Oracle RAC 的三维空间数据并行数据库采用共享存储的方式来管理所有集群节点的数据，但是为了能分散磁盘 I/O，最大限度地发挥共享存储的磁盘阵列上所有磁盘的磁盘驱动器作用，需要对大规模的三维空间数据在磁盘整列上进行有效的逻辑划分。

因此，针对三维空间数据的数据内容、分类等特点，军事地质信息管理系统采用了一种基于内容的大规模三维空间数据多磁盘存储技术，按数据类型的不同，采用不同的组织存储方法，同时为了满足海量数据的高效存取和实时可视化的要求，实现了基于 SAN 结构的集群并行多磁盘存储，提高了数据存取的效率。具体流程如图 8.6 所示。

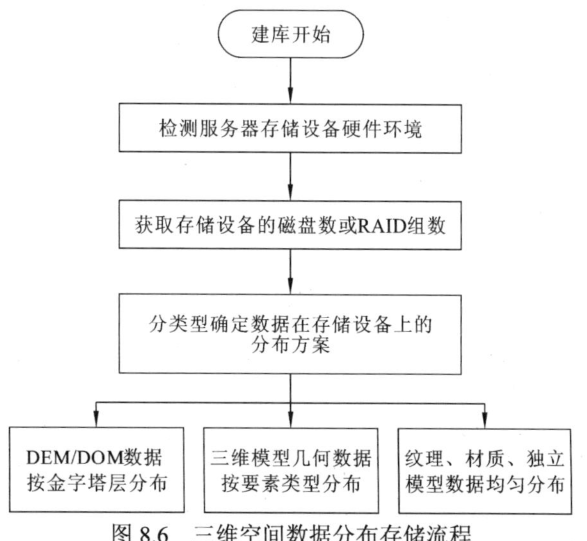

图 8.6　三维空间数据分布存储流程

由于 DEM 数据和 DOM 数据在数据库中采用分层分块的方式组织，将 DEM 数据和 DOM 数据按照金字塔层在多磁盘上进行分布存储，每个金字塔层的数据放在一个磁盘/RAID 中，根据磁盘数，在磁盘上依次排列，如果金字塔层数大于磁盘数，然后依据上面的过程进行循环，直至全部的金字塔层都找到存储的磁盘/RAID 为止。每一金字塔层的 DEM 层数据表和 DOM 层数据表，如果表的记录数量非常大，则采用分区的方式对该大表进行分区管理，以提高大表的数据查询效率。图 8.7 是 DEM/DOM 层数据表多磁盘存储时的过程（其中 M 为 DEM/DOM 层数，N 为磁盘/RAID 数，nDisk 为磁盘/RAID 标示，nLayer 为 DEM/DOM 层标示，nDisk 和 nLayer 初始值都为零）。

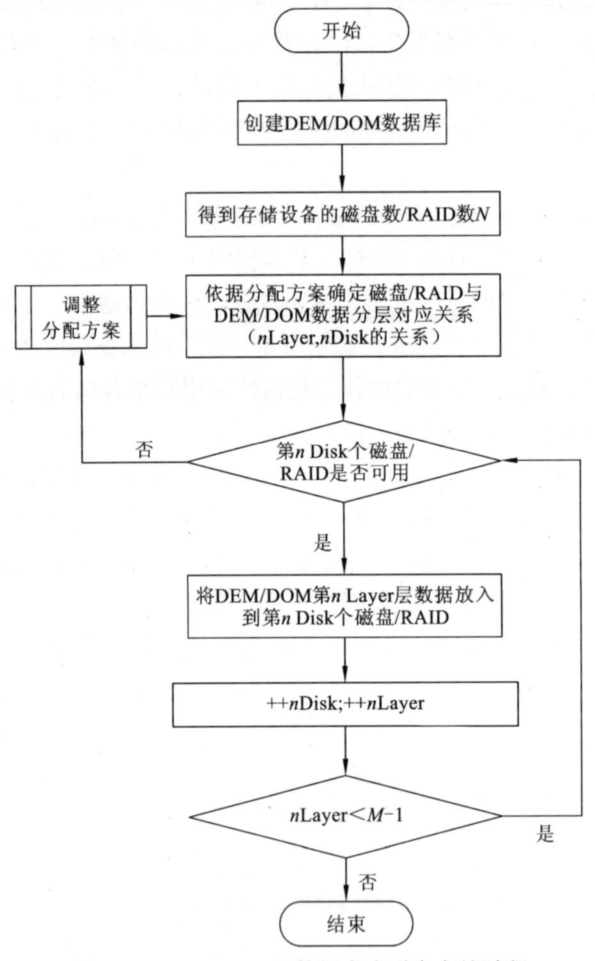

图 8.7　DEM/DOM 层数据表多磁盘存储过程

在军事地质三维可视化、高性能分析等实时应用中，对三维要素数据操作会产生大数量 I/O。在创建三维空间数据库时，也会有成百上千万条记录导入数据库表中，在读取记录时，同样也会有大量的 I/O 产生。由于三维模型的几何数据是按照要素类型进行分表管理，存储不同要素类型的要素集合表在多个磁盘上进行分布式存储，每个要素类型的数据表分布在一个磁盘/RAID 中，将所有的要素类型分布在所有可用的磁盘/RAID

上。在数据库中，要素的几何信息是存在 BLOB 中的。为了能达到高效的访问效率，要素的描述信息表和要素几何信息表分别存在不同的表空间中。同一个要素类的要素集合表和要素 LOD 表位于不同的表空间中，分布在不同的磁盘/RAID 上。在三维应用中，要支持 LOD 细节层次变化，数据存取也是这样。将不同 LOD 级别的数据分开，将有利于数据库并行读取不同 LOD 级别的数据，提高读取效率。为此，军事地质信息管理系统采用错位分布方法（图 8.8），从而分开这些 I/O。

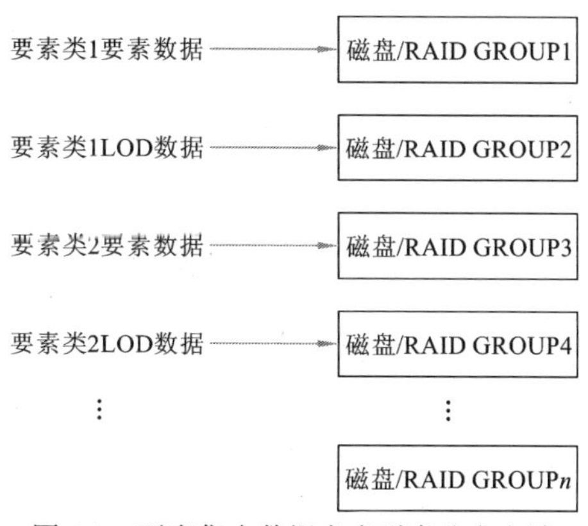

图 8.8　要素集合数据表多磁盘分布方法

军事地质三维空间数据种类繁多，结构复杂，顾及多细节层次的表达，合理组织和存储海量三维空间数据是三维空间数据库的关键。对于三维空间数据库元数据，在存取时产生的 I/O 较少，故将所有的元数据放在一个表空间中。对于三维空间数据库中存取大数据量 I/O 的数据，在多个磁盘/RAID 组中做了数据文件规划，以充分利用能够多磁盘存取的优势，在多用户并发情况下也能有较高的效率。采用上述不同类型三维空间数据的多磁盘分布方法，三维空间数据多磁盘存储结果如图 8.9 所示，采用基于要素集合数据内容的多磁盘分布存储，可以有效分散不同类型数据的磁盘 I/O，为集群并行数据提供高效的数据调度能力。

2. 大范围多尺度三维模型预调度管理

三维空间数据实时可视化与多用户在线应用等都需要极快的响应时间，这对大规模三维空间数据库管理的性能提出了巨大的挑战。受当前计算机硬件的处理能力限制，使得在三维场景绘制时不可能一次性地将全部三维空间数据调入内存，必须根据当前三维场景的需要动态调入所需的数据。因而能否从文件或三维空间数据库中高效地动态调度所需的数据到系统内存已成为保障三维实时绘制流畅性的关键。军事地质信息管理系统使用预调度策略及多线程并行调度的方法等实现海量数据的增量动态调度。

动态调度过程实际是视锥体与场景树进行动态相交检测的过程，在空间上与视锥体发生重叠的对象才有可能被加载到内存并显示。该过程涉及调度对象的检索，被调度对象多细节层次的判断，被调度对象数据的物理加载，被调度对象的可视化显示，用到的核心技术有索引技术、缓存技术、多线程技术、预调度技术等，这是一个复杂而综合的

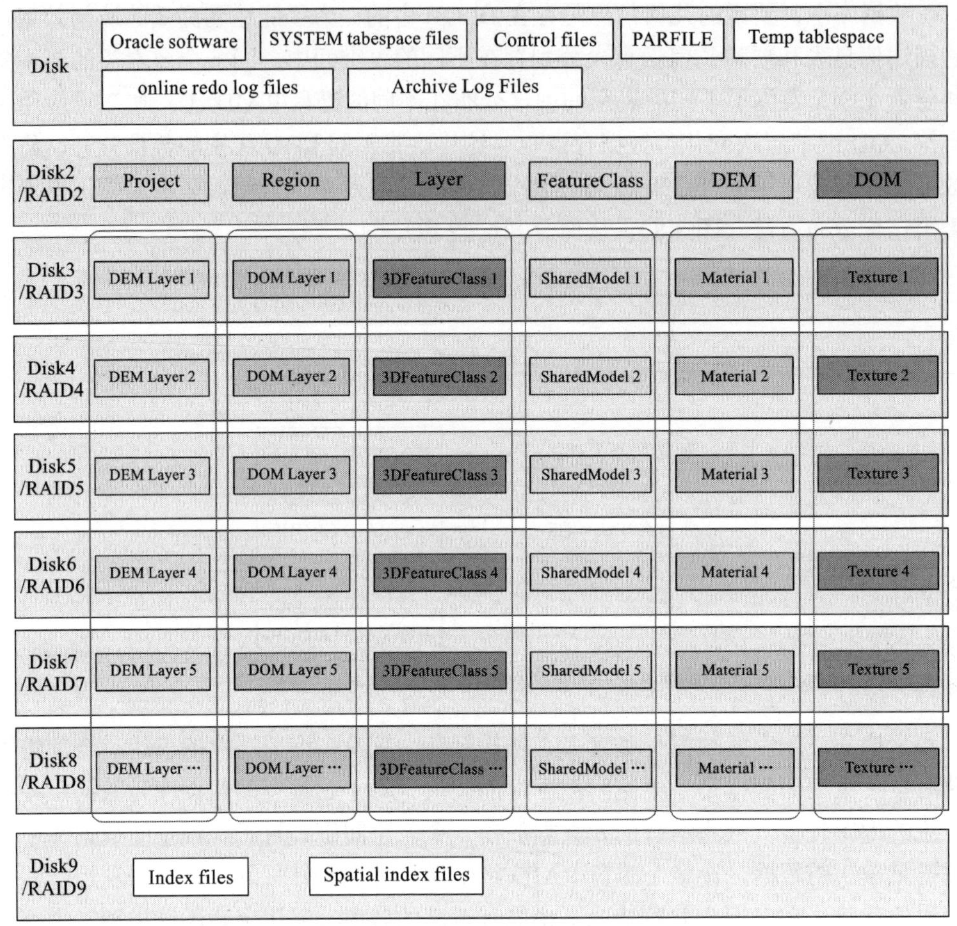

图 8.9　不同类型的三维空间数据的多磁盘分布方法

过程。预调度是指在空间数据三维可视化系统中，系统根据当前视点的位置采用一定的算法预测视点下一时刻的位置，并将下一时刻可能用到的数据预先加载到内存。预调度实际上是一种针对空间数据的缓冲机制。动态调度系统设计的优劣直接关系到空间数据的调度速度，因此它是空间信息管理系统的核心。

军事地质信息管理系统采用顾及多细节层次的地质空间数据索引技术来建立全局空间索引，采用兼顾空间特征的缓存结构来构建缓存，应用基于时间和频率的替换算法，并对缓存建立了缓存索引树，该树体现了不同聚类粒度级别上空间对象间的相关性，实现了影响因子的计算并确定了热点调度区域，为选择预调度对象提供了依据。

以某矿区的金属矿山的三维可视化模型数据为例（图 8.10）：在几何层次的表达上，露天开采模型采用 TIN 数据结构来描述；地层边界及矿体边界数据采用 B-Rep 数据结构来描述；非均质的地层及矿体内部数据采用基于八叉树的规则块体结构来描述；地下巷道模型采用结构实体几何和 B-Rep 混合数据结构来描述。这些数据的表达均采用了多种形式的地质空间数据结构，充分体现了地质数据结构复杂、类型众多、空间随机分布的特点。

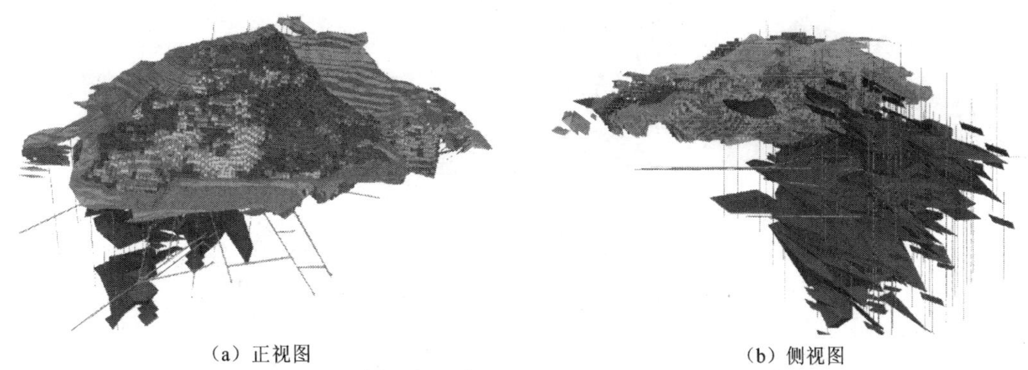

（a）正视图　（b）侧视图

图 8.10　某矿区三维体综合数据

军事地质信息管理系统在动态调度数据时，将根据触发器实时监控系统的运行情况自动决定是否启动预调度进程。若系统处于调度间歇期（编辑状态或分析状态）且 CPU 的利用率满足条件，则启动预调度进程，并将调度出的对象放在预调度缓存中；若系统处于调度进程，则停止预调度进程，并遍历预调度缓存，将满足调度查询的条件的预调度对象转移到调度缓存中，然后执行剩余空间对象的调度。由于预调度进程和调度进程是交替执行的，网络及服务器的使用率得到提高，并最大限度地避免了网络阻塞。针对此实例数据，表 8.4 和图 8.11 分别展示了调度过程中数据量不断增加的效果。

表 8.4　预调度的数据及效率对比

序号	数据总量/G	活动对象数	调度资料量/MB	无预调度/ms	间歇/ms	预调度/ms	效率提升/%
1	4.2	234	1.05	326	2 000	229	29.75
2	4.2	702	3.74	1 105	2 000	794	28.14
3	6.7	1 734	7.38	2 351	2 000	1 743	25.86
4	6.7	2 017	9.47	2 746	2 000	2 205	19.70
5	6.7	2 548	11.32	3 324	2 000	2 597	21.87
6	6.7	3 394	13.82	4 213	2 000	3 451	18.09
7	9.4	4 562	19.27	5 718	2 000	4 365	23.66
8	9.4	5 492	23.37	6 754	2 000	5 440	19.46
9	14.6	7 563	30.24	8 518	2 000	6 987	17.97
10	14.6	8 946	35.98	11 015	2 000	8 995	18.34

3. 大范围场景地上-地下一体化剖切分析

军事地质信息管理系统针对地上地下真三维空间数据及其三维交互式可视化与三维空间分析的特殊性，采用了兼顾空间关系与语义关系的地上-地下一体化三维空间数据库模型及其数据结构，支持数据库管理系统及其集群并行管理系统等可伸缩的存储环境，实现地上数据和地下数据的一体化组织和高效管理。另外，该系统所存储和管理的军事

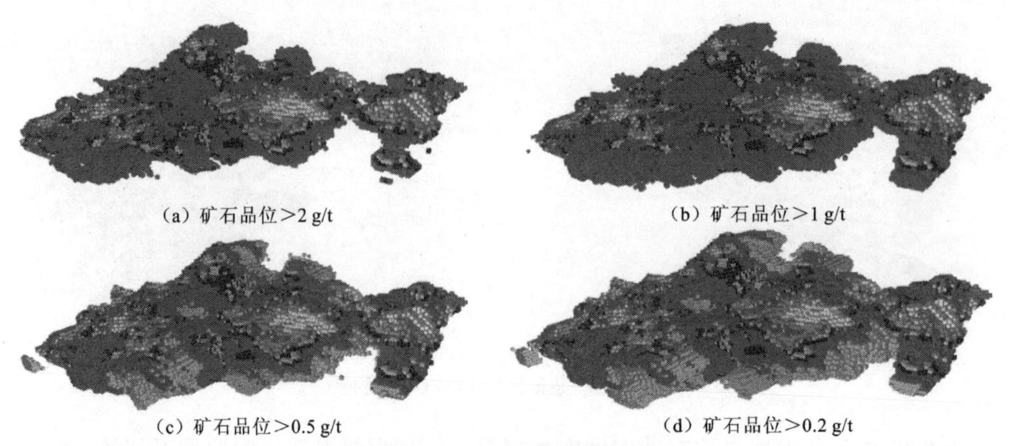

图 8.11　针对地质数据的调度结果

地质数据又可支撑复杂的军事空间分析，如地上-地下一体化剖切分析。地上-地下一体化剖切是指对地上-地下一体化模型（包括建筑、管线、地层、隧道等目标）进行任意的裁切（任意角度的平面或者折面），从而揭示模型切片的内部结构特征和属性信息，包括建筑轮廓线、地层信息、管线分布、隧道方位等。地上-地下一体化剖切分析通过对地上-地下一体化模型中的不同数据对象进行分析，获取对象的内部机构和属性信息，方便用户进行分析，提供决策支持。其主要思路是：根据切面的覆盖范围来迅速获取场景中需要参与运算的对象，根据数据的属性将不同的模型进行转换、归类从而进行相应的处理，最后以切片的形式显示最终结果，并可以对结果进行属性查询。

军事地质信息管理系统支持在场景中加载一体化模型数据，并选取任意平面或者折面进行剖切运算；根据用户需要选择轮廓线显示或者切面显示，并可以设定偏移量将结果偏离原位置来显示。为方便用户查看可以隐藏参与分析的特定对象或是整个场景中的对象，地层切片可以按对象显示。如图 8.12～图 8.14 所示，展示了军事地质信息管理系统调度地上-地下一体化三维模型，针对建筑、管线、地层、隧道进行折面剖切和平面剖切分析的效果。

8.3.2　军事地质云平台微服务

1. 军事地质云平台微服务体系的建立

军事领域与地质领域的结合，特别是现代战争的特点，促进军事地质这一交叉学科的产生和快速发展。如何将地质领域的信息充分地应用于军事需求中，面临着诸多难题，其中军事地质领域的数据如何进行集成、如何为军事应用提供信息服务保障，建立“玻璃战场”，形成军事地质信息的作战模拟平台，是决定着未来战争中胜败的关键。

地质数据集成与服务是一个非常复杂的信息集成问题。军事地质本质上是地质领域研究在军事上的具体应用，其本质依然是地质研究。而民用地质领域中，人们依据各自研究目标、研究方向的不同，将地质对象这一客观实体人为地划分出不同的地质主题（或称为专题），如工程地质、水文地质等，这无疑会产生客观实体对象信息描述与研究的侧

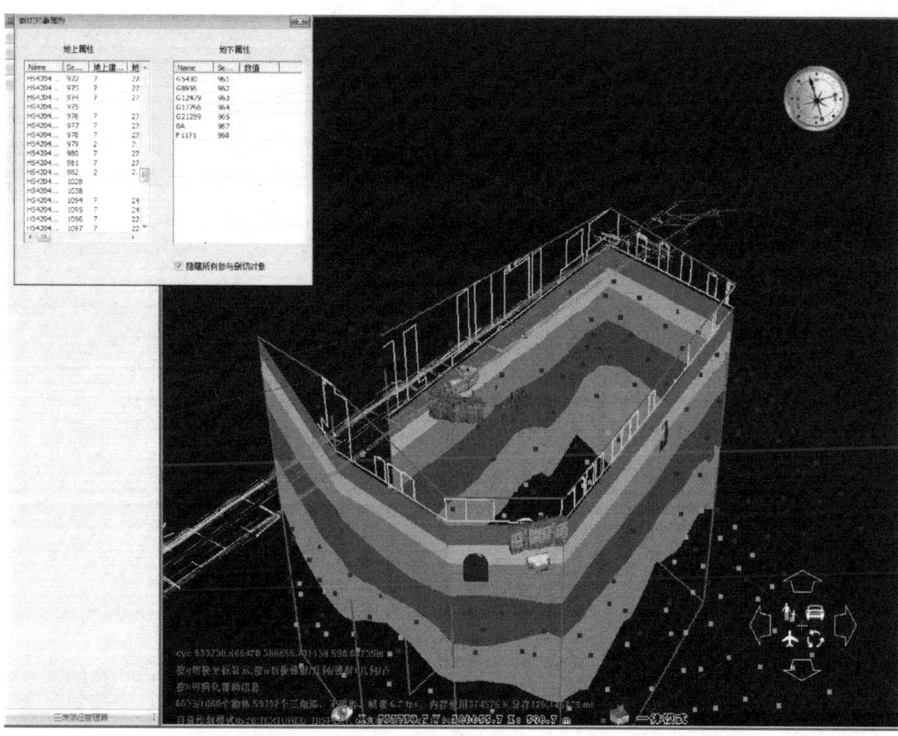

图 8.12　对建筑、管线、地层、隧道进行一体化剖切的结果

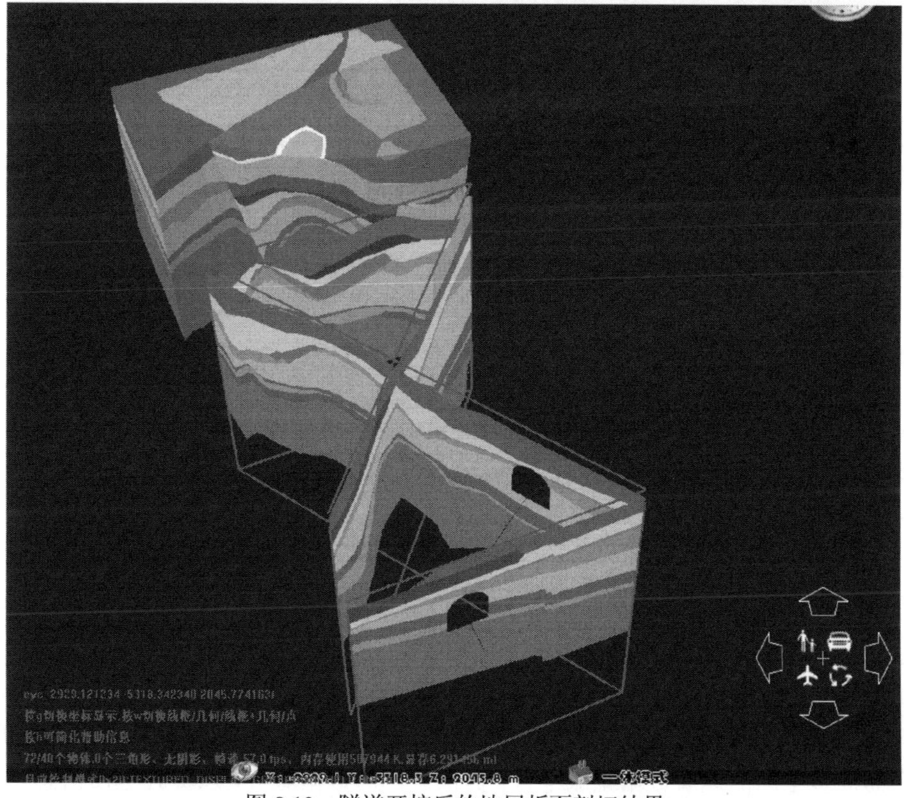

图 8.13　隧道开挖后的地层折面剖切结果

图 8.14　建筑的平面剖切轮廓线显示

重性，同时为数据集成提出了挑战。军事地质研究领域也存在这一问题，如划分为军事地球物理、军事海洋地质、军事工程地质等地质主题。随着军事地质研究的深入，其主题将会不断的扩展，同时业务需求量也会急剧增加。如果不能建立一套完整的军事地质数据集成体系，随着地质主题规模扩大和业务需求的不断扩张，对地质数据服务系统建设也会不断提出新的、更高的要求，系统因此会变得越来越庞大和复杂。

为了应对大数据时代的挑战，地质信息化建设需要满足地质业务不断变化、地质数据规模不断扩大的需求。云计算作为一种全新的服务模式，为地质数据服务系统建设提供了一个新的思路和机遇。数据贯穿地学研究领域，地质信息化建设在一定程度上就是数据的建设。因此，通过先进的云计算技术，构建一个面向多地质主题的一体化数据集成平台，提供统一的数据服务，已成为地质信息化发展的主流方向之一。

2. 军事地质云平台微服务体系的建设流程

建立以云计算为依托的数据服务体系，是地质信息化的未来发展趋势。其目的是实现多学科协同工作、信息共享和交流、知识挖掘、发现与决策支持等。地质信息科学的一个重要发展方向，就是地质数据的建设（吴冲龙和刘刚，2019，2015；吴冲龙 等，2005），这一理念在地矿行业和领域已达成共识，因此，通过集成、融合现今的云计算技术，构建一个面向多主题的地质数据集成平台，提供统一的数据服务，以提升地质信息化水平，一直是地质信息科学研究的重要组成部分，也是地质相关行业提高工作效率的必然选择。

通过搭建军事地质云平台，构建面向主题的微服务体系结构的方式，对传统的单体式的某地质主题的信息管理或信息化系统建设方式进行了一次变革。从系统建设者的角度看，基于微服务体系的军事地质云平台的建设分为 4 个大的层次，如图 8.15 所示。

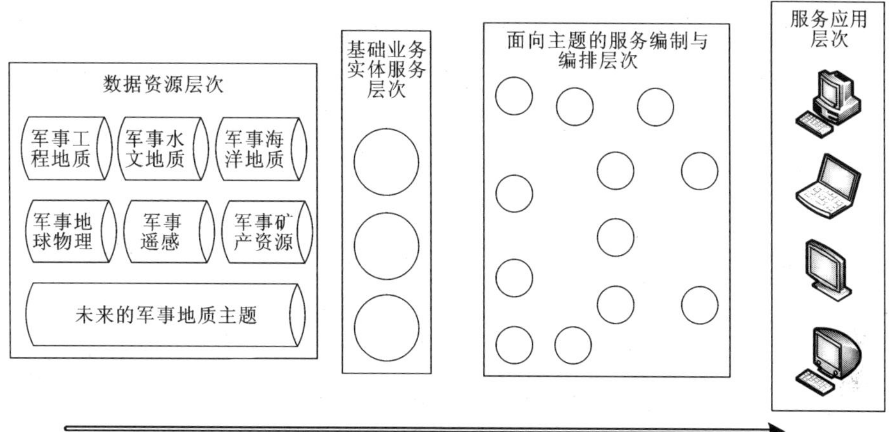

图 8.15　基于微服务体系的军事地质云平台建设层次框架图

建设者关心的 4 个层次分别是数据资源层次、基础业务实体服务层次、面向主题的服务编制与编排层次、服务应用层次。

（1）数据资源层次：按照所涉及的地质主题领域建立主题式数据库，其优势在于对以往的数据库体系充分保留，同时支持在此数据库基础上的单体式应用程序的运行。建设者关心的问题是数据如何集成在一个统一的数据中心上。

（2）基础业务实体服务层次：基础业务实体指的是在主题式数据库概念模型设计中对应的实体对象，如断层、褶皱、岩体、滑坡体等，也可指地质勘查中的实体，如钻孔、勘探线等。在完成数据资源层次的汇聚后，开发者需要针对具体的地质业务实体编制基础业务实体的数据服务体系。这一层次的服务体系是最基础的微服务单元，通过前端的数据服务请求，即可获取的数据实体对象。例如，为获取某口钻井的基本信息数据，可由前端发起数据服务请求，通过网关验证等过程后，在基础业务实体层的服务中获取该数据，并以封装的数据对象发送到前端。其流程如图 8.16 所示。

（3）面向主题的服务编制与编排层次：基于地质主题服务单元纵向扩展在某种程度上来说是通过对平台中已存在服务的编制与编排来完成面向特定主题应用的服务，其中已存在服务就是指集成业务实体服务和地质主题服务，借用软件工程学科中的模块化编程思想，基于持续交付和敏捷开发的增量开发模式，分析主题所涉及数据服务单元（包括基础业务实体和其他地质主题），调用其 RESTFul 契约获取数据，解析其数据模型，分析转换后依据新的主题数据融合，构建新的主题应用。

（4）服务应用层次：在服务的纵向扩展机制基础上，基于构建的新的主题应用服务，获取综合、整理和加工后的数据，形成的应用层。

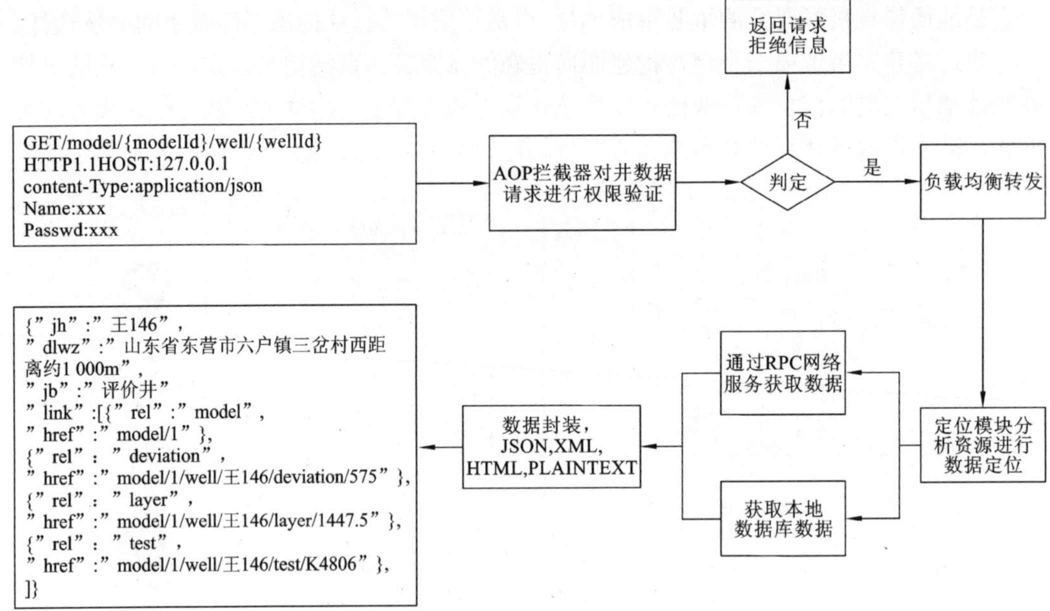

图 8.16　基础业务实体微服务获取流程图

从上层用户角度观察，在该体系建立完成后，数据云平台就是一个信息服务平台，如图 8.17 所示。当需要某种类型数据，或者某种综合性信息时，只需要向服务端发出信息服务请求即可。从服务开发角度看，数据云服务平台是一个类似资源池结构，各

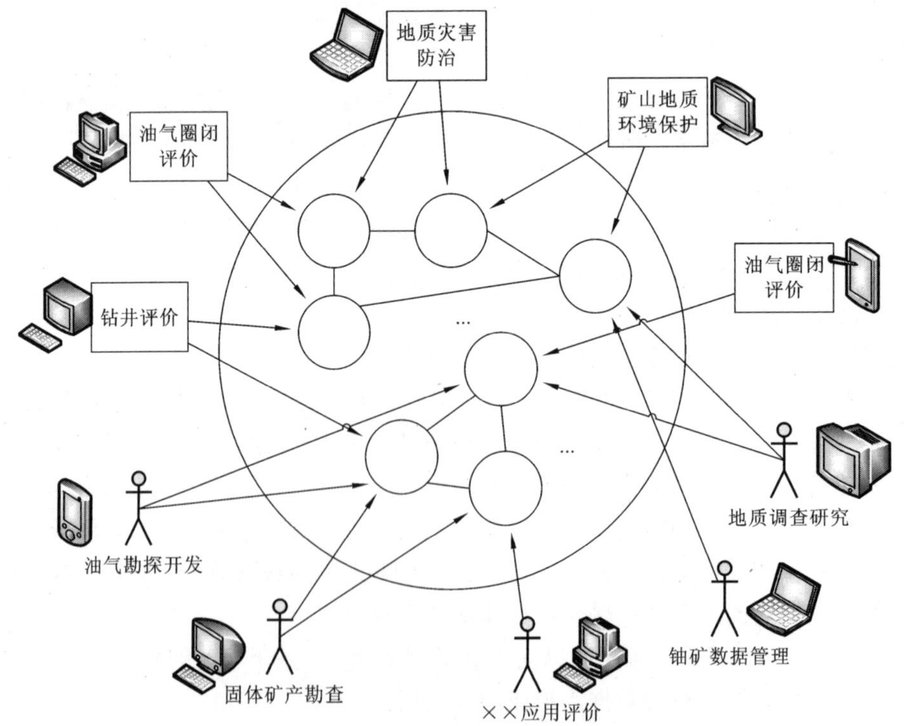

图 8.17　面向多地质主题的数据云平台总视图

类多元、异构、海量的地质业务实体数据库通过虚拟化及面向服务等技术抽象为独立的服务资源，各个资源在平台内部通过分布式消息队列实现互联互通，外部提取地学资源数据的组件只知数据云服务平台的接口而不知道内部数据的具体格式及存储位置。

3. 军事地质云平台中野外地质要素采集数据微服务应用实例

在军事地质要素野外数据采集中，应用了地质云平台微服务体系架构。首先依据军事地质调查要素，建立了军事地质调查要素的数据模型，如图 8.18 所示。在空间上以调查点为核心，在业务上以调查对象为核心。各种类型的调查点都分别属于与之对应的调查路线，而每一条调查路线又存在于一个调查区里面。每种调查类型具有多种具体的调查对象，如构造类型的调查点包含有褶皱、断层、面理三种调查点。

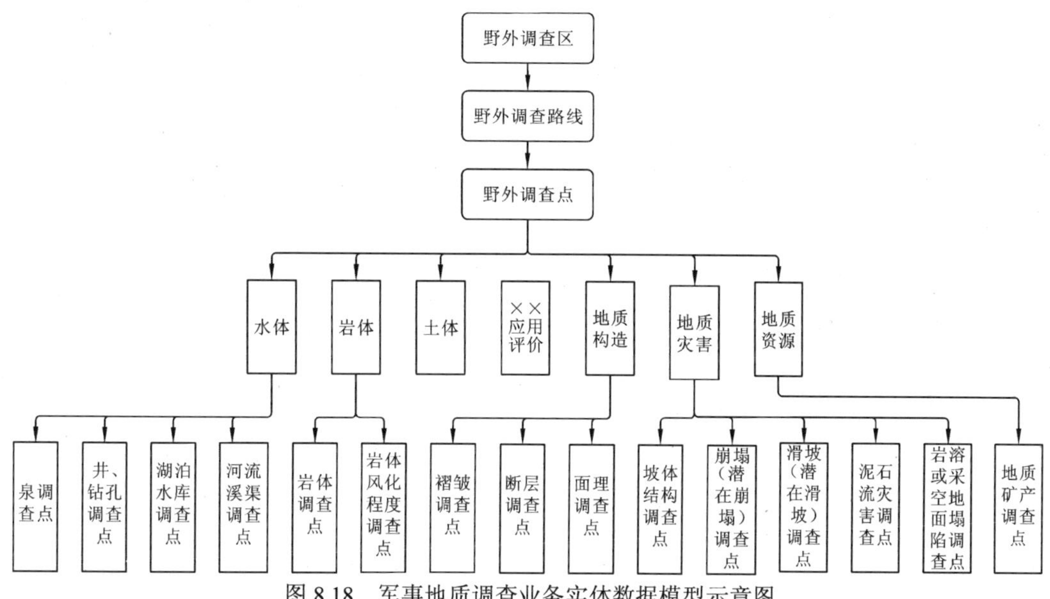

图 8.18　军事地质调查业务实体数据模型示意图

所研发的基于 Android 端的军事地质野外数据采集系统，在总体上分为基于 Java Web 数据中心系统、基于 MFC 室内数据集成子系统及基于 Android 调查数据采集子系统。

（1）基于 Java Web 数据中心系统：数据库采用 Oracle，主体 Java 框架使用 Spring Boot 结合 SpringMVC、SpringDataJPA 及 Hibernate。研发完成后，成熟的功能模块能直接移植到项目中。

（2）基于 MFC 室内数据集成子系统：数据库采用 Access，主体程序使用基于 Windows 环境 MFC 集成 ADO（ActiveX Data Objects）实现数据访问层。该子系统中可以生成野外采集数据报表及完成 Android 掌上机子系统中的数据集成与融合。具体数据传输流程如图 8.19 所示。

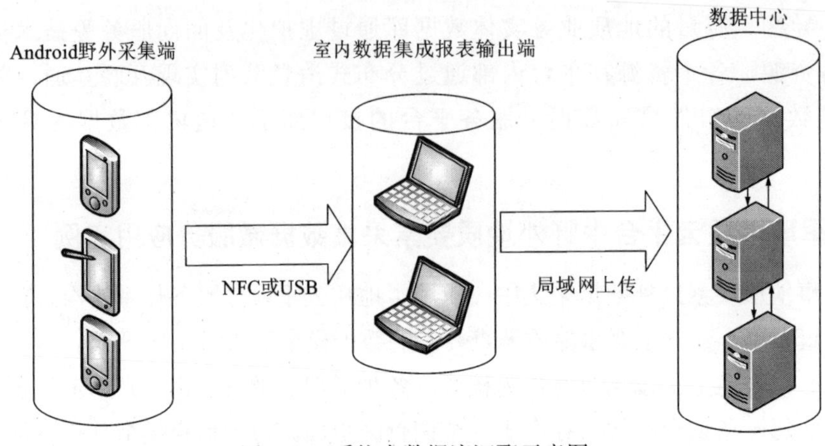

图 8.19　系统中数据流汇聚示意图

（3）基于 Android 调查数据采集子系统：数据库采用 SQLite，采用 ORMLite 框架实现数据源实体对象映射；采用 AsyncHTTP 支持异步 HTTP 网络请求访问；采用 MapGIS K10 移动端控件实现矢量化地质底图加载、图层分类控制、管理及调查点要素录入、导航。系统具体操作情况如图 8.20～图 8.22 所示。

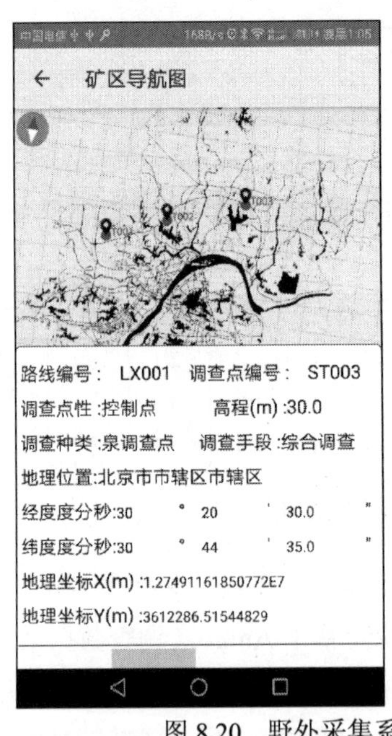

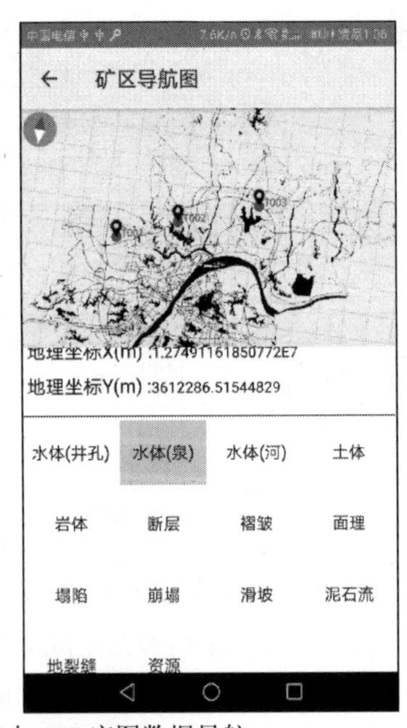

图 8.20　野外采集系统中 GIS 底图数据导航

系统的建设从数据采集源头上对数据条目、数据类型进行了规范，实现了数据信息化、自动化获取和汇聚，为数据整理与采集人员提供了便捷的工具，极大地减轻了检查人员的工作量，提高了工作效率，从根本上保证了军事地质调查数据的质量，为最后的调查数据汇总、验收、提交及分析应用提供了高质量的数据保障。

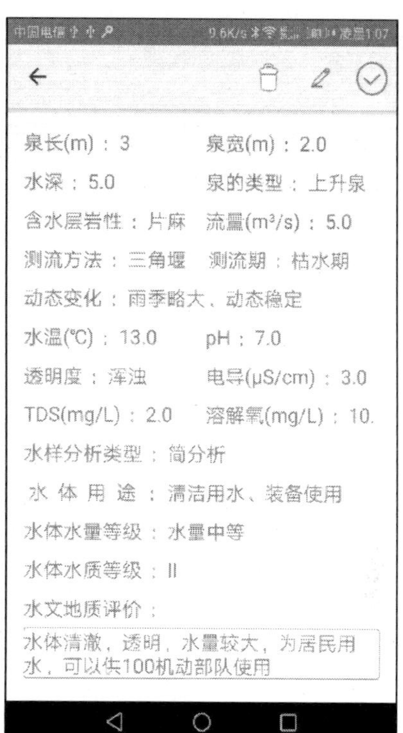

图 8.21　野外采集系统查询详情

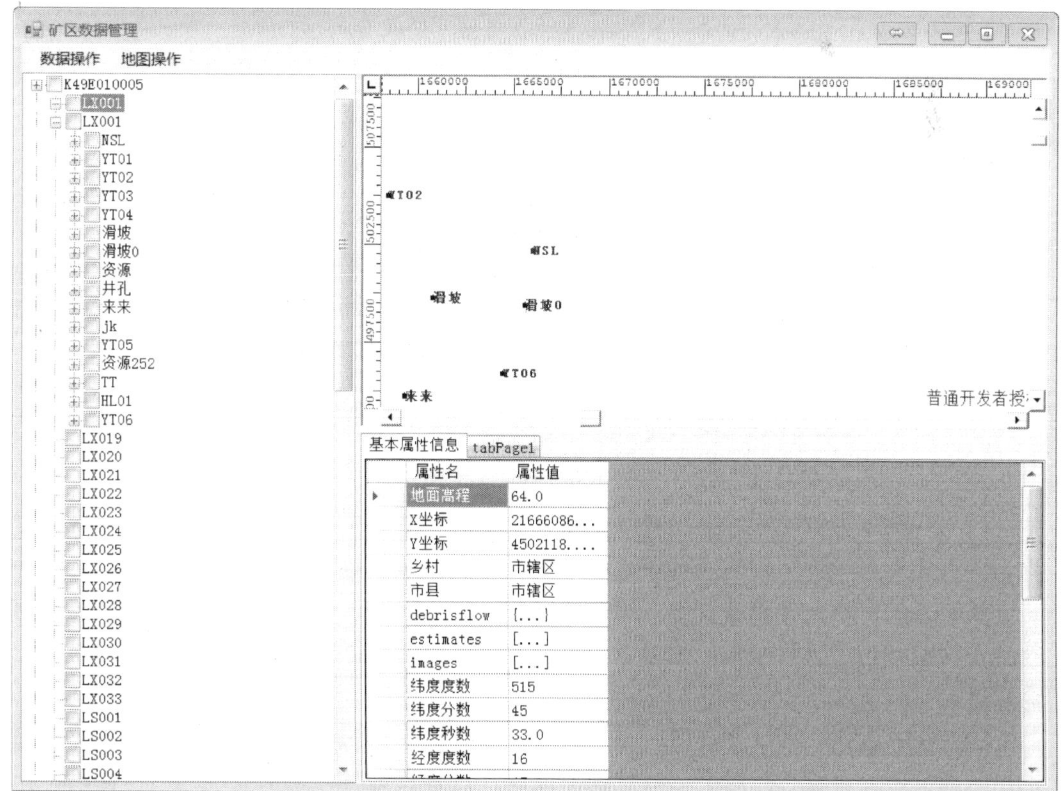

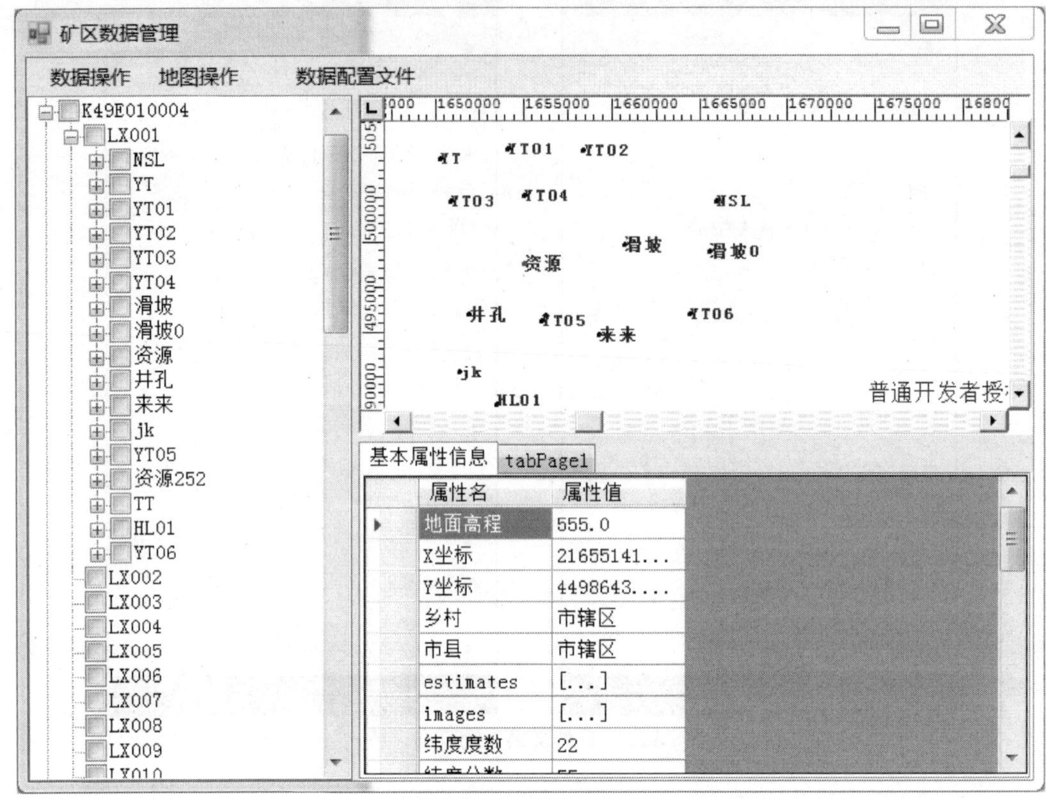

图 8.22　调查要素数据汇聚到服务器后在 PC 端显示的情况

8.3.3　地学异构数据的多维关键字索引方法

入库的多源异构军事地质数据包含结构化数据、非结构化数据和半结构化数据。如何高效地访问这些多源异构数据是提升军事地质信息管理系统效率和适用性的关键之一。建立针对性的异构数据索引，可显著提高异构数据查询和检索速度，本节重点讨论如何通过扩展倒排列表的方法建立地学数据模型及其内部的空间数据索引。

1. 地学异构数据的查询需求

在地学分析过程中包含以下几种数据访问场景。

（1）在数据分析初期，需要对某个研究区域的地质、工程等具体情况进行普查。普查过程首先获得多种结构的、描述该区域所有研究对象的数据，在这些数据中选取需要进一步研究的对象。普查过程中，用户可以通过输入地名、查询主题和限制性条件获得符合条件的异构结果数据集，也可以通过输入该区域的坐标范围获得所有该范围内的空间数据。

（2）在经过研究区域普查后，需要选取几个有代表性的数据特征，通过这些特征筛选出一部分研究对象。在对某一特殊现象或属性进行查询时，要求系统输出包含该特征的所有异构数据。

（3）经过特征筛选能够获得一系列具体的研究对象。在对某个特定的监测点、高切坡或钻孔进行查询时，系统需要支持用户通过具体编号、名称进行精准查询，并输出包含该特定目标的所有结构类型的数据。

（4）地学数据分析过程还需要对某些现象和数据进行统计或筛选，这就需要系统提供针对具体属性的范围查询功能。

（5）数据分析过程中，当需要了解某种现象或具有某些特定属性的对象之间的关联，通常需要将所有数据中具有某个相等属性的信息提取出来。

空间数据是地学数据极其重要的一部分，除了通过以上几种方式能够获得符合查询条件的空间数据集以外，还需要针对空间查询的需求设计索引和查询接口。

经过以上分析，可以将异构地学数据的查询划分为以下几部分。

（1）关键字查询：数据访问中的存在对数据模型中的一个或几个成分内部信息进行关键词查询，返回成分中含有该关键词的模型数据集合，关键词查询主要针对文本数据，多关键词查询也在其范畴内。

（2）属性查询：与关键词查询不同，属性查询的语句内包含具体的属性名称和属性值，该过程可以视作对结构化数据的查询，但在异构数据的环境下同样针对非结构化数据。

（3）数值查询：这一查询需求在数据分析过程中极为常见，通常是针对结构化数据内部的某一数值型的属性进行查询。

（4）关联查询：与属性查询类似，关联查询也是以属性名和属性值作为查询条件访问数据内容，但与属性查询不同的是关联查询中相等的两个条件的内容都是动态的，如果以属性查询组合的方式实现关联查询会需要大量的计算，效率极低，因此必须将数据单元间的关联关系显性表示，并直接在索引结构中体现。

（5）空间查询：是地学数据乃至空间数据管理系统必须支持的一种查询类型。空间查询包括根据距离查询和根据几何形状过滤查询两类，通过空间查询能获得组织在地学异构数据的细粒度数据模型空间成分中的所有空间数据。

2. 多维关键字索引结构

经过案例分析发现，地学异构数据的细粒度数据模型不仅要支持多模态数据的统一组织与访问，其内部还要能够区分结构化、非结构化数据，以及空间数据、非空间数据，并要在此基础上建立能满足关键词查询、属性查询、数值查询、关联查询和空间查询过程的索引结构。

需要在对数据索引技术进行分析的基础上，针对地学异构数据的多模态特性对传统的索引结构改进和拓展。

1）iDM 数据模型的索引结构

地学异构数据的细粒度数据模型是基于 iMeMex 系统的 iDM 模型进行拓展实现的，所以与 iDM 模型一样具有以统一的方式来表示多种类型的数据，并通过模型成分区分数据源结构的能力。

2）倒排索引结构

倒排列表（inverted lists）是信息检索和 Web 搜索引擎的一种基础索引结构，从索引的角度来说，它被称为倒排索引或倒排链表，它是对传统信息记录方法的改进，目的是消除关键词重复冗余和提高搜索效率。它将关键词作为索引对象，每个关键词对应一个链表，链表节点信息中记录了关键词在某个文档中出现的位置。

倒排列表由两部分构成，一部分是由关键词（tokens）构成的元素集合，另一部分是由文档（documents）构成的文档集合。每一个关键词对应一个链表，链表中记录了包含关键词的文档标识，分别记为：DOCS= {D1, D2, …, Dn}，TOKENS= {T1,T2,…,Tm}。

下面为三个文档分别建立普通记录结构和倒排列表结构。假设有 D1、D2、D3 三个文档，文档内容如下：

（1）D1= "dataspaces are collections of heterogeneous and partially unstructured data"；

（2）D2= "data-integration systems that also offer uniform access to heterogeneous data sources"；

（3）D3= "scenarios in which we want to manage dataspaces include personal data on one's desktop"。

以上可以建立如下索引结构，见表 8.5、表 8.6。从表 8.5 和表 8.6 中可以看出，一般的记录结构将文档作为索引目标，而倒排列表结构则以单词作为索引对象，构成了单词和文档之间的一种关联关系。对于关键字搜索来说，一般的索引结构需要查找所有索引，对于海量数据应用环境来说，索引工作量将会很大，查找效率可能变得不能容忍。

表 8.5 一般记录结构

文档	项	频率
D1	dataspaces	1
D1	heterogeneous	1
D1	data	1
D2	data	2
D2	systems	1
D2	heterogeneous	1
D3	dataspaces	1
D3	data	1

表 8.6 倒排索引结构

项	D1	D2	D3
dataspaces	1	0	1
heterogeneous	1	1	0
data	1	2	1
systems	0	1	0
sources	0	1	0

而倒排列表以关键词作为检索入口且没有冗余内容，通常情况下用户提交的关键字数量是很有限的，通过搜索倒排列表可以直接获取哪些文档包含用户输入的关键字，因此，这种方式能够极大地提高搜索效率，这也使得倒排索引技术在搜索引擎、桌面搜索和图书馆检索中有着广泛的应用。

在实际应用中，由于采用倒排索引从文档中提取的关键字列表较长，通过遍历方式找到某个对应文档链表的消耗过大，应使用字典树对关键词表进行组织，提高查询过程中对关键词表的查询效率。从倒排索引的结构描述可知，对中文文档建立倒排索引首先要对文档中的内容进行预处理和分词，在此基础上才能将文档转化为关键词，以此为基础建立索引。中文文本与英文文本不同，地学文本又与其他领域的中文文本不同，因此对地学数据建立倒排索引首先需要对地学数据进行预处理和分词。

3）基于 iDM 的朴素索引方法

iMeMex 是瑞士 ETH 开发的一个比较完整的个人空间数据管理系统，该 iMeMex 系统使用由 Apache 软件基金会提供的开源 Lucene 全文索引包为 iDM 数据模型的资源视图建立索引和副本，提高查询效率，本节称这种索引方式为朴素索引方法。

Lucene 首先利用各种解析器和分词器为要建立索引的文本内容抽取出索引项，并且根据用户的设置将信息写入索引文件中。Lucene 中最小的索引单位是项（term），若干项构成一个字段（field），若干个字段构成更大的逻辑文档。对于索引文件来说，它是由若干段构成的，段是构成文件的最大单位。

朴素索引的具体构成如下。

（1）名称成分索引和副本。iMeMex 系统首先利用 Lucene 全文索引对资源视图的名称成分建立索引且同时将名称成分内容进行存储。这样做可以利用 Lucene 的全文索引功能为关键字查询提供高效的支持。

（2）元组成分索引和副本。在内存中存储所有的资源视图元组成分的副本，并且为其副本在内存中建立一个的辅助的基于垂直划分排序的索引结构。垂直划分结构可以理解为一种特殊的关系表，它只有三个属性，分别为：记录标识、属性和值。第一列存储了一条记录的唯一标识；第二列存储了一条记录包含的一个属性；第三列存储了属性对应的值。这种三元组存储结构的一个明显的优点是可以极大地减少稀疏表的存储冗余，且能够较快地还原记录。

（3）内容成分索引。同样，利用 Lucene 全文索引对抽取的内容成分中的文本数据构建索引。但朴素索引并不使用 Lucene 为内容成分建立副本。通常来说，对内容成分的查询主要采用的是关键字查询的方式，它不涉及模式信息，而查询返回的是包含关键字的资源视图位置，因此，只为内容成分建立 Lucene 全文索引以提高查询效率而没有必要为其建立副本。

（4）关系成分副本。由于组成分表示的只是与资源视图相关的链接信息，因此，不能用 Lucene 为之建立索引，朴素索引将会为所有资源视图组成分建立副本，并将此副本驻留在内存中。这样做可以加快判断两个资源视图之间是否具有直接或间接相关性。

朴素索引方法直接采用 Lucene 全文索引方法来索引资源视图中的内容和关联信息，

其他部分使用简单驻留内存的方法保存副本。其中，Lucene 全文索引方法对关键字查询有着很好的支持，但对于属性查询和关系查询相结合的复杂查询方式却支持有限，且会产生大量的索引连接操作，而朴素索引只是简单地以副本形式对相关内容进行内存化，使用简单的遍历方式进行查询处理，支持复杂查询方式，且没有使用高效的结构来处理索引连接问题。

4）扩展的倒排索引结构

为了达到在统一的索引下，依然实现对元组成分内存储的结构化数据同样通过索引结构实现属性查询的效果，对倒排索引方法中的倒排索引结构进行拓展，提供更为高效、统一的支持。

由于数据模型组织的是多模态数据，数据查询条件中的内容不仅包含内容信息，也会包含模式信息。朴素索引结构受限于倒排索引自身结构，不能完全支持多模态数据的检索。如果索引中同时具有结构信息和内容信息，则将会极大提高查询效率。

鉴于以上问题和待实现的目标，考虑基本的倒排索引结构，可以通过两种索引拓展的方法来解决这个问题。一种是在关键字对应的文档链表中加入附加信息，使其能够索引结构信息；另一种是通过扩展关键字列来同时索引模式和内容信息。最终结合以上两种方法，通过同时拓展关键字列和文档链表索引关联信息扩展倒排索引结构。

拓展文档链表。拓展倒排列表简单来说就是在保持对模型数据中的名称成分、内容成分和元组成分构建倒排索引的同时，通过在文档链表中添加数字，标记其关键字的来源。具体内容如下：

（1）对于每一个资源视图 V，具有名称 N，则经过地学分词模型对 N 进行分词，在关键字列中加入分词结果（如果不存在），在相应的链表里加入一个条目<Rsid, 0>。其中，Rsid 是该数据单元的唯一标识符，0 表示关键字出现在名称成分 N 中。每一个数据单元 V，如果 V 中的 τ 成分不为空，则为属性和值建立索引。

（2）对属性建立索引链表，需要在关键字链表中加入属性 a_j（如果不存在），并在 a_j 对应的链表里加入<Rsid, attrindex>。attrindex 表示属性 a_j 在数据单元元组成分 τ 的模式 W 中的位置（从 1 开始）。同时为属性值建立索引链表，在关键字列里加入 v_j（如果不存在），在 v_j 对应的列表中加入<Rsid, attrindex>，其中 attrindex 表示 v_j 所对应的属性 a_j 在数据单元元组成分 τ 的模式 W 中的位置。

（3）对于数据单元 V 的内容成分 x，经过将数据预处理过程 x 分解关键字 k，对于每一个 x 中的关键字 k，在关键字列中加入 k（如果不存在），在相应的链表里存入一个条目<Rsid, -1>，Rsid 表示资源的唯一标识，-1 表示关键字出现在 x 成分中。

拓展关键字列。由于数据模型所支持的关键字查询对数据结构没有严格要求，而属性查询对数据组织结构的要求较高，拓展关键字列的方法通过特殊符号在关键字列中针对元组成分进行标记。

如果数据单元的 τ 成分不为空，则为属性和属性值建立索引。

（1）为属性值建立索引链表：$<a, k>$为 τ 中（W, T）的一个相应的属性-值对，在关键字列中加入 $k//a$（如果不存在），并在相应的链表加入<Rsid>表示数据单元。其中“//”

是特殊标记符，在实际索引构建中可以根据实际情况进行变换。

（2）为属性建立索引链表：在关键字链表里，如果存在元组成分 τ 中的属性 a_j，在 a_j 对应的链表中加入<Rsid>。

同时拓展关键字列和文档链表。以上索引不能很好地解决关联查询问题，是因为缺少数据单元之间的联系信息，也没有刻画关系成分中存储的数据单元间的关系，这对可能涉及多个数据单元的关联查询无法提供支持。

从数据结构的角度，地学异构数据的细粒度数据模型的数据索引基于倒排索引构建，而多维关键字索引的根本思路是将整个数据单元内的数据作为一个单列倒排索引，其索引结构本身并不支持多列联合，所以在联合查询的时候存在一定问题，如果坚持将联合查询步骤在需要多维关键字索引上实现，需要针对关系成分中的内容特点对关键字列和文档链表都进行拓展实现数据关联关系的刻画。

（1）为关联属性建立索引链表：$<a, b, \{i\}>$ 是数据单元 U_j 的关系成分，构建倒排索引时在关键字列中加入 $a\&b$（如果不存在），并在相应的文件链表加入<Rsid, {i}>，其中 Rsid 是数据单元 U_j 的唯一标识符，$\{i\}$是符合 $U_k \rightarrow U_j$ 的所有数据单元的唯一标识符。其中“&”是特殊标记符，在实际索引构建中可以根据实际情况进行变换。

（2）为属性建立索引链表：在关键字链表里，如果存在关系成分γ中的属性 a_j 和 b_j，在 a_j 对应的文档链表中加入<Rsid>，在 b_j 对应的文档链表中加入$\{i\}$中的元素。

根据以上原则，对图 8.23 所示的地学异构细粒度模型数据构建扩展的倒排索引，见表 8.7。

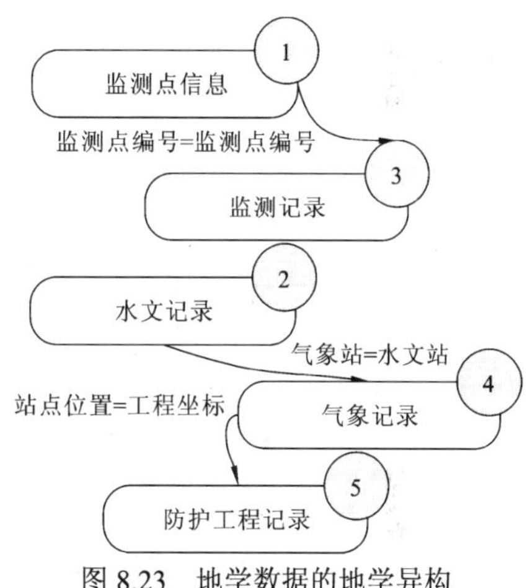

图 8.23　地学数据的地学异构数据细粒度模型表示

表 8.7　同时拓展关键字列和文档链表的倒排索引结构

关键字表	文档链表
监测	<1>,<3>
记录	<3>,<4>,<5>
监测点	<1>
水文	<2>
气象	<4>
防护工程	<5>
监测点编号&监测点编号	<1,3>
气象站&水文站	<2,4>
水文站&气象站	<2,4>
站点位置&工程坐标	<4,5>
工程坐标&站点位置	<4,5>

不论是对文档链表进行拓展、对关键字列进行拓展，或是同时拓展关键字列和文档链表，扩展倒排索引的基本思路都是通过特殊字符对倒排索引内容按照其来源的数据结构进行标记和拓展，从而实现在索引中表示数据结构和数据关系的效果。与拓展文档链表的方法相比，扩展关键字列的方法简化了属性查询需要进行索引连接，节省了大量计算时间。同时拓展关键字列和文档链表的方法，能将多个数据单元的关联属性通过一个关键字进行表示，减少了多个关键字查询并且连接的计算过程。

扩展倒排索引数据单元的方法能支持地学异构数据的关键字查询、属性查询和关联查询，然而却不能解决地学数据中的空间查询问题。

5）基于空间排列编码的空间数据索引

在现有的各种应用广泛的空间索引中，各种四叉树和 K-D 树索引容易存在索引树结构易失衡、节点利用率低、节点 key 值度量顺序易混乱等问题，针对这些问题的改进也使得索引结构的构造过程越来越复杂。采用基于空间对象排序的方法构建索引，能以一维映射方式对空间对象进行索引，这种一维的索引从结构上看更能与倒排索引兼容。此外，空间对象排序法还能在不改变索引结构的情况下实现对更高维度对象的映射，这一特点将大大简化系统拓展过程。

Geohash 编码能对空间数据中的所有点要素通过其事先生成的空间填充曲线和编码压缩算法进行编码，然而地学异构数据中的空间数据不仅只有点要素，还包括大量的线要素和面要素，因此多维关键字索引方法需要对 Geohash 编码空间数据索引进行拓展，实现非点要素的空间信息的索引。

由于 Z 填充曲线具有聚类特性，空间临近区域的 Geohash 编码值有公共的前缀，公共前缀的长度越长，表明这两个点距离越近。基于这一属性可知，一个非点空间要素由于其内部的所有点数据不会相隔太远，这个要素的 Geohash 前缀编码相同，并且前缀编码的长度与其索引的空间范围密切相关。因此本节采用分层思想，对空间要素中的坐标信息对应的 Geohash 进行划分并建立索引。与四叉树结构类似，Geohash 各级别的编码是从上一级别划分而来，不同的是 Geohash 将下一层划分为 32 个子空间（编码为 0～Z），结构如图 8.24 所示。

首先将空间要素中的所有坐标转换为 11 位 Geohash 编码，并对编码按位切分成多层结构，每一层代表了一级索引空间，在每一层空间中对包含空间要素内容的子空间进一步划分，直到每个子空间中只有一个要素，或构成完整的 GeoHash 编码。图 8.25 是索引结构示意，其中蓝色节点表示点要素，灰色节点表示非点要素，此处只对六层索引结构进程表示：

（1）对点要素的索引构建过程，就是把其 Geohash 编码 wtxrvb 按位数分成 w、wt、wtx、wtxr、wtxrv、wtxrvb，并在其中记录要素对象信息。

（2）对非点要素的索引构建过程如下。①首先获取需要进行索引操作的要素类型，以面要素为例。②计算目标面要素的索引划分的级别，该过程通过计算该面要素的外包矩形范围确定；得到与目标面要素相交（即有交集或在面要素内）的所有子空间。主要做法是从全球节点开始进行深度遍历并对各子树进行前枝：每下一层有 32 个子节点，

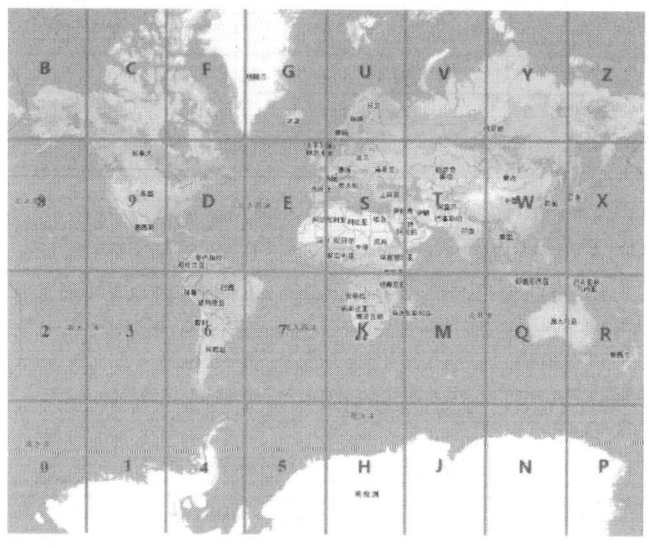

图 8.24　Geohash 空间划分示意图（图片来源于网络）

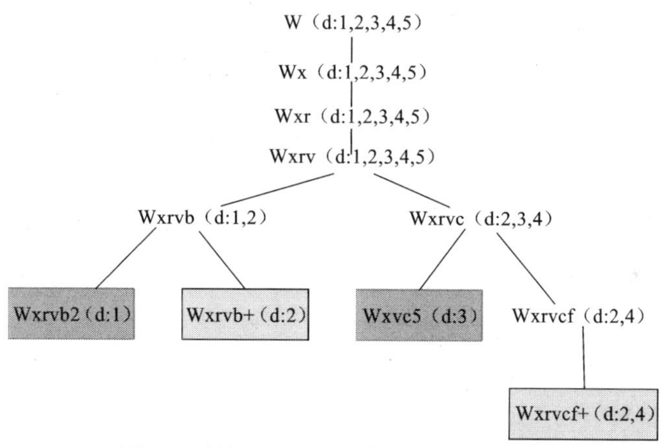

图 8.25　基于 Geohash 编码空间索引结构

然后判断各子节点与面要素的相交情况。判断相交主要是先与面要素的外包矩形判断是否相交（提高效率），如果相交，再与面要素进行相交判断；不相交的则舍弃该节点，其子节点也不会被遍历到。若一个子空间包含在目标面要素中，则设置该空间节点为叶节点，在其编码符号末尾加+，添加到索引结构中，其子节点不再遍历。若目标面要素经过一个子空间，将该节点添加到索引结构中去，然后继续深度遍历其子节点，获得更精确的空间。当子空间的 GeoHash 编码长度达到最大程度时，则到达最底层，标记该节点为叶节点，添加到索引结构中，停止对该节点的遍历。如果某个空间的 32 个子节点都是叶节点，则删除这 32 个子节点，把代表该空间的节点设置成叶节点。③对所有相交的子空间完成判断后，构成要素索引。

面要素的索引构建过程如图 8.26 所示（只对第四层到第五层相交判断进行展示）。

线要素的索引构建过程与面要素类似，空间数据将以 GeoHash 编码分层的方式进行索引。

wteb	wtec	wtee	wtef	wteu	wtev	wtey	wtez
wte8	wte9	wted	wted+	wtes	wtet	wtew	wtex
wte2	wte3	wte6	wte7+	wtel	wtem	wetq	wter
wte0	wte1	wte4	wte5	wteg	wteh	wten	wtep

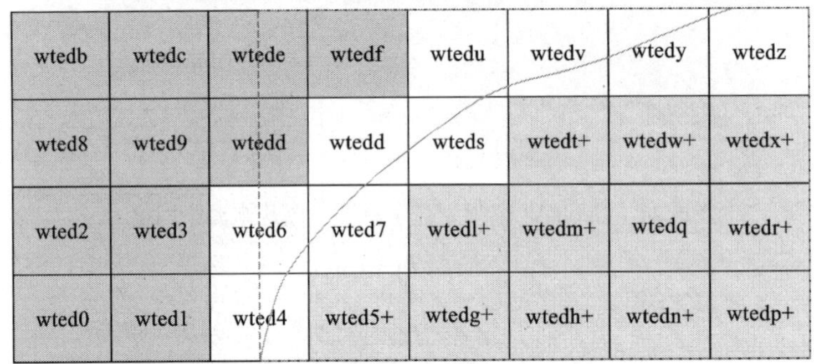

图 8.26　面要素索引构建过程示意图

6）数值字典树索引

倒排索引要求词按照字典序（lexicographic sortable）排列，因此倒排索引结构不直接支持数值（及范围）的搜索，数值必须转换为字符（串）。而如果只是简单地将数值或字符范围转为字符串，会带来很多的问题。

（1）数值的精度不统一需要在构建关键字表时对数值补全到位数对应，并将转化后的词按数值大小排列。这一过程由于数值位数不确定如果补的位数多会浪费空间，少则存储的数值范围有限。

（2）由于对数值范围查询采取倒排索引实现，需要将数值查询的查询条件分解为多个数值字符进行比较过滤，这一过程就相当于做了多次的属性查询，整体效率极低。

因此多维关键字索引要对地学异构数据中的数值属性专门制定索引方法，实现数值查询。考虑到即使同为数值类型，不同属性对应的数值范围和精度也有所不同，将所有数值类型的元组统一构建索引存在一定问题，因此需要根据不同的属性分别构建字典树。

与空间排列编码的空间索引类似，可以通过使用映射函数将同一类型的有序数值映射成为有序编码，并且映射前后的顺序必须相同，然后采用相同思路对编码分解并构建字典树。数值类型数据的索引构建过程如下。

（1）将数值转化为大小顺序一致的编码字符串，转化过程中为保持其编码与数值顺序大小一致，在负数对应的编码位进行异或计算。

（2）按一定的步长 L 对获取的有序编码字符串划分，每次右移$(n-1)\times L$位，每次移位后将划分的编码转化为字符。由于数值顺序与编码顺序一致，划分后的字符按字典序排列后，其顺序也与数值大小顺序一致，划分每个字符代表了一个数值范围。

（3）根据以上划分层次和结果，对字符构建字典树实现数值索引的构建。

对数值构建的倒排索引示意图和字典树示意图如图 8.27 所示。

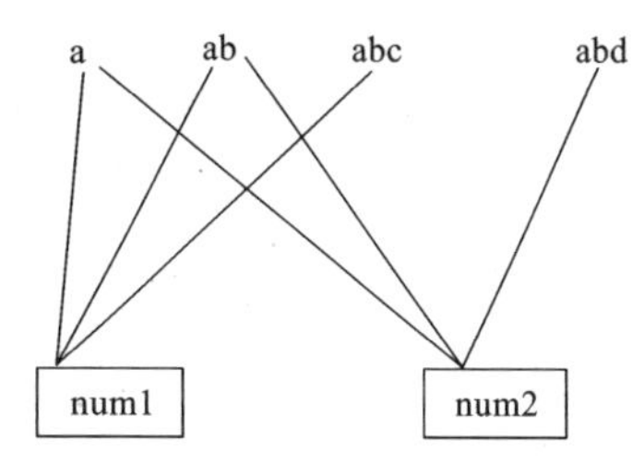

图 8.27　数值倒排索引结构示意图

7）空间关键字索引结构

空间关键字索引结构是指针对空间关键字查询（spatial keyword query，SKQ）构建的多层次索引结构。一个 SKQ 是以一个地理位置和若干个关键词作为参数，返回满足空间与文本约束的结果。SKQ 的数据对象一般为空间-文本对象（spatio-textual object）。一个空间-文本对象 o 由两部分组成：地理位置 o.loc 和关键词集合 o.keywords，其中 o.loc 一般是二维空间上的一个点。

目前，空间关键字查询面临的主要问题是不同索引技术的集成和排序公式的设置。表面上看，SKQ 就是空间查询和关键词查询的集成，但是传统的空间查询和关键词查询使用不同的索引技术和查询算法，如从索引技术来说，空间查询广泛使用 R 树、四叉树等树结构，而关键词查询使用倒排索引等较为扁平的结构，它们的集成面临不少困难。

空间查询和关键词查询的集成根据其索引结构的集成程度分成三种：松散组合、空间优先、文本优先。

松散组合分别针对空间数据建立空间索引（一般采用 R 树或四叉树），针对文本数据建立文本索引（一般是倒排索引），两种类型的索引之间没有或只有松散的联系。查询处理时，分别从空间索引和文本索引出发，找出满足空间约束和文本约束的对象，然后将它们综合起来。

空间优先的索引结构中，空间-文本索引是对空间索引进行增强，加入文本信息得到的，空间索引主要是使用 R 树，也有少数工作使用网格索引。

文本优先的方案中，空间-文本索引是对文本索引（如倒排文件）进行增强，将每一个关键词映射到一个含有空间信息的数据结构上。

8）地学数据模型的多维关键字索引结构

结合前文对地学异构数据查询的需求分析，以及 iDM 数据模型的索引结构与基于曲线填充编码的空间索引介绍，本节针对地学异构数据中的空间数据和文本数据分别建立索引，并参考空间关键字索引结构类型构建多维关键字索引结构，实现地学异构数据的关键字查询、属性查询、关联查询、数值查询和空间查询。

（1）文本倒排列表。多维关键字索引结构对数据单元中的名称成分、内容成分通过地学分词模型后，采用朴素索引方式对分词结果和文档构建倒排索引。

为降低系统在属性查询中需要进行的索引连接计算操作，对数据单元中的元组成分使用拓展关键字列的方法建立索引，该方法通过在关键字列中标明属性值及其属性，实现在倒排索引中记录结构信息的效果。

使用同时拓展关键字列和文档链表的方法对数据单元中的关系成分构建索引，该方法通过特殊字符标记将关系成分与其他成分信息分开，并在文件链表中记录数据单元间的关系，从而通过倒排索引表现关联关系。

（2）空间排列编码分层索引。由于地学异构细粒度数据模型在数据划分阶段已经将图形文件划分为多个独立的要素对象，空间数据的索引构建过程只需对每个数据单元的空间成分依据空间排列编码分层索引方法进行计算即可。

（3）数值字典树索引。通过对元组结构中属性字段特殊标记的方式，可以在索引构建中抽提结构化数据中所有的数值数据，根据属性对这些数值数据进行转换并插入数值字典树索引中。

（4）多维关键字索引。与空间关键字查询问题不同，地学异构数据管理系统中需要存储管理的空间数据不仅只有点数据，还包括大量的线、面数据，并且在异构数据通过地学异构细粒度数据模型统一集成管理的情况下，空间-文本查询需求可以分别通过空间查询和关键字查询实习。结合对空间-文本索引结构的分析，选择采用松散组的方式对空间数据和文本数据分别构建索引，不同的索引结构实现不同的数据查询需求，在需要时根据数据单元的唯一标识符进行归并操作。

3. 实验与分析

通过 Java 对 Solr 服务器中索引构建过程进行设计，从而构建多维关键字索引结构。本实验以试验区地学数据作为多维关键字索引的实验环境，验证由本章所描述的方法构建的多维关键字索引对采用地学异构数据细粒度模型组织的结构化、半结构化和无结构化数据的关键字查询、属性查询、空间查询、数值查询及关联查询的可行性和效率。实验考察了多维关键字索引的建立时间和索引大小，同时考察了使用多维关键字索引方法和其他方法在处理本章提出的五种查询时的响应时间。实验数据转化后的数据单元数目和数据情况见表 8.8。

表 8.8　实验数据集数据单元情况

数据单元	数据来源	数量/个	合计/个
结构化数据单元	关系型数据库	635	802
	电子表格	167	
非结构化数据单元	文本文档	1 257	13 030
	图片	6 517	
	图形数据	5 256	

基于 Solr 服务器对所有异构数据模型构建多维关键字，索引文件情况大小如图 8.28 所示。

名称	修改日期	类型	大小
_5t.fdt	2020/5/5 星期二 ...	FDT 文件	5,470 KB
_5t.fdx	2020/5/5 星期二 ...	FDX 文件	1 KB
_5t.fnm	2020/5/5 星期二 ...	FNM 文件	1 KB
_5t.nvd	2020/5/5 星期二 ...	NVD 文件	2 KB
_5t.nvm	2020/5/5 星期二 ...	NVM 文件	1 KB
_5t.si	2020/5/5 星期二 ...	SI 文件	1 KB
_5t_Lucene41_0.doc	2020/5/5 星期二 ...	Microsoft Word ...	4,497 KB
_5t_Lucene41_0.pos	2020/5/5 星期二 ...	POS 文件	41 KB
_5t_Lucene41_0.tim	2020/5/5 星期二 ...	TIM 文件	10,889 KB
_5t_Lucene41_0.tip	2020/5/5 星期二 ...	TIP 文件	382 KB
_8n.fdt	2020/5/5 星期二 ...	FDT 文件	3,544 KB
_8n.fdx	2020/5/5 星期二 ...	FDX 文件	1 KB
_8n.fnm	2020/5/5 星期二 ...	FNM 文件	1 KB
_8n.nvd	2020/5/5 星期二 ...	NVD 文件	2 KB
_8n.nvm	2020/5/5 星期二 ...	NVM 文件	1 KB
_8n.si	2020/5/5 星期二 ...	SI 文件	1 KB

图 8.28　多维关键字索引文件

对表 8.8 所描述的实验数据集建立索引的具体情况见表 8.9。

表 8.9　实验数据单元数量及索引构建情况

数据单元	合计/个	数据单元来源	数据单元组成成分						数量/个	索引构建时间
			N	τ	χ	S	γ	R		
结构化数据单元	802	结构化数据	√	√		√	√		802	27 s
		文档文件	√		√	√	√	√	1 257	10 s
非结构化数据单元	13 836	图片文件	√		√	√		√	6 517	31 s
		图形文件	√	√		√		√	5 144	2 h 47 min 6 s

根据表 8.9 可知，由于数据单元中的元组成分内部包含了结构化数据所有属性字段及其对应值，在结构化数据索引构建过程中，需要对其进行解析和拼接，因此相同数据量的情况下结构化数据的多维关键字索引构建的时间较长。多维关键字索引中扩展的倒排索引结构能够通过对文本、关系及数值内容实现分词和索引构建，在完成属性和关联关系信息的关键字连接后，索引构建的过程主要是将这些内容划分成关键字集合，因而不需要进行过多的计算；而对图形数据构建索引则需要经过空间编码计算实现，在该过程中要对每一个空间要素信息中的每一个点进行空间排列码的计算，并构建基于空间排列编码的空间数据索引。从图形文件中提取的空间数据单元众多，数据单元内部的数据点也极多，因此构建空间索引会消耗整体多维关键字索引构建中的绝大部分时间。

在关键字查询、属性查询、空间查询、数值查询及关联查询这五类查询中，关键字查询、属性查询、关联查询和数值查询是地学数据分析中最普遍的几种查询方式，对所有异构数据都适用；空间查询则只涉及有空间数据的数据单元实现，这种数据单元统一来源于各种结构的数据。

本节对各类查询的查询效率和涉及的数据量进行分析，实验中考虑 5 种类型的查询。关键字查询，查询由一些关键字构成，没有模式信息，用 KQ_n 表示，n 表示关键字的个数；属性查询，查询中包含关键字和属性信息，用 PQ_n 表示，n 表示谓词的个数；关联查询，由数据单元标识和属性构成的查询，用 PEQ_n 表示，n 代表相等属性个数；数值查询，由属性和数据范围构成的查询，用 NQ_n 表示，n 代表数值范围数；空间查询，由空间点要素或面要素构成的查询，用 SQ_n 表示，n 代表空间范围数。为了测试索引的适应性，在实验中，通过改变这五种查询的复杂度来进行考察。对于关键字查询，设定关键字个数为一到五个来分别考察查询的效率；对于属性查询，设定属性的数目为一到三个，每个谓词中有一个关键字；对于关联查询，设定有关联关系的属性字段有一到三个；对于数值查询，设定查询数值属性个数为一到三个；对于空间查询，设定查询范围个数为一到三个。对于查询中涉及的关键字、数值和结构信息，通过随机地从资源视图集中抽取来构造查询。

对于每一个查询配置，随机产生 50 个查询，每一个执行三次。使用其平均时间作为查询的最终执行时间。本节使用 iDM 自带的朴素倒排索引结构与多维关键字索引进行对比，表 8.10、图 8.29 显示了使用这两种索引进行查询处理的响应时间。

表 8.10　数据查询及查询涉及的实验数据单元数量

参数	关键字查询	属性查询	关联查询	数值查询	空间查询
涉及单元数	38 320	38 320	38 320	38 320	5 144
消耗时间/ms	20.2	22.6	23.2	16.3	12.6

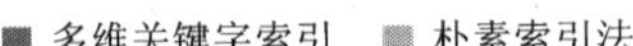

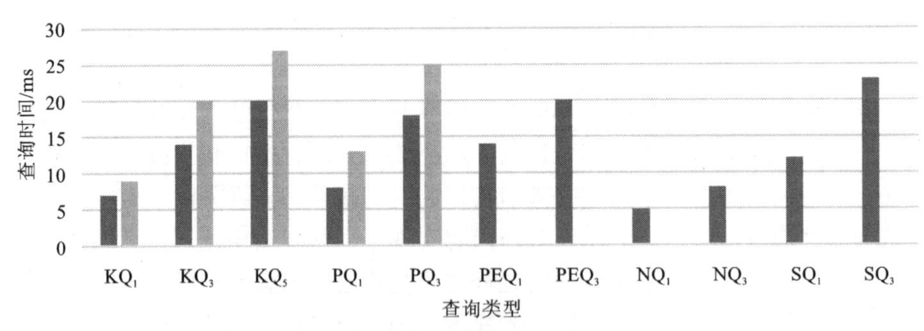

图 8.29　多维关键字和朴素倒排索引查询处理相应时间对比

处理关键字查询、属性查询、关联查询、数值查询和空间查询都非常高效：处理一个不超过 5 个关键字的关键字查询花费的平均时间为 20.2 ms，处理不超过三个属性查询的查询平均时间为 22.6 ms；处理不超过三个关联属性的关联查询平均响应时间为 23.2 ms；处理不超过三个查询范围的数值查询平均响应时间为 16.3 ms；处理不超过三个空间范围条件的空间查询平均响应时间为 12.6 ms，这个结果与查询所涉及的数据单元数量及索引结构及其查询算法都有关系。

相同个数的属性查询、关键字查询在关键字查找时间上基本相同。由于在多维关键字索引中对倒排索引扩展了关键字列表，从而节省了传统方法中的查询内属性对应的索引和值对应索引进行连接的时间，因此，属性查询的处理效率得到了提高，这说明本节实现扩展倒排索引列表的方法是有效的。

相同次数的关联查询在总体查询时间上消耗略多于其他两类查询。与属性查询相比，关联查询对倒排索引的关键字表和文档链表都进行了拓展，在关联查询中，对关联关系的属性部分查询后，还要进行文档结果集的归并操作，这种文件链表的归并计算会消耗一定的时间，因此关联查询比属性查询需要更多时间。

相同次数的数值查询和空间查询比其他三种查询节省时间。从数据的角度分析，由于不是每个从异构数据中提取集成的数据单元都包含空间数据，空间数据查询所涉及的数据量本身就比其他查询更少；从索引结构的角度分析，由于多维度关键字对数值内容和空间内容分别建立前缀树索引，在索引中对关键字节点进行计算能够很快过滤掉很多不满足条件的编码节点，也会大大降低在关键字表中查询所消耗的时间。而其他三种查询则需要对关键字表进行查询，以及文档链表的连接计算，增加了关键字查询的时间消耗和文档连接的负担。

结果表明，使用多维关键字索引方法对使用地学异构细粒度数据模型描述的异构地学数据，能够在表达其内部结构属性的同时高效地处理关键字查询、属性查询、关联查询、数值查询和空间查询。

参 考 文 献

陈建平, 李婧, 崔宁, 等, 2015. 大数据背景下地质云的构建与应用[J]. 地质通报, 34(7): 1260-1265.

陈应军, 严加永, 2014. 澳大利亚三维地质填图进展与实例[J]. 地质与勘探, 50(5): 884-892.

程建权, 1999. 城市系统工程[M]. 武汉: 武汉大学出版社.

程轶, 2005. 从伊拉克战争看信息化战争的特点[J]. 西安政治学院学报(2): 79-80.

达尼克·尤里·格利高利耶维奇, 齐欣原, 2008. 现代和未来战争及军事行动的内容、本质与定义问题[J]. 天津行政学院学报, 10(6): 43-47.

戴春宁, 2007. 基于移动 GIS 的数据采集系统的设计与实现[D]. 南京: 南京农业大学.

戴慎志, 2002. 论城市安全战略与体系[J]. 规划师(1): 9-11.

邓聚龙, 1982. 灰色控制系统[J]. 华中工学院学报, 10(3): 9-18

弗·伊·斯里普琴科, 2004. 第六代战争[M]. 张铁华, 译. 北京: 新华出版社.

高振记, 谢华锋, 李志伟, 等, 2016. 油气资源地质调查大数据架构与应用研究[J]. 地理信息世界, 23(1): 18-23.

龚健雅, 李小龙, 吴华意, 2014. 实时 GIS 时空数据模型[J]. 测绘学报, 43(3): 226-232.

韩燕波, 王桂玲, 刘晨, 等, 2010. 互联网计算的原理与实践: 探索网络、云和 WebX. 0 背后的本质问题和关键技术[M]. 北京: 科学出版社.

郝杰忠, 马士良, 朱雯, 等, 2012. 钻地弹侵彻爆炸条件下岩石边坡稳定性分析[J]. 武汉理工大学学报, 34(9): 69-73.

何唐甫, 陈贵唐, 侯素燕, 2002. 国外常规深钻地武器发展分析[J]. 防护工程(1): 22-25.

何文娜, 2013. 大数据时代基于物联网和云计算的地质信息化研究[D]. 长春: 吉林大学.

何珍文, 2008. 地质空间三维动态建模关键技术研究[D]. 武汉: 华中科技大学.

何珍文, 吴冲龙, 张夏林, 等, 2001. 数据库应用程序中通用动态查询实现方法研究[J]. 计算机工程, 28(11): 353-360.

何珍文, 郑祖芳, 刘刚, 等, 2011. 动态广义表空间索引方法[J]. 地理与地理信息科学, 27(5): 9-15.

侯树荣, 董彦斌, 刘圣宇, 等, 2010. 军用运输机在现代战争中的作用及趋势发展[J]. 吉林工程技术师范学院学报, 26(4): 69-71.

黄晖, 吴淑珍, 2012. 现代战争中环境监测问题的探讨[J]. 中国环境管理干部学院学报, 22(4): 67-70.

黄少芳, 刘晓鸿, 2015. 基于大数据的地质资料档案信息化与服务[J]. 资源与产业, 17(6): 56-61.

黄少芳, 刘晓鸿, 孙玲, 等, 2016. 初论大数据时代地质资料信息集成与服务[J]. 中国矿业, 25(2): 170-172.

姜义, 张崇山, 赵洪伟, 1998. 1: 5 万区域地质调查数字地质图系统设计方案[J]. 中国区域地质, 17(2): 218-224.

姜作勤, 1997. 澳大利亚第二代填图野外数据采集的新进展: AGSO 的野外数字记录本[J]. 中国区域地质, 16(3): 335-336.

姜作勤, 马智民, 杨东来, 等, 2007. 地质信息服务体系框架研究[J]. 中国地质, 34(1): 173-178.

康承旭, 汪新庆, 2014. 基于 Microsoft Azure 地质云平台的设计与实现[C]// 第十三届全国数学地质与地学信息学术研讨会.

李响, 2016. 努力开辟军事地质调查新领域[N]. 中国国土资源报, 2016-04-27(001).

李超岭, 张克信, 墙芳躅, 等, 2002. 数字区域地质调查系统技术研究[J]. 地球科学进展(5): 763-768.

李超岭, 李健强, 张宏春, 等, 2015. 智能地质调查大数据应用体系架构与关键技术[J]. 地质通报, 34(7): 1288-1299.

李天文, 1999. GIS 和 DGPS 一体化方法在地质填图中的应用[J]. 西安矿业学院学报, 19(1): 18-21.

李学东, 2009. 基于 WEB 的地学数据集成与发布技术研究[D]. 北京: 中国地质大学.

李学锋, 2005. 矿山企业数据仓库的应用研究[D]. 昆明: 昆明理工大学.

李远华, 姜琦刚, 周智勇, 等, 2012. 陆域遥感军事地质图基本要素及其表达方法[J]. 世界地质, 31(3): 614-620.

李泽沛, 2008. 基于野外数据采集的移动 GIS 研究[D]. 昆明: 昆明理工大学.

厉青, 段怡春, 汤军, 等, 2002. 油气勘探数据仓库的建设及其相关技术[J]. 成都理工学院学报, 29(3): 310-314.

刘刚, 吴冲龙, 何珍文, 等, 2020. 面向地质时空大数据表达与存储管理的数据模型研究[J]. 地质科技通报, 39(1): 164-174.

刘丽, 张礼中, 朱吉祥, 2015. 国内基于移动 GIS 的野外地质数据采集信息化研究现状[J]. 南水北调与水利科技, 13(2): 343-348.

刘威, 2013. 复杂地学 G~4I 系统数据集成与云计算关键技术研究[D]. 长春: 吉林大学.

刘传正, 2014. 中国崩塌滑坡泥石流灾害成因类型[J]. 地质论评, 60(4): 858-868.

刘凤山, 2008. 《同一个地质计划》的进展与对策[J]. 地质通报, 27(3): 430-432.

刘凤忠, 2004. 基于 CORS 的地质野外数据采集系统设计与实现[J]. 测绘与空间地理信息, 37(9): 76-78.

刘光鼎, 刘代志, 2003. 试论军事地球物理学[J]. 地球物理学进展, 18(4): 576-582.

刘海新, 刘惠德, 何虎军, 等, 2005. 移动 GIS 的发展及其应用[J]. 地理空间信息, 3(4): 41-42.

刘仕华, 2015. 基于 Android 的 SQLite 数据库操作管理[J]. 信息化建设(9): 252-253.

刘翔飞, 辛伟强, 1998. 大庆油田研究院建立勘探开发数据银行[J]. 石油工业计算机应用(2): 56.

刘晓煌, 孙兴丽, 刘玖芬, 等, 2016. 陆域军事地质要素的提取及成果表达[J]. 西北地质, 49(3): 193-203.

刘晓煌, 鲁继元, 裴荣富, 等, 2017a. 军事地质工作的发展、影响与对策建议[J]. 战略研究(3): 71-79.

刘晓煌, 孙兴丽, 毛景文, 等, 2017b. 军事地质及其在现代战争中的作用[J]. 地质通报, 36(9): 1656-1664.

刘晓煌, 张露, 孙兴丽, 等, 2018. 现代军事地质理论与应用[M]. 北京: 科学出版社.

刘晓静, 柳锋, 唐少华, 等, 2009. 海军非战争军事行动的海洋测绘保障问题研究[J]. 测绘科学, 34(S1): 121-123.

刘永远, 郝富春, 钟钧宇, 2009. 从伊拉克战争看信息化战争中武器装备的保障特点和规律[J]. 飞航导弹(8): 63-64.

刘玉婷, 2020. 异构地学大数据高效访问的关键技术研究[D]. 武汉: 中国地质大学.

陆建江, 张亚非, 苗壮, 2007. 语义网原理与技术[M]. 北京: 科学出版社.
罗霄, 2005. 未来战争模式及对策浅议[J]. 现代防御技术(3): 1-4.
马有志, 2001. 勘探数据银行的开发构想[J]. 信息技术(10): 21-22.
孟红锐, 2016. 崩塌滑坡泥石流灾害成因类型分析[J]. 资源信息与工程, 31(5): 190-193.
欧阳金芳, 2009. 生态环境与高技术条件下的部队战斗力[M]. 北京: 国防大学出版社: 5-8.
裴艳云, 2013. 基于 GeoGIS 的数字地质调查系统的研建[D]. 北京: 北京林业大学.
彭诗杰, 2017. 基于微服务体系结构和面向多地质主题的数据云服务关键技术研究[D]. 武汉: 中国地质大学.
钱锋, 2019. 绝对的优势 错误的评估 惨痛的胜利: 美军硫磺岛登陆战役浅析[J]. 军事史林(9): 67-72.
阙翔, 2015. 面向动态过程模拟和实时表达的地质时空数据模型研究[D]. 武汉: 中国地质大学.
饶杨安, 贺怀建, 2010. 地层信息系统中的地质实体与数据类型[J]. 岩土力学, 31(5): 1621-1626.
宋丙剑, 2017. 矿产资源在战场环境保障中应用探讨[J]. 河北北方学院学报(自然科学版), 33(9): 58-60.
孙卡. 2010. 海量地质空间数据的动态调度技术研究[D]. 武汉: 中国地质大学(武汉).
孙卡, 吴冲龙, 刘刚, 等, 2011. 海量三维地质空间数据的自适应预调度方法[J]. 武汉大学学报(信息科学版), 36(2): 140-413.
孙兴丽, 刘晓煌, 鲁继元, 等, 2017. 现代战争特点与军事地质调查[J]. 地质评论, 63(1): 99-112.
谭永杰, 2016. 地质大数据与信息服务工程技术框架[J]. 地理信息世界, 23(1): 1-9.
唐金荣, 杨宗喜, 郑人瑞, 等, 2016. 国外军事地质工作现状与发展趋势[J]. 地质通报, 35(11): 1926-1935.
陶燕, 2004. 基于移动 GIS 的数据采集系统研究与开发[D]. 北京: 中国科学院研究生院.
田善君, 2016. 面向地质大数据存储管理的时空数据模型研究[D]. 武汉: 中国地质大学.
童林旭, 1999. 城市可持续发展的安全保障问题[J]. 城市发展研究(6): 1-6.
涂振发, 2012. 云计算环境下海量空间数据高效存储关键技术研究[D]. 武汉: 武汉大学.
汪明冲, 赵军, 李玉琳, 2006. 空间数据库引擎及其解决方案分析[J]. 地理信息世界(4): 63-66.
王康, 于德浩, 杨清雷, 等, 2017. 军事遥感地质编图方法[J]. 中国地质调查, 4(3): 83-89.
王爱冬, 2002. 论现代战争与环境保护[J]. 中国环境管理(2): 17-18.
王鸿玲, 糜玉林, 2008. 信息可视化技术在军事中的应用[J]. 舰船电子工程, 28(3): 40-42.
王敏芳, 党芬, 王瑛, 2005. 新军事革命与战场信息可视化[J]. 电子工程师, 31(11): 61-63, 77.
王庆龙, 黄毅, 牛桂芝, 等, 1996. 地质勘探数据库的开发和应用[J]. 化工矿产地质, 18(3): 252-256.
王永志, 2008. 基于数据仓库和 SOA 的地学数据集成与应用的关键技术研究[D]. 长春: 吉林大学.
魏振华, 2011. 海量地质空间数据一体化存储模型和索引机制研究[D]. 武汉: 中国地质大学.
温良谋, 王文臣, 2010. 信息化战争条件下人防指挥建设的新特点和新要求[J]. 生命与灾害(S1): 23-24.
吴冲龙, 1998. 地质矿产点源信息系统的开发与应用[J] . 地球科学(中国地质大学学报)(2): 87-92.
吴冲龙, 刘刚, 2015. “玻璃地球”建设的现状、问题、趋势与对策[J]. 地质通报, 34 (7): 1280-1287.
吴冲龙, 刘刚, 2019. 大数据与地质学的未来发展[J]. 地质通报, 38(7): 1081-1088.
吴冲龙, 刘刚, 田宜平, 等, 2005. 论地质信息科学[J]. 地质科技情报, 24(3): 1-8.
吴冲龙, 刘刚, 田宜平, 等, 2014. 地质信息科学与技术概论[M]. 北京: 科学出版社.
吴冲龙, 刘刚, 张夏林, 等, 2016. 地质科学大数据及其利用的若干问题探讨[J]. 科学通报, 16: 1797-1807.

吴建国, 2007. Web Services 架构下的地质信息集成平台[J]. 煤炭经济研究(9): 52-54.
吴自兴, 潘懋, 屈红刚, 等, 2008. 城市地质领域信息管理与服务系统体系结构[J]. 计算机工程, 34(22): 247-249.
熊华平, 王洪礼, 罗广华, 2002. 数据库技术在油田勘探开发中的应用[J]. 计算机系统应用, 11(7): 51-54.
徐德康, 2003. 先发制人, 并行攻击: 美国在伊拉克战争中的新攻略[J]. 国际航空(5): 12-17.
徐德康, 2009. 美国加紧应对网络-信息-电子“混合战”[J]. 国际航空(6): 24-27.
徐德康, 2010. 美国空军大力推动“遥控驾驶飞机”的发展[J]. 国际航空(9): 31-33.
徐定杰, 邹勇, 熊芝兰, 等, 2006. 军事海洋环境视景仿真研究[J]. 计算机仿真, 23(6): 171-175.
徐定胜, 2004. 重要经济目标防护研究[M]. 北京: 国防大学出版社: 36-73.
严光生, 薛群威, 肖克炎, 等. 2015. 地质调查大数据研究的主要问题分析[J]. 地质通报, 34(7): 1273-1279.
严国群, 2003. 伊拉克何以速败[J]. 国防(5): 18-20.
杨乐, 2013. 重庆市矿山泥石流地质灾害调查与研究[A]//中国地质学会青年工作委员会. 第一届全国青年地质大会论文集: 3.
杨延军, 姜韦, 郭东军, 等, 2002. 城市人防工程总体规划理论初探[J]. 地下空间(1): 79-82.
殷宏, 孙小波, 许继恒, 等, 2011. 军事地质信息可视化与分析[J]. 计算机工程与设计, 32(9): 3127.
于德浩, 龙凡, 杨清雷, 等, 2017. 现代军事遥感地质学发展及其展望[J]. 中国地质调查, 4(3): 74-82.
俞栋, 方振东, 陈灌春, 等, 2004. 论现代战争与环境污染[J]. 云南环境科学, 23(1): 22-24.
袁文先, 2008. 军事信息学[M]. 北京: 国防大学出版社.
岳彩荣, 袁华, 周晓, 2005. 移动 GIS 在土地变更调查中的应用[J]. 中南林业调查规划, 24(4): 31-34.
张二钢, 2013. 基于移动 GIS 技术的数据采集系统的研究与实现[D]. 淮南: 安徽理工大学.
张洪涛, 2009. 当代地球科学发展趋势: 第 33 届国际地质大会热点聚焦[M]. 北京: 地质出版社.
张建林, 2005. 信息化军事交通运输[M]. 北京: 军事科学出版社: 112-116.
张鸣之, 喻孟良, 王勇, 等, 2013. 国家级地质环境数据仓库的设计与实现[J]. 地球科学, 38(6): 1347-1355.
张晓春, 肖庆余, 刘兴锋, 2018. 基于开源项目的林业资源数据采集 Android 移动应用构建[J]. 湖南林业科技, 45(4): 82-87.
张艳茹, 王秀春, 2004. 伊拉克战争中的信息战及启示[J]. 现代雷达, 26(5): 1-4.
赵林林, 刘荣梅, 张明华, 2019. 地质云分布式数据中心数据建设成果[J]. 地质论评, 65(S1): 315-316.
赵鹏大, 2015. 大数据时代数字找矿与定量评价[J]. 地质通报, 34(7): 1255-1259.
赵小厂, 2011. 基于移动 GIS 和 GPRS 技术的数据采集系统研究[D]. 上海: 华东师范大学.
郑贵州, 周顺平, 2002. 计算机辅助区域地质填图[J]. 地矿测绘, 18(1): 18-19.
周秋麟, 尹卫平, 吴日升, 2008. 军事海洋生态学研究进展[J]. 海洋开发与管理(5): 76-85.
周永章, 黎培兴, 王树功, 等, 2017. 矿床大数据及智能矿床模型研究背景与进展[J]. 矿物岩石地球化学通报, 36(2): 327-331, 344.
朱月琴, 谭永杰, 张建通, 等, 2015. 基于 Hadoop 的地质大数据融合与挖掘技术框架[J]. 测绘学报,

44(s1): 152-159.

朱正平, 2015. 面向数字油田的云数据服务架构研究[D]. 武汉: 长江大学.

朱正平, 潘仁芳, 马杰, 等, 2013. 中国石油勘探开发信息化系统架构的优化方案及解决措施: 以大港油田为例[J]. 东北石油大学学报, 37(5): 109-117.

诸云强, 周天墨, 喻孟良, 等, 2013. 中国地质环境信息服务平台研究[J]. 地球科学与环境学报, 35(2): 120-126.

ALGAN U, 1998. 勘探开发数据银行分析: 实用创建技术[J]. 魏长江, 张贵平, 译. 国外油气勘探, 10(5): 652-655.

ALMONAIES A A, CORDY J R, DEAN T R, 2010. Legacy system evolution towards service-oriented architecture[C]// SOAME 2010: International Workshop on SOA Migration and Evolution. Madrid, Spain: 53-62.

AMERICAN RESOURCES POLICY NETWORK, 2012. Reviewing risk: Critical metals & national security [EB/OL]. (2012-06-10)[2016-10-15]. http: //americanresources. org/wp-content/uploads/2012/06/ARPN_Quarterly_Report_WEB. pdf.

BACON S N, MC DONALD E V, DALLODORF G K, et al., 2010. Predictive soil maps based on geomorphic mapping, remote sensing, and soil databases in the desert south west[C]// BOETTINGER J L, HOWELL D W, MOORE A C, et al. Digital Soil Mapping. Netherlands: Springer: 411-421.

BALALAIE A, HEYDARNOORI A, JAMSHIDI P, 2016. Microservices architecture enables DevOps: Migration to a cloud-native architecture[J]. IEEE software, 33(3): 42-52.

BRITISH GEOLOGICAL SURVEY, 2009. BGS science strategy 2009–2014[EB/OL]. (2009-9-10) [2015-11-20]. http: //www. bgs. ac. uk/about/strategy 2009-2014. html.

DECKER S, ERDMANN M, FENSEL D, et al., 1999. Ontobroker: Ontology based access to distributed and semi-structured information[C]//IFIP TC2/WG2. 6 Eighth Working Conference on Database Semantics-Semantic Issues in Multimedia Systems. Kluwer, B. V. : 351-369.

EVANGELIDIS K, NTOUROS K, MAKRIDIS S, et al., 2014. Geospatial services in the cloud[J]. Computers & geosciences, 63(2): 116-122.

FIELDING R T, 2000. Architectural styles and the design of network-based software architectures[D]. Irvine: University of California.

FOLGER P, 2009. Geospatial information and geographic information systems(GIS): Current issues and future challenges[EB/OL]. (2009-7-19) [2018-9-18]. http: //www. fas. org/sgp/crs/misc/R40625. pdf.

GEOCONNECTIONS, 2005. The Canadian geospatial data infrastructure[EB/OL]. (2005-09-17) [2010-07-09]. http: //www. geoconnections. org/publications/tvip/arch_E/CGDI_Architecture_final_E. html.

GELLASCH C A, 2012. Hydrogeological support to United States military operations, 1917—2010[J]. Geological society, 362: 223-239.

GRUBER T R, 1993. A translation approach to portable ontology specifications[J]. Knowledge acquisition, 5(2): 199-200.

HARMON R S, BAKER S E, MC DONALD E V, 2013. Military geosciences in the twenty-first century[M].

Colorado: Geological Society of America.

KIM W, CHOI L, GALA S, et al., 1995. On resolving schematic heterogeneity in multidatabase systems[M]//KIM W. Modern database systems: The object model, interoperability, and beyond. New York: ACM Press: 521-550.

KNOCHE H, 2016. Sustaining runtime performance while incrementally modernizing transactional monolithic software towards microservices[C]//Proceedings of the Seventh ACM/SPEC International Conference on Performance Engineering: 121-124.

LEWIS J, FOWLER M, 2014. Microservices[EB/OL]. (2014-3-25)[2017-7-29]. https: //martinfowler.com/articles/ microservices. html.

LI X, MADNICK S E, 2015. Understanding the dynamics of service-oriented architecture implementation[J]. Journal of management information systems, 32(2): 104-133.

MENA E, ILLARRAMENDI A, KASHYAP V, et al., 2000. OBSERVER: An approach for query processing in global information systems based on interoperation across pre-existing ontologies[J]. Distributed and parallel databases, 8(2): 223-271.

MOROZOV I, REILKOFF B, CHUBAK G A, 2006. Generalized web service model for geophysical data processing and modeling[J]. Computers & geosciences, 32(9): 1403-1410.

NSDI, 2005. Towards a national geospatial strategy and implementation plan[EB/OL]. (2005-03-19)[2012-10-09]. http: //www. fgdc. gov/policyandplanning/future-directions/-reports/FD_Final_Report. pdf.

SIERRA SYSTEMS GROUP INC, 2003. GeoNOVA portal architecture and implementation plan[EB/OL]. (2003-7-21)[2017-7-29]. http: //www. gov. ns. ca/snsmr/land/geonova/pdf/Geo-NOVAPortal- VisionFinal 20030721. pdf.

U.S. GEOLOGICAL SURVEY, 2007. U. S. geological survey science in the decade 2007–2017[EB/OL]. (2007-03-15)[2014-08-07]. http: //www. usgs. gov/.

WACHE H, VGELA T, VISSER U, et al., 2001. Ontology-based integration of information-a survey of existing approaches[C]//Proceedings of IJCAI'01 Workshop on Ontologies and Information Sharing: 108-117.

WIKIPEDIA, 2010. Service-oriented architecture[EB/OL]. (2010-04-26)[2019-10-17]. http: //en. wikipedia. org/wiki/Service- oriented_architecture.

WIKIPEDIA, 2017. Microservices[EB/OL]. (2017-07-30)[2020-5-18]. https: //en. wikipedia. org/wiki/ Microservices.